KB211996

초라한 선교사를
천사로 만든 사람들

초라한 선교사를
천사로 만든 사람들

초판 1쇄 인쇄 _ 2023년 11월 20일
초판 1쇄 발행 _ 2023년 11월 30일

지은이 _ 이옥희

펴낸곳 _ 바이북스
펴낸이 _ 윤옥초
책임 편집 _ 김태윤
책임 디자인 _ 이민영

ISBN _ 979-11-5877-366-3 03230

등록 _ 2005. 7. 12 | 제 313-2005-000148호

서울시 영등포구 선유로49길 23 아이에스비즈타워2차 1005호
편집 02)333-0812 | **마케팅** 02)333-9918 | **팩스** 02)333-9960
이메일 bybooks85@gmail.com
블로그 https://blog.naver.com/bybooks85

책값은 뒤표지에 있습니다.

책으로 아름다운 세상을 만듭니다. ― 바이북스

미래를 함께 꿈꿀 작가님의 참신한 아이디어나 원고를 기다립니다.
이메일로 접수한 원고는 검토 후 연락드리겠습니다.

빈손에서 시작되는 나눔의 기적과 기록들

초라한 선교사를
천사로 만든 사람들

이옥희 지음

《초라한 선교사를 천사로 만든 사람들》이
보여주는 세계

육순종 목사(성북교회, CBS재단이사장, 비전아시아이사장)

이 책은 한 선교사를 통해서 일하신 하나님의 구원의 역사에 대한 기록이다. 특히 이옥희 선교사가 2014년 인도 땅을 타의에 의해 떠나온 이후, 그 막다른 길을 넘어서 그에게 펼쳐진 새로운 세계, 새롭게 열려진 인식의 지평을 우리에게 가감 없이 보여준다. 언젠가 그의 책 추천사에서 "심장은 카피(COPY)가 되지 않는다"는 말을 한 적이 있다. 그는 인도 땅에서 울고 계신 하나님, 고통당하는 이들 속에서 울고 계신 그리스도, 자신 안에 울고 계신 하나님을 가슴으로 만났다. 예수 그리스도의 심장이 그의 심장이 된 것이다. 이 책은 그 심장이 계속 뛰고 있음을, 그 DNA가 결코 사라지지 않았음을 보여준다. 비록 인도 땅에 들어가지 못했지만, 그의 심장은 인도 땅을 떠나지 못했고. 인도 땅에서 울고 계신 하나님은 그를 통해서 여전히 일하셨다. 그의 부재에도 불구하고 하나님은 일하셨다. 그의 마르지 않는 눈물을 통해, 그의 가슴의 기도를 통해 하나님은 일하였다. 인도만이 아니라 미얀마 난민을 향한 구호 활동에서, 코로나의 고통 가운데 있는 네팔의 가난한 이웃들 속에서 하나님은 그를 통해 일하였다. 이옥희는 언제나 가슴이 시키는 대로 움직인다. 나는 가슴에 그리스도가 없는 이에게는 '가슴이 시키는 대로 하지 말라'고 한다. 그것은 매우 위험한 일이기 때문이다. 그러나 그의 가슴에 그리스도가 있다면 나는 '가슴이 시키는 대로 하라'고 한다. 그것은 그가 일하는 것이 아니라 그리스도가 일하시기 때문이다. 나는 이런 이유로 이옥희 선교사가 가슴으로 하는 일을 옆에서 지켜보며 계속 응원해왔다. 그것은 그에게서 그리스도의 심장의 박동을 느끼기 때문이다.

이옥희는 화려하고 세련된 사람은 아니다. 본인 스스로가 언급한 것처럼 초라하고 촌스럽다. 오래전 신학교 캠퍼스에서 처음 본 그의 인상 역시 촌스러움이었다. 그 촌스러움 속에 왠지 모를 따뜻함이 있었다. 그러나 그 촌스러움과 초라함이 그의 사역의 무기라는 사실을 아는 데는 오랜 시간이 걸리지 않았다. 초라하고 촌스럽기 때문에 그의 소리는 언제나 광야의 소리였다. 거칠지만 거침이 없었고, 에두르지 않고 정곡을 찌른다. 초라하기에 자신이 경험한 현실을 포장하지 않고 거울처럼 비추어준다. 그래서 그를 보면 있는 그대로의 세상이 보이고, 있는 그대로의 인도가 보이고, 있는 그대로의 고통이 보인다. 어쩌면 그는 초라하기에 꾸밈이 없고, 초라하기에 정직하고, 초라하기에 타협을 모른다. 결정적으로 그는 초라하기에 무작정 하나님께 매달리고, 하나님은 언제나 그의 오른팔이 되어 주신다. 오른팔이 되실뿐더러 하나님은 언제나 그를 위로해 주신다. 이 책에서 보여지듯이 하나님은 그를 통해 뿌린 사랑의 씨앗들이 결국 열매 맺어짐을 보여주심으로 그를 위로하시고, 하나님의 사랑은 결코 실패하지 않음을 보여주심으로 그를 위로하신다. 또한 한국식당 '인서울' 사장의 입을 통해, 임마누엘 목사의 증언을 통해, 벵까의 입을 통해, 그가 '진짜 선교사'임을 말해줌으로 그를 격려하시고, 고비 고비마다 홀연히 등장하는 수많은 후원자들의 나눔과 섬김으로 그를 격려하신다. 뿐만 아니라 하나님은 그가 전혀 알지 못하는 작은 천사들을 보내어 망설이며 멈칫거리는 그의 등을 떠밀어 주신다. 그래서 이옥희의 기록은 하나님은 살아계신 하나님이며, 좋으신 하나님임을 고스란히 드러낸다.

이 책의 가장 큰 미덕은 2014년 인도에서의 추방이라는 사건 이후, 그의 확장된 인식의 지평과 신앙의 깊이를 보여주는 점이다. 절정에서 추락한 것 같은, 선교현장으로부터의 추방이라고 하는 고통스러운 상황은 실로 그를 해방시킨 하나님의 구원 사건이었다. 그는 추락을 통해 진정한 자유를 회복했고, 삶을 회복했고, 신앙을 회복했다. 하나님의 역사 운행 방식을 한층 깊은 차원에서 이해하게 되었다. 우리는 이 책에서 인도를 처음 가슴에 품은 1984년 광복절 아침 이후, 그의 인생 여정에 펼쳐졌던 수많은 일들, 수많은 만남과 사건들의 퍼즐이 하나의 그림으로 완성되는 느낌을 가지게 된다. 하나님은 그 모든 과정을 통해 이옥희에게 하나님의 사랑이 가진 '내어줌'과 '자기 비움'의 성격을 그의 영혼 깊이에 아로새겨 주셨다. 우리의 행복이 결코 우리 자신 안에 있지 않고, 고통하는 '너'의 아픔 속에 있음을 절절히 깨우쳐 주셨다. 그리고 그것은 '내가 네가 되는' '하늘이 땅이 되는' '성육신'(Incarnation)을 통해서 이루어지는 것임을 똑똑히 알려주셨다. 해서 그는 인도의 바다을 보며 그 속에서 하늘을 보았고, 지구촌 구석구석에서 벌어지는 인간의 참혹한 고난의 현장 속에서 사랑으로 일하시는 하나님을 경험했다. 그 경험으로 인해 자신도 그 길, 말씀이 육화되는 길을 걸으려 한다.

마치 인생이 언제나 길 위에 서 있는 것처럼 그의 성찰과 각성은 멈출 줄을 모른다. 그는 코로나를 거치고도 멈출 줄 모르는 인간의 욕망, 끝내 변화를 거부하는 문명의 탐욕을 목격하면서 새로운 떠남을 꿈꾼다. 여전히 새로운 각성에 이르지 못한, 지독히도 자기중심적인 우리 시대의 문명으로부터 떠남을 꿈꾸고 있다. 해서 이 책 마지막 장에서 욕망에 사로잡힌 병든 문명을 상징하는 '우르'를 떠난 아브라함을 모든 시대의 순례자와 혁명가의 모형으로 삼고, 자기중심성의 아성인 '우르'를 떠난 아브라함을 진정한 '복의 근원'과 '믿음의 조상'으로 삼고, 나를 내어주는 사랑만이 숨 쉬는 새 하늘 새 땅을 향해 떠날 채비를 한다. 끝내 안주를 거부하고 또다시 기꺼이 십자가의 길을 가려 하는 그의 고백과 기록은 우리의 가슴을 뛰게 한다. 이 책의 모든 고백과 기록은 그가 왜 새 길을 떠나려는지를 충분히 설명해 준다. 이 책은 갈 바를 알지 못하고 떠난 순종의 결과물, 그 자체이기 때문이다.

늦가을, 인도 방문 30주년을 향해 가는 이옥희 선교사의 《초라한 선교사를 천사로 만든 사람들》의 출판을 축하하며 많은 사람들에게 뜨겁게 읽혀지며 그의 남은 여정에 힘찬 출발점이 되길 빌어마지 않는다.

《초라한 선교사를 천사로 만든 사람들》을 추천하며

최선욱(문학박사, 수필가)

"선교사는 거지다."

"선교사는 칼만 안 든 강도다."

이옥희 선교사 본인도 인정하는 자기 정체성의 한 단면이다. 그의 반생은 후원금 모금에 바쳐졌다 해도 과언이 아니라는 것을 그를 가까이서 지켜본 사람이면 다 안다.

그는 인도라는 나라에 대해 호기심 반, 탐구심 반으로 시작한 1994년의 인도 여행길에서 하나님의 음성을 듣고 가난한 사람들과 같이 하기로 결심한다. 그때가 한 사람의 인생의 방향이 바꾸어지는 순간이었다. 인도에 대한 환상 - 초월, 금욕, 자유, 수용, 명상, 고요, 신과의 일치 추구 - 그리고 힌두교에 대한 동경심이 얼마나 허망한 것인지, 충격적인 경험을 그때 하게 된다. 우연한 기회에 선교 현장을 방문하면서 차마 눈 뜨고 볼 수 없는 불가촉천민(달리트)과 아디바시들(소수부족민)의 삶에 맞닥뜨린 순간, 호흡이 멎는 줄 알았다고 했다. 오죽하면 "내 몸을 팔아서라도 제발 이들에게 먹을 것을 공급해 달라"고 하나님께 밤낮으로 울부짖었으랴!

사람들로부터 짐승 취급을 당하는 인도의 달리트와 아디바시들도 우리와 똑같은 성정을 지닌 하나님의 피조물 아닌가? 그가 헐벗고 굶주린 자, 연약한 자, 소외된 자들을 품어주고 같이 울어준 세월이 어언 27년! 이 책에는 오랜 인도 사역의 현장에서 겪은 아픔과 슬픔, 고통과 분노, 기쁨과 감사, 수많은 기적의 행보가 파노라마처럼 펼쳐지고 있다.

이옥희 선교사는 설교단에서 하나님의 말씀만 선포하는 목사로 살지 않았다.

"형제 중에 지극히 작은 자 하나에게 한 것이 곧 내게 한 것이니라."(마태복음 25:40)

예수님의 이 말씀에 사로잡혀 그는 '작은 자'의 호구로 살았다. 어디서든지 '작은 자'를 먹이고 입히는 부모로 살았다. 기아에 허덕이는 어린애를 위해 여기저기에 손 내밀기를 부끄러워하지 않았다. 배우고자 하는 아이들을 위해 공부방을 만들어 주고 꼴찌들의 꿈을 응원하는 교사로 살았다. 추위에 떨고 있는 사람들에게 따뜻한 옷을 보내주는 다정다감한 형제로 살았다. 에이즈 아동들의 하소연을 들어주고 그들과 생일선물을 나누며 친구처럼 살았다.

그는 낮고 초라하게 사는 삶을 기꺼이 받아들이고 사는 사람이다. 그러기에 〈초라함이 축복이다〉는 그의 역설적 선언 속에서 순수함과 진정성이 짙게 느껴진다. 후원을 지속적으로 해주겠다고 약속한 교회나 단체도 없고, 교단 총회나 노회가 책임지고 파송한 선교사가 아니기에 그는 늘 초라한 선교사일 수밖에 없다. 자칭 초라한 선교사를 돕는 이들을 그는 천사라 일컫는다. 수많은 천사 후원자들을 적재적소에서 만나게 해 주신 하나님의 손길에 감사하며 '여호와 이레'를 외칠 때 보면 그의 얼굴에 천사의 미소가 번진다. 예수님 닮은 얼굴이다.

이옥희 선교사가 인도 당국으로부터 추방된 지 9년이 넘었음에도 인도 선교 사역이 지속되고 확장될 수 있는 비결은 어디에 있을까, 깊이 헤아려보았다.

첫째는 작은 자들을 향한 뜨겁고 간절한 사랑에 대한 하나님의 응답이다.

둘째는 자신의 무능과 무력함을 고백하고 주님만 의지하려는 겸손함이다.

셋째는 후원금 수입과 지출에 대한 투명한 검증이다.

저자는 〈칼만 안 든 강도〉에서 "하나님은 지금까지 한번도 나와의 약속을 어긴 적이 없으셨다. 나보다 앞서 준비하고 앞서 예비하시는 하나님의 '여호와 이레'를 날마다 뜨거운 심장으로 찬양하며 은혜에 사로잡혀 살았다."라고 고백한다. 이런 그의 확신에 찬 믿음과 겸손함이 부럽기도 하면서 한편 나를 부끄럽게 한다.

〈삼천원과 클레로노미아〉 속 일화를 통해 밀알 한 개의 기적을 간접 체험할 수 있다. 저자가 고교시절(1974년 봄)에 한 달 시내버스 교통비로 받은 3천원을 고스란히 장학금으로 헌금한 적이 있다. 당시 시골교회 전도시님이 자기 후배가 학비가 없어 신학교 공부를 포기하려 한다며 '십시일 반으로 학생을 돕자'고 광고하셨다. 전도사님의 호소를 들으면서 가슴이 뜨거워진 그가 3천 원을 바치고, 시오리 길을 한 달 동안 걸어서 학교를 다녔다. 그때의 삼천 원이라는 작은 씨앗이 땅 속 깊이 뿌리를 내려 큰 나무로 성장한 결과가 바로 오늘날 3개국 70여 명에게 보내는 장학금이라는 열매로 빛을 발하고 있으니 이것이 기적이 아니고 무엇이랴.

이옥희 선교사는 나의 중고교시절 동창생이다. 그에게 친구들이 붙여 준 별명은 '해보'였다. 제 삼자가 보기엔 분명히 화가 날 법한 일인데, 천연덕스럽게 웃어넘기는 친구, 경쟁의 대열에 끼지 않고 뒤로 물러나 앉으며 다른 사람에게 기회를 양보하는 친구였다. 누가 억지로 오리를 가자 하면 십 리도 같이 가 줄 친구였다. 자기의 이익을 구하지 않고 손해를 봐도 웃는 친구였으나 불의와 부정한 일에는 눈감지 않았다. 유신헌법에 대한 예리한 질문으로 선생님을 곤혹스럽게 한 적도 있을 만큼 담대한 친구였다. 크리스천으로서 시대의 흐름을 바라보는 바른 안목을 재확인케 해 주는 곳이 〈코로나 이후 한국교회가 지향해야 할 영적 혁명〉과 〈권력지향 대형교회, 제국주의 사고에서 벗자〉 부분이다. 교회의 계급화와 세속화를 지적하는 데서 그치지 않고 자성을 촉구하며 지향점을 제시하고 있음이 매우 고무적이다.

〈카인과 카인의 문화〉에서는 첨단 과학 시대를 사는 우리에게, 자본주의 논리에 세뇌되어 사는 현대인에게 향락과 폭력이 혼재하는 현대의 자연 약탈 문화를 지양하고 모든 생명 있는 것들을 존중하고 품어주는 우주적 사랑, 이기적 탐욕을 내려놓고 이타적 베풂을 통해 하나님이 보시기에 좋은 세상을 만드는 일에 우리 모두 동참하기를 독려하였다.

〈21세기에도 종으로 살 것인가〉에서는 종으로 사는 자의 축복에 대해 언급하면서, 저자는 '종으로 오신 예수 그리스도를 만난 것이 내 인생의 최고 최대 축복'이라고 말했다. 종과 주인의 구별법, 종과 주인의 관계에 대해 신앙적인 해석을 명확히 해주었다.

"주인은 자기의 뜻을 따른다. 그러나 종은 자기의 뜻이 아닌 주인의 뜻을 따른다."

예수님은 병들고 떠돌이 되고 옥에 갇힌 자와 자신을 동일시하면서 자기를 낮추는 대신 모두를 높이고 스스로 종이 됨으로 모두를 평등하게 예우하신 분이셨음을 상기시켜 주었다.

"종은 주인이 공급해주시는 것으로 일하고 자유인은 자기 스스로 공급한다."

27년여 긴 세월 동안 주께서 친히 공급해주셔서 종으로 살 수 있도록 축복해 주심을 체험한 저자는 우리로 하여금 자신도 모르게 주인의 뜻이 아닌 자기의 뜻을 추구하는 실수를 범하지 않기를 권면하고 있다.

스스로를 '무익한 종'이라 지칭한 저자를 볼 때면 떠오르는 성경 말씀이 있다.

"누구든지 자기를 깨끗하게 하면 귀히 쓰는 그릇이 되어 거룩하고 주인의 쓰심에 합당하며 모든 선한 일에 예비함이 되리라."(디모데후서 2:21)

이옥희 선교사는 하나님이 선한 일에 쓰시기에 합당한 종, 귀히 쓰는 그릇임에 틀림없다. 그러함에도 불구하고 종이 모든 영광을 주인에게 돌리듯이, 그는 자신의 삶 전체를 바쳐 이룩한 선교의 업적과 공로를 모두 주님께 겸허히 돌려 드린다.

이옥희 선교사의 손길이 닿는 곳마다 단비에 시든 풀이 되살아나듯 죽어가던 생명체가 활기를 되찾고 삶을 포기하려던 영혼들이 살아갈 희망으로 넘쳐나기를 바란다. 그가 시작한 공부방, 고아원, 어린이집의 아이들이 하나님의 자녀들로 아름답게 성장할 것이다. 특별히 데칸고원 변두리 빈민가의 어린이들에게 하나님 나라의 꿈과 희망의 씨앗이 심겨질 것이다. 선교센터 운영이 지속적으로 좋은 열매를 거둘 것이다. 장애 어른들을 위한 도시락 배달, 신학교 지원, 미얀마를 비롯한 난민 구호, 자매결연과 장학금 지급 건수 증가, 에이즈 아동들의 자립공동체 만들기 등의 선한 사업들이 더욱 활발히 이루어지길 간절히 기도한다.

주님!
하나님께 순종하는 종의 눈물의 기도가 밥이 되게 하소서!
작은 자를 위해 살기로 작정한 선교사님의 걸음걸음마다 동행하여 주소서!
전쟁으로 인한 난민들 구제 때문에 선교사님이 더 이상 울지 않도록 평화를 내려주소서!

27년!

한 사람의

선교사가 세워지도록

기도를 드려주신 벗님과 교회,

두 렙돈을 보내주신 벗님과 교회,

귀한 옥합을 깨뜨려 주신 벗님과 교회,

격려와 위로를 아낌없이 주신 벗님과 교회,

주님의 마음으로 무거운 짐을 져주신 벗님과 교회,

비전아시아 이사장님과 이사님들, 직원들과 선교사님들,

그리고 어머님과 남편, 형제자매들과 벗님의 벗들,

병고 중에 계신 분들과 사업으로 힘든 분들,

선교 현장의 목회자님들과 교우님들께

감사와 존경의 마음을 담아

이 책을 바칩니다.

할렐루야!

온 고을에서 저자 두 손 모읍니다.

천사들이 나를 이끌었다

작년 10월 8년 만에 인도에 들어갔다.

지난 십여 년 동안 시골 마을과 교회를 순회하였지만 부재하는 8년 동안 사람들이 나를 다 잊었을 것이라고 생각하였다. 정식으로 인사도 하지 못하고 갑자기 떠나왔던 지라 마음 한 구석에 있는 미안감과 그리운 마음으로 무시로 기도하였지만 다시 돌아가려니 마음이 떨렸다.

교우들과 교회들이 과연 나를 기억하고 있을 것인가?

하이데라바드 공항에 도착하자마자 그런 나의 생각이 기우였음이 드러났다. 환영 나오신 분들의 얼굴에 웃음이 가득 찼고 마치 천사를 대하듯이 나를 반기며 기뻐하였다. 그리고 희망공동체에 머무는 동안 나는 그들에 의해 진짜 천사가 되고 말았다. 그들은 저마다 가슴에 묻어둔 자기의 사랑 이야기를 들려주며 보고싶었다 고 말하였다. 그리고 내가 떠난 시점부터 나의 인도 입국을 위해 기도하였으며 금번 내가 비자를 받게 된 것도 자기들의 기도가 응답된 것이라고 하였다. 특별히 공부방 아이들이 매일 수업을 시작하기 전에 나의 입국을 위해서 기도하였다며 교실이 떠나가도록 환호하였다.

나의 방문 소식이 알려져 사람들이 삼삼오오 짝을 지어서 몰려왔다.

"오 마이 갓!"

그들의 마음과 사랑이 나보다 더 크고 깊었다. 나는 비명을 지르며 눈물바다에 빠졌다.

임마누엘 목사는 나의 면전에서 대놓고 내가 천사라고 말했다. 한국에서 만난 천사라고! 그리고 그 천사 덕분에 자기가 치료 되고 변화되었다고! 예수님의 십자가 사랑을 알게 되었다고!

그의 아내도 자기 남편을 치료하기 위하여 하나님께서 한국에서 천사를 만나게 하였다고 계속 간증하였다. 그 교회의 장로님은 자기 목사님을 변화시킨 천사가 어떻게 생겼는지 궁금하였다고 하였다.

그들의 천사 찬미에 얼떨떨하였다. 그의 변화는 나 때문이 아니고 그의 깨달음과 회개에서 온 것이고 실제로 나는 그에게 그런 변화가 일어났는지 조차도 몰랐다. 그리고 그의 단점을 고치려고 한다거나 그가 변화될 것이라는 기대를 한 적이 없었기 때문에 그런 말을 듣는 것이 낯이 간지럽고 영적으로 사람을 사기를 치는 것 같은 느낌이 들었다.

강한 부정으로 그들의 말에 못을 박으려고 하는데 갑자기 그들이 진짜 천사로 보였다. 그리고 놀랍게도 그 자리에 있는 모든 분들 또한 천사였다. 초라한 달리트 교우들이 아니라 아름다운 천사들이 나를 에워싸고 있었다. 그리고 내가 그들을 이끄는 것이 아니라 그들이 희망공동체를 섬기며 나를 이끌고 있었다. 그들이 나를 축복하고 있었다. 그들이 나를 천사로 만들고 있었다. 가난하고 병들고 외로운 그들이 나를 이끄는 천사였다.

지금 나는 선교가 하나님께서 모든 천사들과 함께 하는 사랑의 작업이라고 자신 있게 말한다. 그러나 처음에는 다크호스로 나타나서 어려울 때,

힘들 때, 절체절명의 순간에 도움을 주는 분들을 천사라고 불렀다. 그들은 선교사를 사적으로 돕는 것이 아니라 하나님의 일에 부름을 받고 참여하므로 감동과 감화 없이는 움직이지 않았다. 겸허하며 말이 없고 결코 생색을 내지 않는다. 나의 연약함을 아시는 하나님은 때에 따라 이런 천사들을 보내셔서 나로 하여금 불안과 의심을 떨치고 힘차게 활보하며 여호와 이레의 섭리를 믿게 만드셨다. 나는 형언할 수 없는 하나님의 신비와 감동에 사로잡혀 전율하였다. 하나님께서 천사들을 통하여 나를 이끄는 비밀이 너무 아름답고 오묘하였다.

인도를 나온 이후로 천사들이 나타날 것이라는 기대를 하지 않았다. 그런데 하나님은 부지불식간에 현장을 떠나와서 혼란과 불안에 빠진 초라한 종, 한국으로 돌아와서 문화충격으로 분노와 불평과 원망에 빠진 종을 불쌍히 여기어 더 많은 천사들을 보내 주셨다. 동생들과 주변의 중고등학교 친구들, 고향 사람들 그리고 많은 교우와 목회자들이 다 천사가 되어 적절한 타이밍에 나를 붙잡아 주었다. 나는 생소해진 한국사회에서 천사들이 주는 옷을 입고, 그들과 함께 밥을 먹고 차를 마시며 그들의 이야기를 들었다. 그리고 가끔 그들을 따라 영화도 보고 산과 들을 돌아다녔다. 인자하신 아버지 하나님께서 천사들의 웃음소리와 노래 소리로 나의 상처를 치유하고 영혼의 생기와 살아 있음의 기쁨과 감격을 다시 회복시켜주었다. 그리고 하나님은 그 천사들을 통하여 놀라운 방법으로 나의 인도 부재에도 불구하고 인도의 사역이 활발하게 진행되도록 축복하셨다.

눈을 뜨니 주변의 모든 사람들이 다 천사였다. 나는 날마다 천사들을 만

나는 설렘과 기대로 행복하였다. 천사들은 다정다감하고 선량하고 겸허하였다. 세상 때가 묻지 않은 영혼들! 무엇보다 그들은 작은 자들의 신음소리에 예민하였다. 그들은 하나님의 것을 하나님의 자녀인 이웃과 나눈다고 말하였다. 그들은 최선을 다해 나누면서도 늘 부족하다고 말하였다.

할렐루야! 하나님은 주변의 모든 사람들이 천사임을 보여주고 그 천사들을 통해서 작은 것으로 위대한 일을 이루셨다. 코로나 팬데믹 이후로 4년 내리 스트릿 피플, 에이즈 고아들, 가난한 청소년들, 전쟁 난민들, 폭동 난민들을 돌보게 하신 것이다.

이 아름다운 천사 경험은 나의 선교 인식을 확장시켜 주었다.

선교는 하나님께서 선교사와 그 주변의 모든 믿음의 사람들을 함께 써서 이루는 사랑의 예술이었다. 선교는 선교사와 함께 부름을 받은 천사들이 함께 나누는 사랑의 총합이었다. 선교는 하나님께서 친히 선교사와 그 주변의 모든 영적 인맥들을 사용하여 생명을 구원하는 대역사였다. 선교는 혼자 또는 소수의 몇 사람이 아니고 모두가 함께 참여하는 영적 대잔치였다. 나는 더 이상 선교의 희생자도 아니고 외롭게 고투하는 자도 아니었다.

코로나 팬데믹 이후로 카톡과 텔레그램으로 미얀마, 네팔, 인도의 목회자들과 형제자매들과 연결되면서 천사와 선교에 대한 나의 생각이 대대적으로 확장되며 변화하는 일이 발생하였다.

현장에서 오는 메시지는 언제나 비명이었다. 모자라고 부족한 것을 구하고 찾는 메시지, 아프고 힘든 것을 토로하는 메시지, 어렵고 힘든 것을 하소연 하는 메시지였다. 그런데 나는 그들의 메시지에서 하나님의 고통을 느꼈다. 지극히 작은 일에 감격하며 감사하는 가난한 마음이 나를 부끄럽게 하였다. 아무 것도 아닌 나를 주님의 천사로 믿고 따르는 그들의 신뢰와 사랑이 너무 크고 아름다웠다.

아! 아! 그들이 아버지 마음을 가지도록 나를 이끌고 있었다. 그들의 간절한 기도가 하나님 전에 바쳐졌고 하나님께서는 나를 그들에게로 이끌고 계셨다.

그동안 나를 선교지로 보내고 물심양면으로 지원하는 사람들만 천사라고 생각하는 나의 생각이 팍 깨지는 순간이었다.

나에게 도움을 하소연하며 고통과 부담을 주며 빈손으로 하나님의 채우심을 기다리는 가난한 그들 또한 하나님의 천사였던 것이다.

진실로 나를 천사로 만든 그들이 다 천사였던 것이다.

그런 의미에서 금번에 발행하게 된 《초라한 선교사를 천사로 만든 사람들》은 선교사역 중에 만난 여러 천사들에 대한 증언이다.

1장 〈천사를 만든 사람〉은 대부분이 작년 10월에 인도에 들어가서 겪은 나를 천사로 만들어준 사람들에 대한 이야기다.

2장 〈내가 네 안에서 운다〉는 버리고 비우는 순종의 기쁨과 열매에 대한 증언이다.

3장 〈칼만 안 든 강도로 살기〉는 타인을 위한 존재로 사는 종에 대한 이야기다.

4장 〈인도에서 만난 현자의 죽비(竹篦)〉는 여러 후원 천사들에 대한 이야기다.

5장 〈영원한 순례자! 영원한 혁명가 아브라함!〉은 아브라함이 왜 영원한 믿음의 조상인가를 묵상하며 그를 통해서 영원한 혁명을 시도하고자 하는 크리스천의 열망을 담았다.

부족한 이 책을 읽는 모든 독자들에게 하나님의 위로와 평화가 함께 하시길 빈다.

이 책을 쓸 수 있도록 인도의 문을 열어주신 하나님께 영광과 찬미와 감사를 드린다.

뜨겁게 환대해준 남인도교단의 사랑하는 비숍 목사님과 목회자님들, 교우님들, 우리 희망공동체 직원들과 어린이들과 공부방 졸업생과 학생들 그리고 어르신들에게 깊은 감사를 드린다.

오랜 세월 동안 동역의 은혜를 베풀어 준 실맛신학교의 교직원들과 학생, 독립교단의 목회자들과 여신도회원들에게 깊은 감사를 드린다.

사역을 감당할 수 있도록 말없이 도와주는 남편과 고향의 어머님과 물심양면으로 배려해주는 홍택, 원택 아우님, 순희, 명희, 경희 아우님께 깊은 감사를 드린다.

하나님의 천사로서 나를 이끌어 주는 모든 후원자님들과 교회와 기업 그리고 비전아시아 이사장님과 이사님들에게 깊은 감사를 드린다.

이 책이 출판될 수 있도록 여호와 이레의 손길이 되어준 친구 연희와 캐나다 위클리프신학대학교의 이보람 교수님, 태웅식품의 장대표님과 김권사님 그리고 무명씨님에게 깊은 감사를 드린다.

귀한 시간을 내서 추천사를 써주신 육순종 이사장님과 최선욱 박사님께 깊은 감사를 드린다.

정성을 다하여 책을 편집해주신 바이북스의 윤옥초 사장님과 편집부 직원들에게 감사드린다.

10월 30일 아침에 온 고을에서 저자

차례

1장

천사를 만든 사람들

4장

인도에서 만난 현자의 죽비(竹篦)

5장
영원한 순례자! 영원한 혁명가 아브라함!

천사를 만든 사람들

호구 카리스마

며칠 전 여러 사람들이 모인 자리에 다녀왔다.

모임에서 나의 카리스마에 대한 이야기가 나왔다. 어느 분이 나를 큰 나무에 비유하자 대부분의 사람들이 공감한다고 하였다. 어떤 분이 나에게 카리스마가 있어서 만나기만 하면 자기 마음과 주머니가 절로 열린다고 하였다.

카리스마 지도력!

하나님으로부터 특별하게 부여받은 영적 능력으로 사람들을 감동감화시킨다고 하니 기분이 나쁘지 않았다. 그러나 나는 나의 지도력이 카리스마 지도력보다 호구 지도력에 속한다고 생각하며 사는 사람이다. 가끔 나를 아끼고 사랑하는 친구들과 후원자들로부터 호구라는 말을 듣는다. 마음이 약해서 우는 소리, 신음 소리, 탄식하는 소리가 들려오면 진위를 가리지 않고 발 빠르게 지원하기 때문에 잘 속는다는 것이다. 현지의 인도인들조차 마음이 약하고 여린 나를 사람들이 호구로 알고 있으니 조심하라고 주의를 주는 일이 종종 있다.

카리스마하면 세계적으로 유명한 대형교회 목회자, 위대한 순교자, 수도회를 창시한 금욕과 청빈의 지도자, 전쟁과 독재에 맞서 투쟁한 정의로운 목회자, 교회를 크게 성장시킨 유능한 목회자, 은사가 많은 목회자 등을 떠올리게 되는데 나는 그 범주에 속하지 않는 사람이다. 그리고 그 범주에 들어갈 능력도 의지도 없다. 결코 나는 세상이 말하는 카리스마가 있는 지도자가 아니다. 나는 사람들이 속이면 속고 누르면 눌리고 조르면 졸리고 볶아대면 볶임 당하는 마음이 약한 어리숙한 호구 지도자다. 내가 받은 카리스마는 호구 카리스마다.

호구 카리스마의 기본은 참는 것이다.

억울하고 손해를 봐도 참고 분한 일과 수치도 그냥 삼키고 바보 취급을 당해도 참는 것이다.

사역 초기부터 나를 괴롭힌 것 중의 하나가 현지인들과 한국인들이 소문을 낸 거짓되고 과장된 후원금 관련 소문이었다.

세상에는 남의 이야기를 즐겨 전하는 입이 가벼운 사람들이 있다. 나는 그들이 사실을 제대로 파악하지도 않고 소문으로 들은 반쪽 정보를 가지고 억측하며 자기 기분대로 소문을 퍼뜨린 일로 여러 번 곤경을 당하였다. 그로 말미암아 몇몇 교회들이 사실 파악도 하지 않고 후원을 중단하는 사태가 일어났고 지금까지도 나를 그렇게 대하는 교회와 목회자들이 있다.

소문을 퍼뜨리는 장본인들은 자기들의 말이 결코 내 귀에 들리지 않을 것이라고 생각하고 소문을 냈겠지만 세상에는 그런 소문을 친절하게 전해주는 사람들이 있다. 그래서 소문의 진원지가 파악되고 그로 인해서 일어나는 연쇄적인 반응의 루트도 보게 된다.

인도에 들어온 후, 귀가 못이 박히도록 들은 소문은 억대 후원금에 관한 것이었다. 당시 남인도교단 본부에 세우기로 한 선교센터 건축 프로젝트가 중단되어 그 기금이 총회 통장에 누적되어 있었다. 그러나 사람들이 그 후원금이 선교센터 건축비라는 사실을 알면서도 일상 경비인 것처럼 소문을 부풀려 냈다. 그 바람에 나는 억대 후원금을 받으며 활동하는 돈 많은 선교사가 되어 오해와 시비와 정죄를 많이 당하였다. 너무 어처구니가 없어서 총회 기고나 기타 루트를 통하여 진위를 밝히고 싶었지만 시비의 시궁창에 빠지고 싶지 않아 참고 참았다. 그 후로도 후원금 건으로 시험에 빠져 비난하는 사람들이 몇 차례 나타났다. 그러나 하나님과 회계를 담당하고 있는 사무실이 알고 있으므로 왈가왈부하며 에너지를 낭비하고 싶지 않아 일체 대꾸하지 않았다. 그렇게 참다보니 진짜 호구가 되었다. 때로는 사실이 아닌 것으로 사람을 괴롭히는 사람들을 향해 시원하게 한방을 터뜨려서 일침을 가하고 싶기도 하였지만 십자가 주님의 침묵을 생각하며 하나님께만 억울한 심사를 아뢰었다. 그래서일까? 나는 무엇에나 참는 사람이 되었다. 지금도 소문으로 나를 괴롭힌 사람들은 자기들의 행위가 나에게 준 피해와 고통을 모른다. 그러나 하나님이 그 모든 것을 아시기에 그들을 불쌍히 여기며 용서한다.

호구 카리스마의 기본은 편리와 선을 위해 양보하는 것이다.

억대 선교사라는 뜬소문에도 불구하고 하나님의 은혜로 많은 일들이 동시에 시작되고 진행되었다. 내가 마음속으로 생각하면 생각이 그대로 현실로 나타났다. 그러나 초자 선교사의 한계 때문에 많은 프로젝트를 감당할 수가 없었다. 뉴델리에서부터 어린이집 자립프로젝트와 고아원의 짓다가 중단한 건물을 완성하여 조건 없이 주었다. 그냥 건물과 프로젝트만 양보한 것이 아니라 자립할 수 있는 기한을 정하고 운영비까지 대주었다. 처음에 프로젝트를 받은 사람들은 감격하며 감사하다가도 시간이 경과됨에 따라 불평과 불만이 많아졌다. 어떤 사람은 더 많은 것을 요구하였고 어떤 사람은 나 때문에 억지로 프로젝트를 맡았다고 불평하였다. 그러나 나는 귀머거리처럼 그런 소리를 못들은 척하였고 지금도 프로젝트를 양보하기 위해 사랑과 열정, 희생과 헌신의 자세로 일하는 사람들을 찾는다.

오랜 세월이 지난 지금, 나는 현장의 편의와 선을 위해 프로젝트를 양보하였기 때문에 동북인도와 뉴델리, 첸나이, 아도니와 카다파, 난달, 네팔과 미얀마 등지에서 다양한 사역을 동시에 수행하는 사람이 되었다. 그러나 가끔 사람들이 양보 받은 프로젝트를 실행하지 않고 그만두어 나를 힘들게 만들었다. 그렇다고 그런 일 때문에 후회하거나 다투지는 않는다. 지금도 현지 형제들이 나보다 더 적합하다고 판단되면 서슴없이 프로젝트를 양보한다. 하나님의 일은 나보다 더 나은 일꾼에게 맡기는 것이 바람직하기 때문이다.

양보가 결코 쉬운 일은 아니지만 프로젝트는 주님께서 주신 선물이기 때문에 현장의 편리와 선을 위해 기꺼이 양보한다. 가끔 양보 때문에 불편한 문제가 발생하기도 하나 나는 끝까지 호구 카리스마로 살아갈 것이다.

호구 카리스마의 기본은 현장의 필요를 채워주는 것이다.

주님의 사랑이 주는 사랑이었기 때문에 호구 카리스마는 현장 사람들의 필요를 채워주는 것이다. 내가 직접 운영하는 일의 필요보다 저쪽의 필요가 시급하다고 판단하면 저쪽의 필요에 먼저 반응한다. 가끔 어떤 사람들은 내가 나의 공적, 사적 필요를 다 채우고 남은 나머지로 다른 현장의 필요를 채운다고 말하는데 그렇지 않았다. 나는 인도 현장을 떠나 있다는 이유 하나만으로 지금도 우는 아기에게 떡 하나 더 주는 심정으로 나 자신의 일보다 더 절박한 현장의 신음 소리에 우선 반응하고 있다.

현장에서 떠나온 지 어언 7년이 지나고 8년째로 들어선다. 한국에 머물면서 내가 가장 많이 한 일은 현장의 필요를 채워주기 위해 자나 깨나 기도하고 모금하는 일이었다. 고아원과 공동체 운영비와 장학금, 자매결연과 복돼지 프로젝트 비용을 계속 지원하고자 늘 필사적으로 노력하였고 뿐만 아니라 갑작스런 수해와 코로나로 인한 긴급구호를 위해 눈코 뜰 새 없이 움직였다. 특별히 굶주리는 거리 사람들을 위해 뉴델리와 첸나이와 카트만두에 사랑의 식탁을 배설하였고 사랑의 도시락을 계속 지원하였다.

그 모든 일이 나의 일이 아니라 하나님의 일이기 때문에 나는 최선을 다하여 현장의 필요에 반응한다. 우리의 사역을 통해서 하나님께서 영광을 받으시고 가난한 사람들이 보호를 받을 수 있도록 나는 직업훈련원에서 만들어 보낸 수제품을 판매하고 책을 써서 판매하고 긴급모금을 하는 모든 일을 거침없이 감당하였다.

마음이 여리고 약한 나는 생명이 붙어 있는 한 아마도 계속해서 현장의 필요를 채우는 호구 카리스마로 살 것이다.

호구 카리스마의 기본은 "무익한 종입니다"라고 고백하는 것이다.
어떤 사역도, 사업도, 교육도, 건축도 다 하나님께서 써주며 공급해주고 축복하신 결과이므로 호구 카리스마는 하나님께 감사와 영광과 찬미를 돌린다. 세상과 하나님 앞에서 진실로 '무익한 종'이라고 고백하는 것이다.

창조주 하나님께 부족하고 무능하고 무용함에도 쓰임 받는 기쁨!

인적, 영적, 물적 자원이 전혀 없는 자리, 사람의 힘으로는 불가능한 자리에서 공급해주시는 하나님의 놀라운 능력!

사람들이 볼 때 별 볼 일이 없는 사람이 별 볼 일이 없게 하는 일이 하나님의 축복으로 말미암아 풍성한 영적 열매를 거두게 되는 기적, 은총!

이 모든 은혜 앞에서, 아무것도 아닌 죄인을 동역자로 불러 써주시는 하나님의 은혜 앞에서 내가 할 수 있는 고백은 "무익한 종입니다. 제가 할 일을 하였을 뿐입니다." 뿐이다.

그리고 하나님과 함께 나를 써주는 수많은 벗님들에게 "벗님 덕분입니다. 벗님의 기도와 격려 때문입니다."라고 덧붙여 고백하는 것이다.

나의 카리스마는 호구 카리스마이다.

호구 카리스마로 살 수 있도록 호구로 만들어 주신 하나님께 감사와 영광과 찬미를 돌린다.

초라하고 구차한 삶을 당당하게 살 수 있도록 본을 보여주신 예수님 앞에 오늘도 조용히 엎드린다.

과거에서 온
진짜 선교사와의 만남

인도에서 나온 지 8년 2개월 만에 아무것도 예측할 수 없는 상황에서 두렵고 떨리는 마음으로 인도에 들어갔다.

17년 동안 동서남북으로 순회하고 다녔기 때문에 어느 한 곳에 머무르지 못하였고 부끄럽지만 로칼 언어를 몰라서 교우들에게 성경을 가르친다거나 감동적인 설교를 하지 못하였다. 순회하는 중에 길거리와 교회 공터나 예배당에서 교우들을 만나면 그저 짠한 마음으로 바라보며 가슴 아파하였고 때로는 뜨거운 눈물을 흘렸다. 가진 것도 재능도 재주도 없는 나는 퀭한 눈동자와 깡마른 몸과 허름한 옷차림이 말하는 그들의 배고픔과 절망, 질병의 문제를 붙잡고 하나님께 아뢰며 늘 씨름하였다. 때때로 일일이 안수 기도를 하였고 때로는 얼싸안고 울며 기도하였다. 기도를 마친 후에 사는 이야기를 들었고 사탕을 나누어 먹거나 풍선을 불었고 때로는 약을 나누기도 하였다.

그렇게 17년을 지내고 본의 아니게 인도에서 나왔고 오랜 기다림 끝에 8년 만에 인도에 들어가는 감회가 하늘과 땅 사이를 오가며 엎치락뒤치

락거렸다.

8년 동안 부재한 현장의 사역에 대하여 앞으로 맞닥뜨리게 될 최선과 최악의 상황을 묵상하며 방문의 기회를 주신 하나님께 감사드리며 무엇이든지 무조건 감사와 은혜로 받기로 하였다. 사람들이 알아주지 않아도, 환영해주지 않아도, 프로젝트가 중단되었어도, 그동안의 보고가 거짓으로 판명되어도 감사함으로 받기로 하였다. 그리고 사람들이 나에 대하여 무슨 말을 하던 간에 겸손히 수용하기로 하였다.

그런데 뜻밖에도 나는 가는 곳곳에서 과거에서 온 나와 감동적인 조우를 하였다.

사람들은 자신들 곁에 와서 잠깐 머물렀던 나를 기억하고 있었다. 그들은 나의 숨소리, 나의 눈빛과 눈물의 기도를 가슴에 담고 있었다. 자신들을 대하던 나의 애틋한 마음과 뜨거운 눈물과 밝은 미소를 기억하고 있었다. 그들은 자신들을 대하던 나의 겸허한 자세와 태도를, 따스한 격려와 위로를 잊지 않고 있었다.

놀랍게도 과거에 흘린 눈물, 바친 기도, 탄식과 절규, 아픔과 상처, 분노와 하소연 등이 땅에 떨어지지 않고 사람들의 가슴에서 싹이 트고 자라서 꽃이 피고 있었다.

나의 첫 도착지인 희망발전소가 있었던 첸나이에서 나는 최초로 과거의 나와 조우를 하며 전율하였다. 곡식만 심는 대로 거두는 것이 아니라 사람의 인생도 심는 대로 거둔다는 것이다. 물론 길가처럼 완악한 마음, 돌밭과 가시덤불 같은 마음이 왜곡하며 유언비어를 만들고 거짓과 위선으로 매도하기도 하지만 만사는 심는 대로 거두는 것이다.

진실은 진실로 기억된다.

겸허는 겸허로 기억된다.

사랑은 사랑으로 기억된다.

침묵은 침묵으로 기억된다.

감사는 감사로 기억된다.

나눔은 나눔으로 기억된다.

섬김은 섬김으로 기억된다.

검소는 검소로 기억된다.

친절은 친절로 기억된다.

선의는 선의로 기억된다.

축복은 축복으로 기억된다.

 첸나이공항에 픽업을 나온 후배 선교사의 안내로 MCC 게스트하우스
까지 무사히 도착하였다. 이 선교사가 나의 첸나이 일정에 없었던 한국영
사관이 주최하는 경축행사에 참여를 권하였다. 한국인들도 만나고 한인
사회 무드도 느끼고 MCC 총장도 참여하니 그때 인사하면 좋겠다는 것
이었다. 그러면서 나를 정말로 보고 싶어 하는 분이 행사에 오는데 그분
이 나에 대하여 "나는 딱 한 분 진짜 선교사를 압니다." "나는 그분을 참으
로 존경합니다."라고 하는 말을 여러 번 들었다고 하였다.

 이 선교사의 말을 듣는 순간 내 귀를 의심하였다.

 나는 첸나이 한인사회에서 그런 어마어마한 말과 존경을 받을 만한 위
치도 아니었고 존재감이 있는 사람도 아니었다. 나는 한인사회에 낄 수
있는 주재원도 아니었고 첸나이가 나의 사역지가 아니어서 언제나 섬처

럼 떠돌았다. 초창기에 첸나이에 온 몇 분들과 친분이 있었지만 그분들을 만나서 사역이나 현장 이야기를 나눌 시간도 없었다. 그러므로 첸나이에는 나를 기억하며 자랑스럽게 말할 한국인들이 없을 터였다.

나를 '진짜 선교사'라고 말한 그분은 당시 한국식당 '인서울'의 사장이었다.

그분은 식당을 인수인계 받는 과정에서 인도인 변호사의 시비로 말미암아 참으로 큰 고난과 시련을 겪었다. 그런데도 그분은 내가 비자 문제로 고통을 겪고 있다는 사실을 알고 직원으로 채용해주어 4년 정도 취업 비자를 받도록 주선하여 주었다. 나는 늘 사랑에 빚진 마음, 감사한 마음으로 그분의 가족과 사업을 위해서 기도하였다. 그리고 라열라시마지역 순회를 마치고 돌아오거나 시내에 나가는 일이 있으면 꼭 들러서 그분께 인사도 드리고 굶주린 한국 음식을 맛보곤 하였다.

한번은 홀 매니저인 우데이가 나에게 물었다.

"마담은 가난한데 왜 항상 팁을 주시는가요?"
나는 얼결에 '부자'라고 대답을 하였다. 그러자 그가 "마담은 여기에 오는 한국인 중에서 가장 가난합니다."라고 대꾸하였다. 그는 한국인 마담 중에 나처럼 늘 티셔츠에 곤색 조끼와 검정 바지만 입고 머리 스타일도 언제나 변함이 없고 목걸이나 반지 등 일체 장신구가 없는 사람은 아무도 없다고 하였다. 그래서 나는 말을 바꾸어서 '마음이 부자'라고 대답을 하였다. 그러자 그가 싱긋 웃으며 머리를 끄덕였다.

당시 한국인들이 졸부처럼 오만방자하여 홀 서빙하는 인도 종업원들을 종 다루듯이 마구 대하였다. 그리고 그들의 자녀들이 종업원들의 말을 무시하며 홀에서 강아지처럼 마구 뛰며 소란을 피울 때마다 나는 종업원들이 아이들에게 받을 상처와 한국의 이미지를 생각하며 안타까워하였다. 이런 여러 가지가 작용하여 종업원들을 위로하며 격려하고자 종업원들에게 팁을 주게 되었다.

이래저래 '인서울'은 지친 몸을 쉬며 한국 음식이 먹고 싶을 때, 고향 냄새가 그리울 때 갔던 첸나이 안에 있는 나의 유일한 쉼터였다. 그러나 8년 전 갑작스럽게 나오게 되어 고맙다는 말 한 마디 못하고 나왔고 그동안 고군분투하느라 안부도 전하지 못하였다.

그런데 나처럼 무심한 사람을 '인서울' 조사장님이 '진짜 선교사'라고 말한다니 가슴에서 뜨거운 것이 울컥 올라왔다.

드디어 저녁 한국영사관이 주최하는 행사장에서 조 사장님을 만났다.

조 사장은 8년 사이에 괄목상대할 만큼 중후해졌으며 첸나이한인회 회장이 되어 있었다.

8년 만에 만나는 기쁨으로 가슴이 벅차올랐고 눈물이 났다. 오랜 벗을 만나는 친밀감이 우러나왔다. 그분의 8년도 나의 8년만큼이나 드라마틱하였다. 우리는 서로 포옹하며 살아서 만남을 함께 기뻐하였다.

"진짜 선교사님'을 뵈려고 달려왔습니다. 조금 전에 공항에 도착해서 옷 갈아입고 바로 나왔습니다. 그동안 힘 드셨지요?"

그분의 얼굴에 세월에 무게가 실려 있었고 머리칼이 희끗희끗해졌다.

산전수전을 다 겪은 백전노장의 면모였다.

"제가 사람들에게 '진짜 선교사' 한 사람을 안다고 자주 말했습니다. 그리고 제일 존경하는 사람이라고 누구에게나 자신 있게 말합니다. 자부심을 가지고 자랑스럽게!"

'진짜 선교사'라는 말을 들을 때 머리끝에서 발끝까지 전기가 자르르 흘렀다. 나는 그런 호칭을 들을 만한 사람이 못 되는데 그분의 말이 립 서비스가 아니고 심장에서 나온 말이어서 정신이 얼떨떨하였다. 그러나 아무리 옛 기억의 필름을 돌려도 그분에게 감동을 줄 만한 언행을 한 적이 없었다. 첸나이 한인사회를 감동시킬 만한 선한 일을 한 적도 없었다.

그저 평범한 사람에 불과한 나를 극찬해주는 이유를 알고 싶었다.

"사장님, 그런데 저를 어떻게 그렇게 잘 보아주십니까?"

"선교사님을 그대로 기억하고 있는 것입니다."

"그래요." 나는 평범한 그의 대답에 적이 실망하였다.

"선교사님은 우리 종업원들에게 겸손하고 온유했습니다. 항상 소박하고 다정하고 친절하였습니다. 잘 웃고 조용하고 무엇보다 우리 종업원들을 인도인이라고 무시하거나 차별하지 않고 잘 대해 주었습니다. 제가 첸나이에서 식당을 시작한 이래 지금까지 선교사님 같은 분은 한 번도 본 적이 없습니다. 선교사님이야 말로 우리 곁에 있었던 지극히 평범한 그러나 '진짜 선교사'였습니다."

그는 천천히 힘주어 말하였다. 그는 나와 관련된 특별한 사건이나 언행이나 공로를 기억하고 있는 것이 아니었다. 단지 식당에 조용히 오가던 나의 일상을 있는 그대로 보고 마음에 담은 것이었다. 한 번 보고 두 번 보고 세 번 보면서 차별 없이 종업원에 대하는 나의 자세와 태도를 보고 이 사람이야 말로 '진짜 선교사'라고 생각하게 되었고 과장이나 포장이 없는 나의 민낯을 보며 진짜라고 확신하였다는 것이었다.

그의 눈이 보고 있었다. 그의 눈이 있는 그대로 나를 조용히 말없이 스크린 하였다. 그리고 본 것으로 나의 이미지를 만들었다. 그가 만든 나의 이미지는 내가 부재하고 있는 사이에도 첸나이에서 내가 되어 활동하였다. 그가 만든 이미지의 나는 나와 꼭 일치하지는 않을 것이다. 그러나 그는 자기 눈에 비친 나를 그대로 신뢰하고 존중하며 사랑하여 사람들에게 '진짜 선교사', '존경하는 사람'이라고 자신 있게 말하였다.

참으로 상상해본 적이 없는 놀라운 일이었다. 과거의 내가 그분의 가슴에서 살아 숨 쉬고 있다는 경이감에 압도되어 눈물이 나왔다.

하나님의 은혜라고 밖에 설명할 수 없는 기적이었다. 하나님은 8년 동안 겪었던 나의 모든 수모와 멸시와 질시를 나의 첫 도착지인 첸나이에서 깨끗이 도말해주셨다.

할렐루야!

사람들이 없는 말을 부풀려서, 또는 사실을 왜곡해서 나를 괴롭히고 있을 때 하나님께서 첸나이에서 나를 지켜본 사람의 눈과 가슴에 사랑과 영감을 주시어 나를 위로하게 하셨다.

할렐루야!

앞으로 생애에도 사람들의 눈이 나를 볼 것이다. 그리고 그들이 본 것으로 나의 이미지를 만들 것이다. 그리고 그들이 만들어낸 이미지가 나도 모르는 사람들 속에서 살아 움직일 것이다. 때로는 긍정적이고 때로는 부정적일 것이다. 때로는 아름답고 때로는 추할 것이다. 때로는 감동적이고 때로는 슬픔을 자아낼 것이다.

　조 사장님이 보여준 과거로부터 온 나는 나를 환희와 감사, 감동의 도가니로 이끌었다.

　첸나이에서 만나게 된 과거의 나는 라열라씨마, 마니푸르를 거쳐서 네팔로 나오는 15일의 여정 동안 나와 동행하였다. 나는 어디서나 비슷한 과거의 나와 해후하는 기쁨을 맛보았으며 새 일로 이끄는 하나님의 손길과 섭리를 체험하였다.

　'진짜 선교사'는 나에게 "십자가를 질 준비가 되어 있느냐?"고 묻는 주님의 질문이었다.

　'진짜 선교사'는 그럼에도 불구하고 "네가 나를 사랑하느냐?"라고 묻는 주님의 애틋한 눈빛, 약한 종을 향한 어루만짐이었다.

천사를 만든 사람들

꿈에도 그리워하던 희망공동체에서 꿈같은 5박 6일의 일정을 보냈다.

그러나 동북인도 일정을 위해 오후에 하이데라바드공항에 도착하여야
했다.

새벽부터 일어나 짐을 꾸리고 언제 올지 기약을 하지 않고 땀과 눈물을
쏟아부은 공동체를 떠나려니 마음이 짠하게 아파왔다. 마치 가난한 어미
가 자식을 버려두고 도시로 돈벌이를 떠나는 심정이었다. 울컥거리는 가
슴을 진정하며 공부방 학생들, 어린이집 아동들, 점심식사를 나누는 존귀
한 어른들, 가난하고 외로운 와이에스알나가르 주민들 그리고 간절히 열
망하며 기도하는 난달노회의 교회와 교우들을 생각하였다. 모든 분들을
떠올리고 마음껏 축복하며 특별히 다이어시스의 비숍과 임원들 그리고
우리 희망공동체의 목회자와 직원들을 통하여 하나님의 계획과 뜻, 새 일
이 잘 진행되길 빌었다.

떠나기 전, 남은 시간을 잘 활용해서 1,2층 건물을 다 살피며 사진을 찍
고 리모델링할 구상을 하였다. 이어서 직원 미팅을 하려고 사무실로 발걸
음을 재촉하였다.

사무실과 로비는 일찍 도착한 유아들과 나를 보려고 온 사람들로 소란

하고 북적거렸다.

공부방 학생이 생일이라며 케이크를 들고 와서 축도를 청하였다.

공부방 담임교사의 어머니가 보고 싶다고 찾아오셨다.

공부방 졸업생 두 자매와 그 동생이 선물을 들고 찾아왔다.

공부방 졸업생 중에 취업한 학생이 동생과 함께 선물을 들고 찾아왔다.

9월에 교통사고로 부모님을 동시에 잃은 고아, 자에쉬가 멀리서 찾아왔다.

쌀람마가 건축 중에 있는 자기 집을 방문해달라고 간청하였다.

희망교회 목사님이 아픈 모친을 위해 기도해 달라고 하였다.

사무실에서 기다리고 있는 사람들을 바쁘다고 차마 외면할 수 없어서 일일이 인사하며 기도하고 함께 사진을 찍었다.

갑자기 현관이 떠들썩해지더니 십여 분의 어른들이 몰려왔다. 환송식을 하기로 했다며 각자 선물과 꽃다발과 숄을 들고 오셨다. 어른들을 설득해서 환송식을 점심 식사 후로 돌리는데 전화벨이 울렸다. 소음으로 소리가 잘 들리지 않았다.

"목사님, 저 방금 출발했어요. 저 꼭 보고 가셔야 되요."

"누구신가요?"

"옛날에 한국에서 저를 도와주셨잖아요."

5, 6년 전에 한국에서 만난 인도 목사라고 하는데 생각이 전혀 나지 않았다.

그는 나의 확답을 받으려고 대답을 재촉하였다.

"목사님, 한 시간 반 후에 도착인데 꼭 만나고 가야 되요. 그냥 가면 안 돼요."

"누구신데요? 어디서 오시는데요?"

"목사님이 제가 한국에서 힘들어 하고 있을 때 천사처럼 저를 도와주셨 잖아요. 지금 운전 중이니 전화를 끊겠습니다."

참으로 답답한 사람이었다. 그는 끝내 자신의 이름을 밝히지 않고 아내 와 교회 장로님과 함께 인사를 드리러 온다고만 밝혔다.

목사님과 쌀람마님의 집을 방문하는 것은 다음에 하기로 양해를 구하 고 막 쉬려고 하는 참에 낯이 익숙한 그러나 처음 보는 분이 사무실로 성 큼 들어오며 자신을 소개하였다.

"아무개 전도사입니다."

"반갑습니다. 아까 전화를 주신 분이시지요?"

"전화 걸지 않고 바로 왔습니다."

"그래요. 무슨 일로 오셨는가요?"

"목사님, 저는 목사님께서 주시는 장학금으로 신학 공부를 마쳤습니 다."

"그렇군요. 얼굴이 좀 낯이 익었다고 생각했어요."

"목사님, 작년에 저의 온 가족이 코로나에 걸렸을 때도 치료비를 보내 주신 덕분에 온 가족이 치료를 받고 다 나았습니다. 오셨다는 소문을 들 었는데 이제야 찾아뵙습니다. 고마운 마음을 어떻게 전해야 좋을지 모르 겠습니다. 좋은 목회자가 되어서 보답하겠습니다."

처음에는 낯이 익어서 한국에 와서 도움을 받은 그 사람으로 감을 잡고 대하였는데 그는 한국에 온 적이 없는 우리의 장학금으로 공부한 학생이었다. 나는 학생 카드에서 본 사진으로 그의 얼굴을 기억하고 있었던 것이다.

그가 공무원으로 일하다가 신학을 하게 된 사연, 그의 신앙의 히스토리를 들려주었다. 현재 그는 제2주교좌 교회에서 전도사로 일하며 목회자 훈련을 받는 중이며 주변의 목회자들에게 전설처럼 내 이야기를 들어서 꼭 만나보고 싶었다고 하였다. 한참 그의 이야기를 듣는 중에 칸따 목사님의 안내를 받으며 세 사람이 사무실로 들어왔다.

하얀 목회자 유니폼을 중년의 목회자가 반색하며 나를 덥석 포옹하였다. 기억이 전혀 나지 않아서 어정쩡하게 포옹하였지만 그의 행동으로 보아 전화로 자신의 방문을 알렸던 그 사람임이 분명하였다.

그러나 아무리 애써 옛 기억을 더듬었지만 그의 이름도 얼굴도 떠오르지 않았다. 그는 신이 나서 연신 자기 아내와 교회 장로님을 소개하였다. 그리고 준비해온 꽃목걸이와 숄을 어깨에 둘러주었다. 그의 아내는 자기가 시장에 가서 내 옷과 우리 가족들의 옷까지 몽땅 자기가 직접 골랐다며 한 보따리를 선물로 주었다. 동행한 장로는 감사의 인사를 하면서 사과와 화환을 주며 다음에는 교회로 모시겠다고 하였다.

그분들의 정성과 감사가 보통이 아니어서 나는 그분들이 사람을 잘못 보고 있을지도 모른다는 생각을 하였다.

꽃다발과 선물을 다 전달한 목사님은 사무실에 있는 모든 사람들에게 나를 한국에서 만난 천사, 자기에게 예수 그리스도의 사랑을 가르쳐 준 분이라고 큰소리로 소개하였다.

그의 아내는 남편이 한국에 다녀 온 후에 완전히 달라졌다며 나에게 남편을 잘 지도해주어서 고맙다고 하였다. 남편이 겸손해졌고 교우들을 잘 섬기고 사람들을 잘 이해하고 지도해서 교회에 은혜가 충만하다고 하였다. 전에는 혼자 외출을 하거나 심방을 하지 못하였는데 지금은 자기를 대동하지 않고 외출과 심방을 하며 시장을 돌며 이웃들을 잘 만난다고 하였다. 전에는 권위적이어서 남의 말을 듣지 않았는데 지금은 자기 이야기도 귀를 기울여 주고 누가 무슨 이야기를 하든지 잘 들어준다고 하였다.

그 교회 장로는 목사님이 한국에 다녀 온 후에 겸손해지고 이해를 잘하고 잘 배려하고 양보를 해서 교회가 평안하고 성도들의 관계가 좋아져서 신앙생활이 아주 즐겁다고 하였다. 그는 목사님에게 나에 대한 이야기를 많이 들어서 어떤 분인지 꼭 보고 싶었다고 하였다.

그의 아내는 남편이 설교할 때나 성경공부를 가르칠 때 사랑이란 말이 나오면 꼭 나의 사례를 들며 예수 그리스도의 사랑을 실천하는 천사를 한국에서 만났다고 하여 내가 어떤 사람인지 궁금하였다고 하였다.

그 목사님은 거듭 거듭 나를 만나서 사랑과 겸손을 배웠다고 하였다. 하나님께서 사랑이 무엇인지 모르는 부족하고 교만한 자신을 불쌍히 여겨 한국에서 천사를 만나게 하여 자신을 변화시켜주셨다고 고백하였다.

세 분이 번갈아 가며 나로 인하여 자신이 변했다고, 남편이 변했다고, 목사님이 변했다고 이구동성으로 말하는데 나는 목사님에 대한 감이 전혀 잡히지 않아 함께 맞장구치며 공감을 하지 못하였다. 그가 나의 어정쩡한 표정을 보고 앗차! 했는지 하던 말을 중단하고 차분히 자기가 학생들의 인솔교사로 김천에 갔다가 나를 따라서 전주에 갔고 전주에서 3박4일 동안 머물렀던 목사라고 또박또박 말해 주었다. 그때서야 나는 겁쟁이고 떼쟁이였던 임마누엘 목사님을 알아보았다.

목사님!

아! 목사님!

떼쟁이! 겁쟁이! 고집쟁이! 울보 찡찡이!

우리는 흥분하여 다시 얼싸안고 큰 기쁨으로 서로를 축복하였다.

그는 당시 여러 학생들을 인솔하고 김천에 왔다.

그는 학생들의 인솔자로 한국에 왔지만 겁이 많아서 혼자 밖에 나가지 못하는 사람이었다.

학생들은 교환프로그램 일정표를 따라 학교에 가서 한국체험을 하는데 그를 위해서는 프로그램이 하나도 준비되지 않았다. 실망하였지만 그는 노회나 학교에 자신을 위해 프로그램을 만들어 달라는 요구를 감히 하지 못하고 혼자 방을 지켰다. 그렇게 며칠을 지내고 나니 그는 자기가 너무 홀대를 당한다는 생각에 화가 치밀었다. 그러나 아무에게도 자기의 불편한 심사를 말하지 않고 학생들을 두고 혼자 먼저 귀국하기로 결심하였다. 그는 자신의 생각을 인도에 있는 아내에게만 알리고 비행기 티켓을 바꾸고자 하였다.

당시 나는 중국에서 일시 나왔다가 우리 난달 학생들이 김천에 교환프로그램으로 왔다는 소식을 듣고 격려차 방문하였다. 학생들을 학교에서 만나고 난 뒤 동행하여 오신 목사님의 소식을 듣고 숙소로 찾아갔더니 그가 뿔이 날 대로 난 상태에서 가방을 꾸리고 있었다. 이유를 물었더니 홀대를 당하면서 시간을 낭비하는 것이 너무 아깝고 싫다고 하였다.

자기가 한국에 올 때 첫째는 한국의 교회들을 방문하고 목회자들을 만나 대화를 하고, 둘째는 한국교회 문화와 프로그램을 체험하고, 셋째는 한국교회 예배와 기도, 지역사회 활동 등을 배우고자 왔는데 환영식 이후에 한 사람도 만나지 못하였고 바보처럼 방만 지키고 있다고 하였다. 무엇보다 노회와 학교가 자기를 위한 프로그램은 전혀 준비하지 않았고 자기를 전혀 배려하지 않는데 무시를 당하면서 굳이 프로그램이 끝날 때까지 있어야 할 필요를 느끼지 못한다고 하였다.

일단 학생들의 인솔자로 온 그가 무시당하고 있다는, 존중받지 못하고 있다는 생각을 하고 있다는 사실을 안타까워하며 노회를 대신하여 사과를 하였다. 그리고 우리 한국 목회자들이 영어가 약해서 1:1로 외국 목회자를 자유롭게 만나지 못하니 영어를 조금이라도 할 줄 아는 목회자가 있는 교회로 연결시켜 주겠다고 제안하였다. 그러나 그는 막무가내였다. 다 귀찮고 싫어졌다며 비행기 티켓을 바꾸어 달라고 하였다. 적당히 위로하고 적당히 프로그램을 만들어 주면 될 줄 알았는데 그는 고집을 부리며 나의 제안을 받아들이지 않았다. 그렇다고 그를 일찍이 돌려보낼 수도 없었다.

노회와 노회 간의 신뢰 문제도 있고 돌아가는 학생들을 인솔해야 하는 문제도 있고 한국에 와서 상처만 받고 돌아갈 경우에 장차에 듣게 될 많은 말들이 걱정이 되었다.

나는 상처받은 그를 위해서, 양쪽 노회의 원만한 관계를 위해서, 학생들이 안전하게 귀국하도록 돕기 위해서 묘안을 짜내야 하였다. 그리하여 예정된 나의 스케줄을 다 취소하고 그를 전주로 초청해서 3박 4일의 프로그램을 만들기로 하였다. 그리고 그에게 3박4일 전주 프로그램 안을 제시하였다. 나의 제안을 받은 그의 기세가 눅어지고 그의 마음이 평정을 회복하였을 때 프로그램 주관자인 학교에 양해를 구하고 그를 데리고 전주로 내려왔다.

　전주에서 한옥마을 강암서예관을 바라보며 좌측 골목 끝에 있는 '휴(休)'에 숙소를 정하였다. 숙소를 정한 후에 함께 식사를 하고 아침식사 대용식을 사서 주고 돌아 나오는데 그가 까무러치듯이 놀라며 나를 붙잡았다. 무서워서 혼자 못 자니 옆방에서 자라는 것이었다. 순간 너무 난감하였다. 그러나 그를 진정시키며 밀린 일을 처리하고 내일 일을 준비하기 위하여 가야 한다고 구구절절 설명하였다. 그래도 그는 울먹이며 한사코 나를 잡고 늘어졌다. 밤에 나쁜 일이 일어날 수 있으며 죽을 수도 있고 아플 수도 있고 나쁜 사람들이 들어와 자기를 해칠 수도 있다며 가지마라고 애원하였다. 순간 보통 일이 아님을 알고 숙소 사장님에게 시간마다 그의 방을 체크해 주시라고 부탁하였다. 그리고 그에게 밤에 전화를 걸어 안전을 확인하고 문제가 생기면 바로 달려 올 것이니 안심하라고 하였다. 그래도 그는 따라오면서 불안하여 죽을 것 같다고 떼를 썼다. 그와 씨름을 하다가 불안에 사로잡히지 말고 주님의 이름을 부르며 밤 새워 기도하라 권면하고 그를 남겨두고 집으로 돌아왔다.

다음날 아침에 그는 아이가 어머니를 반기듯이 나를 반겼다. 간밤에 잠을 제대로 자지 못하였으나 아프지도 않고 나쁜 일도 일어나지 않아서 다행이라며 안도의 한숨을 내쉬었다.

그리하여 둘째 날에 어느 교회 담임 목사님 취임예배에 참석하여 한국 교회의 취임예식을 참관하였다. 그리고 농촌 교회에 가서 어린이집을 방문한 후, 담임 목사님과 함께 하루 일정과 1년 목회력에 대한 이야기를 나누었다. 그리고 새벽기도회, 금요기도회, 수요기도회와 지역사회에 교회 개방과 지역사회 활동에 교회가 참여하는 일 등에 대하여 일문일답을 하였다.

식사는 선택의 여지가 많은 뷔페식당에 가서 자유롭게 편히 먹고 마실 수 있도록 배려하였다. 시골교회 목사님의 친절과 겸손한 응대 그리고 유머로 그의 마음속에 앙금처럼 괴어있던 불평과 불만이 사라져서 우리의 일정은 서로를 배우며 탐구하며 보람찬 시간이 되었다.

그 다음 교회에서는 설교 작성, 심방, 기도, 구역 관리 등에 대하여 일문일답을 하면서 그리스도 예수 안에서 목회자라는 동질성을 확인하며 서로를 격려하며 축복하기에 이르렀다.

저녁에 숙소에 데려다 주고 돌아오는데 그가 또 불안을 호소하며 옆방에서 자라고 간청하였다. 나는 다시 숙소 사장님에게 그의 안전을 부탁하고 돌아서 나왔다. 그가 따라 나오면서 자기가 죽거나 아프거나 위험한 일을 당하면 어떻게 할 것이냐고 하며 가지마라고 거듭 애원하였다.

나는 주님께 "사랑하는 종의 안전과 생명을 맡깁니다."라고 기도하고 그의 손을 뿌리치고 나왔다.

다음날은 주일이었다. 그는 인도에서 올 때 준비해온 설교를 신나게 하였고 나는 통역을 적절하게 하였다. 오전 오후 두 차례 설교를 하고 한국 교회의 융숭한 대접을 받은 그는 만족하였고 무엇에나 귀를 기울이고 살피며 열심히 적었다. 그는 한국교회의 영적 역동성에 감동을 받았고 친절한 한국교우들의 태도에 코끝이 시큰해졌다고 하였다.

주일 예배를 마치고 한옥마을에 들러서 관광을 하였다. 경기전과 전동성당과 그 일대를 구경하고 쇼핑을 할 수 있도록 배려해주었다.

그는 자기가 하나님의 특별한 은총으로 나를 만나기 위해 한국에 온 것 같다고 하였다. 그는 나를 예수 그리스도의 사랑을 실천하는 사람, 천사로 만났다며 무엇인지는 모르지만 깨우쳐주어서 감사하다고 거듭거듭 인사를 하였다.

그러나 그날 밤에도 자기 신변에 문제가 생길 수 있다며 가지 말라고 애원하였다. 나는 어제, 그제도 무사하였으니 오늘도 무사할 것이고 하나님께서 함께하시니 악한 것들이 침범하지 못할 것이라고 단호하게 말을 하고 나왔다.

4일째 되는 날은 김천으로 돌아가야 하는 날이었다.

그는 전에 없이 명랑하였다. 그는 아침 일어나서 전주천 주변을 산책하며 구경하였다고 하였다. 그는 자기가 겁이 많아서 혼자 잠을 자지 못하는데 처음으로 혼자 자보았고 아무 일도 일어나지 않아서 놀랐으며 자신이 이 며칠 사이에 자기도 모르게 달라진 것 같다고 하였다.

그러나 전주역에 가서 기차표를 사서 주니 혼자는 죽어도 안가겠다고 고집을 부렸다. 가다가 사고가 날 수도 있고, 길을 잃어버릴 수도 있고, 죽을 수도 있다며 김천까지 동행해 달라고 요청하였다. 특별히 오송에서 내려서 경부선으로 바꾸어 탈 때 자기가 잘못 타서 행방불명이 되면 어떻게 할 것이냐고 아우성이었다. 그리고 만약에 김천구미에서 내렸는데 아무도 마중 나오지 않으면 어떻게 할 것이냐고 하소연하였다. 그는 진짜 불안에 떨고 있었다. 아무리 안전하다고 설명해도 소용이 없었다. 나는 그의 손을 잡고 주님께 그의 생명과 안전을 부탁드리는 기도를 하고 그의 여행을 위해 미리 준비한 A4 용지 두 장을 손에 쥐여 주었다.

한 장은 오송에서 내릴 때를 위해 준비한 것이었다.
"안녕하세요. 도움을 부탁드립니다.
이분은 오송에서 내려서 김천구미에 가는 KTX 기차를 타야 합니다. 오송에 도착하기 전에 미리 이분에게 내려야 된다고 말 좀 해주세요. 감사합니다.
만약에 문제가 생기면 아래 번호로 연락 주세요."

나머지 한 장은 김천구미행 KTX를 탈 때 필요한 것이었다.
"안녕하세요. 도움을 부탁드립니다.
이분은 김천구미로 가는 KTX 기차를 타야 합니다. 부디 이분을 경부선 KTX를 타는 플랫폼으로 안내 좀 부탁드립니다. 감사합니다.
만약에 문제가 생기면 아래 번호로 연락 주세요."

혼자는 가지 않겠다고 버티는 그에게 종이만 보여주면 누구나 다 도와줄 것이라고 설득하여 간신히 기차 안으로 데리고 들어갔다. 그리고 옆

사람에게 부탁하였다.

　그를 보내고 돌아오면서 김천 학교 프로그램 담당직원에게 바로 연락을 취하였다. 미리 가서 대기하고 있다가 모시고 숙소로 돌아가라고.
　그리고 김천구미에 도착할 즈음에 전화를 걸었다.
　"목사님!"
　감격에 벅찬 그의 음성이 들려왔다.
　"아무 일없이 무사히 도착했습니다. 저 혼자 여행을 하기는 난생 처음입니다. 너무 즐겁습니다. 할렐루야! 감사합니다."
　"목사님, 앞으로 혼자 여행하여도 무사하고 안전할 것입니다. 주님께서 '임마누엘' 목사님의 이름대로 목사님과 동행하며 지켜주십니다."
　"예, 주님께서 저와 함께하십니다. 감사합니다."

　그 후, 그는 학생들을 인솔하고 인도로 돌아갔다.
　인도에 무사히 도착하였다는 말을 들었다. 그러나 그 뒤로 6년 동안 한 번도 그의 소식을 듣지 못하였다. 물론 굳이 알려고도 하지 않았다.

　그는 6년 사이에 한국에서 겪은 며칠의 경험을 거울삼아 부정적이 되고 소극적이 되며 두려움과 공포에 빠지는 자신을 부단히 격려하여 새로 태어났다고 하였다. 자신이 다시 옛 사람으로 돌아가려고 할 때마다 자신을 있는 그대로 수용하며 예수 그리스도의 사랑을 보여준 나를 생각하였다고 하였다.
　그는 내가 자기에게 보여준 그리스도의 사랑 덕분에 자신이 치유되고 회복되었다고 믿었다. 그리고 그는 사랑의 빚진 자로서 그 사랑을 실천하며 사는 것이 자신의 목회요, 인생의 과제라고 하였다.

그가 인도 교우들에게 나를 사랑의 사람이라고, 천사라고 예화로 사용하는 3박 4일 동안 내가 그에게 해준 것은 누구나 다 할 수 있는 단순한 일이다.

그가 한국에 와서 스스로 무시당했다고 생각하며 상처 받은 것을 인정해주고 이해하며 그를 존중해준 것뿐이다. 3박 4일 동안 단 한 번도 구박하거나, 비난하거나, 야단치거나, 놀리거나, 비웃거나, 무시하거나 질타하거나 인격적으로 모독하지 않았다. 불안에 빠져서 하는 그의 이상한 말들을 진지하게 다 들어주었다. 그러나 "YES"와 "NO"는 분명히 하였고 "NO"일 때는 자세하게 설명을 하며 이해와 양해를 구하였다.

하나님께서 아무것도 아닌 평범한 일을 통해서 그에게 하신 일이 참으로 신기하고 신비하다.

나 같은 사람을 천사로 사용해주신 하나님의 은혜와 배려하심에 깊은 감사와 찬미를 드린다.

초라함은 놀라운 축복이다

나의 자리는 더 높아질 것도 없고 더 낮아질 것도 없는 초라한 자리다. 아무도 기웃거리지 않고 탐내지 않는 자리 말이다. 보잘 것 없고 힘들고 고달프고 평범하고 자유롭게 일하며 있는 듯 없는 듯 존재하며 자족하는 자리이다. 초라함에 도가 튼 사람은 아무것도 아닌 자리에서 아무것도 아닌 일로 아무것도 아닌 존재로 물처럼 흐른다.

인도에서 돌아온 후, 오랜 새김질 끝에 새로운 출발을 다짐하는 의미에서 필명을 '초라하니'로 바꾸었다.

대부분의 사람들이 '초라하니'가 힌디어나 산스크리트에서 나온 특별한 의미가 있는 말로 내가 힌두교나 불교의 용어를 차용했을 것으로 생각하였다. 그러나 '초라하니'는 '초라한 이'를 소리 나는 그대로 적은 것이다.

어려서부터 웃는 모습이 귀엽다, 해맑다, 티 없이 밝다는 말은 많이 들었지만 눈에 띄지 않는 평범한 외모에 체구도 보통이고 옷차림마저도 수더분해서 사람들의 눈에 잘 띄지 않았다. 그래서 어느 모임을 가든지 간에 주목을 받는다거나 주인공이 되는 일은 거의 없었다. 재능이나 재주도 눈에 띄게 뛰어난 것이 하나도 없어서 어디를 가든지 구경하는 사람이요, 박수를 쳐주는 사람이요, 들러리로서 심부름꾼으로서 섬기는 일을 맡았다. 사람들이 나를 어떻게 생각하는지를 신경 쓰지 않고 언제 어디서나 묵묵히 사람들의 필요를 살피며 채워주는 일에 집중하였다. 학교에서나 서클에서 교회에서 주인공이나 주관자가 되지 않아도 내게 주어진 일들을 열심히 감당하였다.

인도에 와서는 사정이 확 달라졌다.

우리 부모님과 형제자매들의 경력이나 평판을 아는 사람도 없고 나의 성격이나 품성이나 자질과 성실성을 아는 사람이 없는 세계에서 나는 일을 시작하기도 전에 바로 진짜 별 볼일 없는 초라한 사람이 되어 버렸다.

안드라푸라데쉬주 데칸고원에 있는 자말라마두구에서 비숍에게 처음으로 부임 인사를 하는 날이었다. 당시 우리 이삿짐은 뉴델리에서 자말라마두구로 오는 중이었고, 나는 먼저 첸나이에 도착하여 배낭 하나를 메고 캐리어 가방을 들고 남편 또한 카메라 가방과 캐리어 가방을 단출하게 들고 이삿짐보다 빨리 현장에 도착하고자 부리나케 달려갔다.

새벽에 기차에서 내려 무다누르 언덕을 지나 자말라마두구에 도착하는 동안에는 안개 속에서 모든 것이 신비하고 신선하게 느껴졌다. 그러나 현장에 도착한 기쁨도 잠깐이었고 아침부터 우리는 모기를 비롯한 온갖 벌레와 땡볕더위에 시달리며 언제 올지 모르는 비숍을 마냥 기다렸다. 데칸고원의 열대 자연환경과 인도인들의 시간 개념을 잘 모르는 나는 첫날부터 무질서하고 시끄럽고 더러운 시골에 온 것을 인생 일대의 대실수로 판단하고 도망갈 궁리를 시작하였다. 보이는 모든 것들이 너무 거칠고 메마르고 힘들어 보여서 낭만적으로 생각하였던 데칸고원과 인도 농촌의 이미지가 순식간에 깨진 것이다. 파리와 모기에 포위되어 뜯기고 있을 때 산적처럼 부리부리한 수염을 한 비숍이 보라색 정장을 입고 나타나서 위아래로 나를 훑어보았다. 사람들이 줄을 지어 그의 손에 입을 맞추었다. 입맞춤의 알현이 끝났을 때 순서에 따라 환영의 행사가 진행되었다. 나는 순서에 따라서 비숍의 환영 인사에 콩글리쉬로 답사를 하였다.

행사가 끝나자마자 비숍이 탐탁지 않은 표정으로 나를 불렀다. 나의 답사에 아무런 프로젝트나 후원 약속이 없고 단지 기도하며 섬기겠다고 한 것이 마음에 들지 않았을지도 모르지만 당시 나로서는 그 이상도 그 이하도 말할 수 없었다.

비숍이 내게 얼마나 큰 집을 원하느냐고 물었다. 나는 그가 하는 말의 뜻을 이해하지 못하여 우물쭈물하였다. 그러자 그가 다시 어떤 집을 원하느냐고 큰 소리로 물었다. 나는 노회가 우리에게 집을 제공해준다고 해서 왔고 노회가 결정한 대로 따르겠으니 어떤 집이든지 보여 달라고 하였다. 갑자기 그가 미간을 찌푸리며 "가구를 몇 개나 가지고 있냐?"고 물었다. 나는 속으로 노회가 약속한 집을 주면 그만이지 비숍이 왜 남의 짐에 대하여 묻는가 하면서 "Two trucks"라고 대답을 하였다. 그런데 그는 페이퍼에 "Two trunks"라고 적었다. 나는 어설픈 영어로 "트렁크"가 아니고 "트럭"이라고 설명하였지만 그는 내 말을 전혀 귀담아 듣지 않았다. 나중에 안 사실이지만 인도는 짐을 운반하는 차를 트럭이라고 부르지 않고 로리 라고 불렀다. 그러니 비숍이 나의 초라한 행색 때문에 트럭을 트렁크로 오해할 만도 하였다.

나의 행색이 초라해서였을까? 나는 첫 만남과 모임에서부터 예우 받는다거나 환영 받고 있다는 느낌을 전혀 받지 못하였다. 결국 그는 화장실도 부엌도 없는 바닥이 검정색 투박한 돌이 깔려 있는 원룸스타일의 집으로 우리를 안내하였다. 화장실이 없어서 못 살겠다고 하니 앞에 있는 병원 본관에 있는 화장실을 사용하라고 하였다. 부엌이 없어서 못 살겠다고 하니 병원 원장 네 하인들이 날마다 음식을 해줄 것이라고 하였다. 세면장이 없어서 못 살겠다고 하니 수도공사를 하려면 돈이 많이 드는데 그 경비를 내가 내야 한다고 하였다.

작은 읍내에 머물렀지만 초라한 사람으로 국물도 없을 사람으로 낙인이 찍혀서일까? 가까이 다가오는 사람도 없었고 잘 보이려고 하는 사람도 없었다. 어쨌든 어느 누구도 프로젝트를 한다거나 특별한 지원을 해줄 거라는 기대와 주목을 하지 않으니 편하고 좋았다. 나는 말도 되지 않고, 특별한 재능도 없고, 재원도, 프로젝트도 없었으나 놀 수는 없고 해서 주변의 농촌마을과 무너져가는 교회들을 방문하며 시간을 보냈다. 나는 초라하고 가난하고 아무것도 아닌, 별 볼일이 없는 사람으로 낙인 찍혔으므로 자유롭게 불가촉천민인 달리트 속에 쉽게 들어갈 수 있었다.

몇 년이 지나서 교단 본부에 '달리트·아디바시국'과 협력을 하게 되었다. 하루는 국장이 마드라스에서 멀지 않는 곳에 달리트 직업훈련원 원장이 훈련원 개혁과 개발을 위하여 나를 초청하였으니 가서 살펴보고 도움을 주라고 하였다.

당시 그 직업훈련원은 개점휴업상태나 마찬가지였다. 반백년이 훨씬 넘는 유구한 역사를 가진 명성이 자자한 훈련원이었으나 옛날 것을 안일하게 답습하고 있는 사이에 프로그램과 기술이 진부하고 구태의연해져서 훈련을 받으려는 지원자들이 더 이상 모이지 않아 폐원 직전에 놓인 곳이었다.

나는 그곳에 가는 길목에서 지인을 만나 함께 그곳을 방문하였다.

원장이 우리 일행을 환대하였다.

나는 원장에게 국장의 부탁으로 온 아무개라고 정중하게 인사를 드렸다. 그러나 그는 나의 말을 건성으로 들으며 손님으로 따라온 차림새가 산뜻하고 좋아 보이는 분을 국장이 보낸 사람이라고 생각하였는지 그에게 먼저 숄을 둘러주고 화환을 걸어 주었다. 숄이나 화환은 먼저 받아도 그만 나중에 받아도 그만이므로 별로 신경을 쓰지 않았다. 그러나 그가 훈련원이 직면한 문제를 이야기하며 상담과 자문을 구할 때도 그만 바라보고 말하여서 그가 사람을 진짜로 착각하고 있음을 알았다. 나는 그의 오해를 바로 잡기 위하여 오후 일정이 시작되기 전에 그에게 다시 한 번 내가 본부 국장의 부탁을 받고 온 사람이라고 밝혔다. 그러나 그는 반팔 티셔츠에 곤색 조끼를 걸치고 검정바지를 입은 나의 행색이 너무 초라하여서인지 나의 말을 귀담아 듣지 않았다. 그는 계속해서 품위가 있어 보이는 손님을 정성껏 모시고 가이드하며 낙후된 훈련 시설과 문제들을 설명하였다. 맨 나중에 그가 프로젝트로 지원받고 싶어 하는 훈련원 부지로 우리 일행을 안내할 때도 그는 지인을 에스코트하며 열심히 자신의 소신과 포부를 밝히며 달변을 토하였다.

사실 나는 큰 부담을 가지고 그곳을 방문하였으나 나 자신의 초라한 행색 때문에 훈련원을 지원해야 하는 심적 부담에서 저절로 놓임을 받게 되어 안도의 한숨을 내쉬었다. 그러나 그 사건을 통하여 인도인들이 옷차림이 초라한 사람을 한국 사회보다 더 무시한다는 사실을 알았다. 인도 사회에서 사람으로 대접을 받고 지도자로 인정과 존중을 받으려면 옷차림과 장신구에 신경을 쓰지 않으면 안 된다는 사실을 절절하게 맛보았다.

인도인들은 내가 거리에서 쓰레기를 주우면 "너는 한국에서 넝마주이였느냐?"고 물었다.

오래된 건물에 페인트를 칠하면 "너는 한국에서 뺑끼 칠하는 사람이었느냐?"고 물었다.

나무를 심으면 "너는 한국에서 나무 심는 사람이었느냐?"고 물었다.

청소를 하면 "한국에서 청소부였느냐?"고 물었다.

그들은 짧은 머리에 티셔츠에 조끼를 걸친 나를 한국에서 온 불가촉천민, 달리트로 대하였다.

그들의 눈에 여성들이 선호하는 칠흑의 긴 머리채도 없고 팔꿈치까지 끼는 요란한 뱅글도 차지 않고 배꼽아래까지 내려오는 금목걸이도 걸지 않고 화려한 사리도, 펀자브 드레스도 입지 않고 하인도 부리지 않고 자가용도 없는 노란 얼굴의 외국인 여자가 초라하게 보였을 것이다.

나는 어디에서도 초라하였다.

백인 선교사들 옆에 있으면 피부 색깔이 너무 검고,

인도인들 앞에 있으면 얼굴이 너무 밋밋하고,

백인 선교사들 속에서는 영어를 못하므로 어정쩡한 반벙어리이고,

인도인들 속에서는 로칼 언어를 듣지 못해서 벙어리였다.

게다가 영어가 유창한 인도인들 특별히 박사들 앞에서 기가 팍 죽었다.

나 자신의 초라함을 깨달은 후, 후원도 넉넉하지 않고, 학력도 낮고, 재

능도 없는 초라하기 그지없는 자가 감히 외국에서 일할 생각을 했다는 것 자체가 너무 어이없고 한심하게 느껴졌다.

인도 교회 총회나 노회, 각 부서의 행사에 초청받으면 나는 영어 스트레스 때문에 주눅이 들어서 벙어리처럼, 그림자처럼 존재하였다.

어느 노회 비숍이 자신이 부임하는 날, 말과 행색이 너무 초라한 나를 보고 이 사람이 우리를 위하여 무슨 일을 할 수 있을까 하는 생각을 하였다고 고백하였다.

그는 첫째 내 옷차림이 너무 초라하고 둘째 프로젝트나 후원을 약속하거나 장담하며 큰 소리를 치지 않고 셋째 무엇을 요청하든지 간에 확실히 해주겠다는 언질도 없이 "기도하겠습니다."라고만 말하고 넷째 인도인들이 천하게 여기는 청소나 나무심기나 페인트칠을 어디서든지 직접 솔선수범하고 다섯째 사무실 없이 현장을 중심으로 일하므로 일반 사람들 속에서 위엄도 없고 권위도 없고 명예도 영광도 없으므로 무시하였다고 토로하였다. 그는 실제로 나를 별로 탐탁하지 않게 생각하였다. 그러나 말없이 차분하게 약속대로 이동하며 움직이는 나를 지켜본 후에 따로 조용히 불러서 '미안하다'고 하며 나의 초라함이 비범함이라는 사실을 깨달았다고 말하였다. 그 후부터 그는 나에게 기도 요청을 하였고 사업에 대하여 의견을 구하였다.

어느 대학교 총장을 2년 동안 찾아다녀서 한국의 어느 대학교와 MOU 체결을 맺게 하였다.

인도의 대학교라는 것이 식민지 치하에 설립되어 '서구바라기'가 되었기 때문에 아시아의 대학교들을 우습게 아는 풍토가 있다. 영어를 모국어처럼 사용하고 서구 문화와 양식에 익숙한 그들은 서구에 있는 대학교와 교류하며 서구가 주는 이익에 길들여져 있으므로 아시아에 대하여 관심이 거의 없었다. 나는 한국 어느 대학교 총장의 부탁을 하나님의 명령으로 생각하고 기도하며 한국 대학교와 인도 대학교가 함께할 수 있는 사업을 구상하여 동반 성장할 수 있는 구체적인 아이디어를 가지고 인도에 있는 대학교에 찾아가 말을 꺼냈다. 그들은 콧등도 꿰지 않았다. 당시 인도 대학교는 한국의 대학교에 기대하는 것이 하나도 없었고 정부에 허가를 받아야 하는 등의 일로 인하여 MOU 맺는 것을 귀찮게 생각하였다. 그러나 나는 아시아 평화를 위해서 한국과 인도 대학교의 협력이 꼭 필요하며 함께 할 일이 있다는 확신을 가졌기 때문에 기도하며 시간이 나는 대로 총장을 찾아가서 MOU를 맺고 아시아를 위해서 함께 일할 것을 어눌한 영어로 더듬더듬 설득하였다. 그러나 한 대학교의 총장이 나의 어설픈 제안을 듣고 그런 결정을 쉽게 하겠는가? 그런데 그가 어느 날 하나님의 은혜로 한국 기업의 인도 진출과 성공 그리고 세계 속에서 한국 지위에 눈을 뜨는 일이 발생하였다. 결국 총장은 내가 그 대학교를 방문한 지 2년이 다 되어 가고 있는 시점에서 MOU를 맺으러 한국으로 떠났다. 나는 그 대가로 총장과 해외담당국장의 항공운임까지 마련해주어야 하였다. 어쨌든 그 후 두 대학교는 MOU 근거하여 약속한 대로 프로젝트를 함께 추진하며 오늘에 이르렀다.

총장은 MOU가 죽은 문서로 캐비닛 안에서 잠자지 않고 현실화되자 기대하지 않는 기적이 일어났다며 크게 기뻐하였다. 실제로 그는 MOU를 맺도록 인내심을 가지고 총장실을 방문한 나를 기특하게 생각하여 여러 사람들이 함께한 자리에서 내가 처음 자기를 방문하였을 때를 회상하며 말하기를 즐겨하였다.

화장도 하지 않고, 장신구도 걸치지 않은 초라한 여자가 한국의 대학교와 MOU를 맺자고 찾아왔는데 말조차 더듬거려서 참으로 한심하게 보였다고. 그러나 일언지하에 자를 수가 없어서 해외 담당부서 교수에게 넘겼다고. 2년 사이에 해외담당부서의 담당자 여러 번 교체되었다고. 담당자가 바뀌면 처음부터 다시 시작해야 하므로 내가 지쳐서 포기할 줄 알았는데 끝끝내 뜻을 이루었다고. 몇 년 동안 지켜보니 그는 초라함 속에 비범함을 숨기고 있다고. 바보처럼 보이는 어리숙함 속에 탁월함이 숨어 있다고. 초라한 행색으로 무시당하여도 의연한 사람이라고. 어떤 예우나 대접에도 자유로운 영혼이라고.

그는 그 후에도 여러 차례 사람들 앞에서 나의 초라함에 대하여 말하였다. 그리고 기회만 되면 나의 초라함을 탁월하고(OUTSTANDING) 특별하다고(EXTRAORDINARY) 칭찬하였다.

인도에서 나온 지 여러 해가 지난 지금 나는 초라함으로 평안하다. 자유롭다. 감사한다.

초라하기에 겪었던 차별과 냉대와 무관심으로 나는 아무것도 아닌 것으로 존재하는 은혜와 평화, 자유와 축복을 깊이 체험하였다. 초라함은 나를 하나님과 동행하는 축복으로 인도하였다. 초라함은 나를 범사에 하나님만 의지하는 믿음과 기도의 길로 나를 이끌었다. 초라함은 그리스도의 초라한 십자가, 사랑하므로 초라해질 수밖에 없는 그리스도의 사랑을 깊이 체험하게 해주었다.

초라함은 나를 십자가와 부활을 체험하는 자유의 길로 인도하였다.

초라하기 때문에 외롭고,
초라하기 때문에 무능하고,
초라하기 때문에 무시당하고,
초라하기 때문에 차별당하고,
초라하기 때문에 손해를 보고,
초라하기 때문에 억울하였다.

초라하기 때문에 사람을 바라지 않고
초라하기 때문에 겸허하고,
초라하기 때문에 변명하지 않고,
초라하기 때문에 허영에 빠지지 않고,
초라하기 때문에 방만하지 않고,
초라하기 때문에 진지하고,
초라하기 때문에 강하고 담대하며,
초라하기 때문에 인내하였다.

초라하기 때문에 사모하고,
초라하기 때문에 기도하며
초라하기 때문에 감사하고,
초라하기 때문에 침묵하고,
초라하기 때문에 묵상하고,

초라하기 때문에 이해하고,

초라하기 때문에 용서하고,

초라하기 때문에 십자가를 지며,

초라하기 때문에 세상을 겁내지 않고,

초라하기 때문에 사람들을 불쌍히 여기고,

초라하기 때문에 하나님을 더욱 사랑하였다.

초라하기 때문에 당당하다.

초라하기 때문에 자유하다.

초라하기 때문에 잔이 넘친다.

초라하기 때문에 사람들을 더욱 섬긴다.

초라하기 때문에 사람들을 더욱 사랑한다.

초라함의 발견!

초라함에 대한 깨달음!

초라함은 하나님께서 인도 광야에서 나에게 준 은혜이며 십자가이며 부활
이다.

초라한 종과 동행하며 뼛속까지 초라하게 연단시켜주신 하나님을 찬양
한다.

나는 IMF 때 뉴델리에 있었다

새해 벽두에 세 단체의 시무예배와 시무식에 참여하였다.

새해덕담과 소원을 나누는 시간에 사람들이 암담한 경제전망과 전쟁 위기에 대한 염려를 토로하였다. 코로나 때보다 더한 경제 위기로 더 많은 중소기업과 자영업이 파산하고 개인들의 삶이 어려워질 것이라는 예고였다. 또한 전면전은 일어나지 않겠지만 국지전이 일어날 가능성이 많다는 것이다. 말미에서는 잘 극복할 것이라는 희망적인 언급을 하였지만 우울한 스토리가 우울한 분위기를 만들어서 마음이 짠하게 아파왔다.

우리가 직면한 현실이 사람들을 그렇게 만들었을까?

아니면 직면한 현실을 극단적으로 과장하고 포장하는 왜곡의 명수인 유튜브가 그런 생각을 하도록 유도하였을까? 사람들이 자기 생각을 말하는 중에도 유튜브를 언급하는 것을 보면 유튜브 영향이 지대함에 분명하다.

유튜브의 동영상 95%가 사실이 아니라고 팩트 체크에서 통계를 밝혔지만 세뇌된 사람들은 유튜브의 기사를 사실로 받아들인다. 그들을 타겟으로 하는 부정적이고 충격적이고 극단적이고 선동적인 유튜브의 영향으로 '안 된다'와 '힘들다'는 말이 우리 사회와 우리의 뇌와 정신을 지배하고 우리를 자기 그룹들에게 유리한 쪽으로 컨트롤하고 있다. 그럼에도 불구하고 정치바라기와 복지바라기가 된 사람들은 그런 사실조차 알지 못하고 꼭두각시처럼 그들의 말을 반복한다. 갈수록 의심하지 않고, 의문 한번 제기하지 않고 유튜브의 영상을 사실로 진리로 믿고 따르는 풍조가 만연하여 사회는 흑백논리에 완전히 갇혀 버릴 것이다.

그렇다고 위기를 부정하는 것은 결코 아니다. 포스트코로나 이후 수출입이 쉽지 않고 노동인력의 세계적 이동이 막혀서 모든 나라들이 고통과 고난을 겪고 있다. 게다가 러시아와 우크라이나 전쟁, 미얀마의 내전 등이 악재가 되어서 세계 경제가 경색되고 있다. 한국은 이런 문제에 한술 더 떠서 남북대립으로 사람들의 신경이 곤두서고 있다. 그림으로 보면 결코 밝은 그림은 아니다. 그러나 인간의 세계, 인간의 일은 인간의 마음가짐과 자세에 따라 해결이 가능하기도 하고 때로 최선은 아니지만 우리는 차선을 만들어 낼 수 있다.

위기는 위기를 맞이하는 자세에 따라 절망과 죽음에 이르는 기회가 되기도 하고 전환과 도전, 변화와 갱신의 기회가 되기도 한다. 위기를 기회로 만들 줄 아는 통찰력과 미래의 시점에서 현재를 보는 혜안이 필요하다.

고난은 하나님께서 우리에게 주는 강력한 메시지다. 물질 위주의 방만한 삶을 정리할 것을 요구한다. 무한 성장에의 욕구와 경쟁을 내려놓을 것을 요구한다. 함께 협력하여 공생하며 공존하라는 것이다. 무엇보다 우리에게 주변의 도움 없이 살 수 없는 약자들을 돌볼 것을 권면한다. 대양을 횡단하는 대형선박이 폭풍우와 거친 파도에 휩쓸리지 않기 위해 배의 짐을 버리듯이 고난의 때에는 버릴 것을 과감히 버려야 한다. 그리고 배를 보전하기 위해서 같은 마음으로 배를 지키며 동료들의 건강과 생명을 서로 배려해야 한다.

한강의 기적을 이룬 한국 경제의 최대 위기는 1997년 말에 발생하였다. 외환 보유고가 바닥이 나고 국가가 도산의 위기에 빠진 그 시기를 우리는 IMF 때라고 부른다.

나는 그때 뉴델리에 있었다. 영화나 꿈에서나 가능한 일이 눈앞에서 전개되었다. 강세가 된 달러가 한화를 여지없이 짓밟았다. 인도로 떠날 때 한화의 가치가 1달러에 890원 정도였는데 순식간에 1달러에 1,500원정도가 되었다. 인도 루피로는 1루피 당 10원꼴이었는데 점차 올라가서 1루피 당 45원까지 올라갔다. 한국 돈이 휴지가 되었다. 누가 우리 돈의 가치를 마음대로 조종한다는 말인가? 비상금으로 가지고 있는 돈이 휴지 수준이 되었다는 사실을 믿을 수가 없었다. 돈의 가치가 반 토막이 되며 뉴델리 한인사회가 물 끓듯이 끓어올랐다. 아무 보장도 없이 믿음으로 무식하고 용감하게 인도에 온 나는 뉴델리 거지로 전락하는 느낌이었다. 두려웠다. 모국도 아닌 외국에서 맞이한 IMF로 '재수가 나빠서 들어오자마자 IMF'라고 탄식하였지만 불안과 고통은 나만의 것이 아니었다. 날마다 회사의 지점들이 폐쇄되고 철수함에 따라 사람들이 줄줄이 돌아갔다. 회사나 은행만 철수하는 것이 아니라 선교사들도 돌아갔다.

개 교회가 파송한 사람은 개 교회의 소환으로 철수하였고, 선교회가 파송한 사람은 선교회가 소환해서 철수하였고 노회가 파송한 사람은 노회의 소환으로 철수하였다. 이도저도 아닌 자기 열정으로 온 사람들은 자기의 판단으로 철수하였다.

당시 나는 인도에 온 지 1년도 채 안되었지만 배타적이고 폐쇄적인 인도 사회의 계급차별과 빈부격차, 천차만별의 생활환경과 수천 개의 언어와 문화에 기가 딱 질려서 절망에 빠져 있었다. IMF 충격으로 줄줄이 돌아가는 사람들이 부럽고 특별히 소환을 당해 돌아가는 선교사들이 너무 부러웠다. 돌아가고 싶은데 나에게는 핑곗거리가 없었다. 한국에는 나를 소환할 교회도, 선교회도, 노회도 없었다. 오라고 하는 사람도 없고 가라고 하는 사람도 없는 상황이었지만 자존심 때문에 자의로 결정해서 돌아가고 싶지 않았다. 그러나 날마다 눈물로 밥을 삼고 불안을 반찬 삼아 먹으면서 절박한 마음으로 하나님께 아뢰었다. 시작하기도 전에 실패하였다는 좌절감으로 몸부림을 쳤다.

"하나님! 제게는 후원회도 없습니다. 제게는 선교 현장도 없습니다. 이제 인도 말을 배워서 언제 일하겠습니까? 아무리 생각해도 저는 인도용이 아닙니다. 돌아가게 해주십시오. 나라 경제가 흔들리고, 교회들이 몸살을 앓고 있는데 제가 인도에서 무슨 선교를 하겠습니까? 사는 것도 힘든데 장차에 선교비를 어떻게 감당하겠습니까? 나라를 생각하면 마음이 심히 무겁습니다. 교회를 생각하면 마음이 아픕니다. 일을 시작하지 않았으니 한국으로 돌아가도 마음에 걸릴 것이 하나도 없습니다. 지금이 무리함 없이 조용히 돌아갈 수 있는 절호의 찬스입니다. 부디 제발 돌아가서 마음 편히 한국교회를 섬기게 해주십시오."

하나님의 응답은 아주 명쾌하였다.
내가 결단하고 자의로 인도에 왔으면 돌아가는 것을 자의로 결정해서 돌아가고, 인도에 온 것이 당신의 부르심에 응답한 것이면 당신의 사인이 있을 때까지 그대로 있으라는 것이었다.

하나님의 말씀하심에 나는 바로 "하나님 당신의 부르심으로 왔으니 당신의 사인을 따라 움직이겠습니다."라고 대답하였다. 그러면서도 토를 달았다. "당신께서 제게 주신 약속을 꼭 지키십시오."라고. 그리고 떠나는 사람들이 내놓은 주방용품과 가구들을 하나둘 사서 정착하는 집의 꼴을 갖추기 시작하였다.

인도를 떠날 수 없다는 사실을 확인한 후, 내핍생활로 생활비를 최소화하였다.

한국에서 수입 된 과자와 기호식품을 일체 끊었다. 과일이나 채소도 제철의 것이 아니면 손을 대지 않았다. 사탕과 과자, 빵 등 간식거리는 고아원이나 나환자 마을에 갈 때 구입하였다.

자가용도 없었지만 버스도 이용하지 않았고 가급적 걸어 다녔고 학교에 갈 때만 오토릭샤를 타고 다녔다.

영화, 여행, 외식을 일체 삼갔고 특별히 대접해야 할 손님이 있을 경우에만 식당을 이용하였다.

힌디와 영어를 배우는 일에 몰입·집중하면서 공부하는 기쁨으로 IMF 고난도 고통도 곧잘 잊어버렸다. 그리고 인도 사회와 문화와 종교에 대한 탐구를 하면서 인도에 대한 지식과 경험을 축적하였고 인도에 대한 공포와 불안을 비로소 떨구게 되었다.

이 때 내핍으로 다툼이 잦았지만 피 같은 후원금으로 생필품이 아닌 것을 사는 것을 내 양심이 허락하지 않았다. 이렇듯 3년을 겨울잠을 자는 곰처럼 지내고 나니 한국이 IMF를 극복하였다는 소식이 왔다. 그리하여 인도에 도착한 지 4년 만에 인도선교의 첫 걸음을 떼게 되었다.

IMF 때 한국으로 돌아오지 못하고 절망과 고독, 고뇌의 시간을 버티고 견뎌낸 것이 오늘의 나를 만들었다.

한마디로 가난과 부에 처할 줄 아는 사람이 되었다.

없으면 덜 먹고 있어도 아껴 먹는 생활이 일상화되었다. 사역에 대해서는 없어도 있는 것처럼 넉넉하고 당당하고, 있어도 없는 것처럼 겸허히 끊임없이 펀드 레이징을 하였다. 모든 것이 하나님의 것이라는 믿음으로 새 일을 시작할 때는 하나님께서 새 일을 위한 예산을 이미 편성하였다고 믿고 담대하게 출발하였다.

말이 그렇지! 생활비를 책임지고 송금해주는 후원회도 없고, 그렇다고 후원을 약속한 교회나 노회나 선교회도 없이 한국 경제가 총체적으로 파탄난 시간에 외국에서 나그네로 산다는 것은 두려움 그 자체였다. 그러나 나는 사람들에게 구걸하지 않고 힘들다고 하소연하지 않고 오직 기도로 하나님께 아뢰며 하나님의 공급하심을 의지하였다. 날마다 하나님께 하소연하였다.

"아버지는 하나님 나라의 주인이고 저는 일꾼입니다. 인도에 와서 한국인 회사들을 보니 회사의 주인인 사장이 일꾼의 월급과 집을 다 줍니다. 공장도 짓고 원자재도 공급하고 회사에 필요한 모든 것을 다 알아서 공급합니다. 천지의 주인이신 아버지! 회사의 사장들은 자기 일꾼들이 굶주리지 않도록 월급을 제때 안정적으로 공급하며 일을 시킵니다. 아버지! 사랑하는 당신의 일꾼이 굶주리지 않도록 제때 공급해주십시오. 그리고 낙심하지 않도록 제때에 필요한 물적 자원들을 공급해주십시오."라고 하나님은 그때부터 사반세기 동안 나의 삶을 철저하게 책임졌을 뿐만 아니라 사역현장도 풍성하게 공급해서 많은 나눔과 섬김의 역사를 이루게 하셨다.

고난의 시간에 나의 꿈과 욕망을 포기하고 비웠다. 그리고 하나님의 뜻에 나 자신을 맡겼다.

나는 무시로 "아버지의 꿈이 제 꿈입니다! 아버지의 일이 제 일입니다." 라고 고백하며 나의 꿈과 욕망을 내려놓았다.

고난과 위기는 사람들의 꿈과 희망을 빼앗으며 사람들을 절망과 위기로 몰아가지만 그것들이 직접 사람을 죽이지는 못한다. 절망에 빠진 마음이 사람을 자살에 이르게 하는 것이지 결코 고난과 위기가 사람을 죽이는 것은 아니다. 그것들이 사람을 죽이는 것이라면 IMF 때 한국 사람의 절반 정도는 죽었어야 한다. 그러나 대부분의 사람들이 고난을 극복하고 살아났다.

고난과 위기는 관점의 문제다. 관점을 달리하면 재성장, 재성숙의 시간이 되고 도전과 혁신, 축복의 시간이 된다.

IMF 앞에서 무력해진 나는 꿈과 욕망, 인도 선교를 위한 마스터 플랜을 다 내려놓았다. 그리고 시간과 마음을 하나님께 드리고 알아서 쓰시라고 하였다. 생활고에 허덕거리지 않기 위해 안일과 편리를 버리고 불편과 검소를 선택하였다. 조급하게 성공하려는 마음, 성취하려는 욕망, 명예와 자존심을 버리고 그냥 살아서 버티기로 하였다. 아무런 열매가 없어도 인도 땅에서 견디는 것만으로 감사하기로 하였다. 그렇게 버티고 견디다보니 고난이 더 이상 고난이 아니고 위기가 더 이상 위기가 아니었다. 오히려 고난의 시간이 나를 포기하며 비우는 겸손한 삶으로 정신적으로, 영적으로 성장시켰다. 성숙시켰다. 위기가 축복이 되었다. 자기를 포기하고 비우는 축복, 범사에 하나님과 동행하는 축복, 있음으로 행복하고 감사하는 축복, 고난 받을 수 있는 축복, 고난 속에서 자유로울 수 있는 축복, 고난 속에서 감사할 수 있는 축복, 고난당하는 자를 위로할 수 있는 축복, 은혜 받은 사람들을 만나는 축복, 하나님의 섭리와 뜻을 생각하는 축복 등이었다.

인도에서 지속적으로 겪은 고난으로 터득한 것은 고난이 나와 세상을 살리려고 하는 하나님의 메시지라는 것이다. 고난은 고난 받는 자에게 새로운 전환과 변화, 모험과 도전을 요구하는 하나님의 사랑의 메시지이다.

코로나 이후 한국이 총체적으로 고난과 위기에 빠졌다면 하나님께서 한국인에게 새로운 변화와 갱신, 모험과 도전을 요구하는 것이다. 절망에 빠지라고 보내준 메시지가 아니고 살리기 위하여 보내준 메시지이다.

그러나 고난 중에도 결코 나눔을 포기하지 않았다.

내가 힘들 때 다른 사람들 또한 힘들다. 세상이 불경기에 빠질 때 가난한 사람들, 병든 사람들, 고아와 과부들이 더욱 힘든 것은 불안에 빠진 세상 사람들이 주머니를 닫기 때문이다.

IMF로 비록 어렵고 힘들어도 거룩한 밥 나눔은 포기할 수 없었다. 내가 덜 먹고 덜 입고 하면 될 터이므로 스프리나의 소개로 고아원 두 곳을 선정하여 지속적으로 방문하였다. 그러다가 나환자 자녀들이 모여 있는 뿌렘담고아원의 매씨 원장의 안내로 나환자 마을 여러 곳을 다니게 되었다. 넉넉하지 못하였기 때문에 샌드위치와 야채 부침개를 직접 만들고 바나나와 사탕을 사가지고 가서 나누며 함께 찬송하고 기도를 드렸다. 그때 손가락이 없는 사람들의 불편과 고통을 직접 목격하면서 예수 그리스도의 나환자들에 대한 연민과 자비가 가슴에 파고 들었다. 하나님의 은혜로 뉴델리를 떠날 때까지 고아원을 섬길 수 있었으며 한 곳은 중단된 건축을 재개하여 완성시키기도 하였다.

그 건축비는 과거에서 왔다. 내가 전도한 초등학교 학생이 성장하여 대학교를 졸업하고 취업하게 되자 그 부모님이 너무 기쁜 나머지 나를 찾았다. 어느 날 모르는 분에게서 이메일이 왔는데 자기 아들을 신앙의 길로 잘 인도해준 것에 대한 감사헌금을 하고 싶다는 내용이었다. 받지 않겠다고 사양하다가 뿌렘담으로 연결시켜 건축이 중단된 건물을 완성시켜 주었다.

참으로 놀라고 신기한 것은 바바지고아원이 세탁기와 컴퓨터를 구입하고자 하였을 때 그 비용이 한국에서 온 것이었다. 뿌렘담 고아원에 아이들의 침대와 책상을 기증하고자 하였을 때도 그 경비가 한국에서 왔다. 고아원에 쌀이 떨어지면 쌀값이 왔고 학비가 필요하면 학비가 왔다.

비록 부분적인 작은 나눔과 섬김이었지만 IMF 때 뉴델리 고아원 경험은 하나님이 고아의 아버지임을 확인하게 된 놀라운 경험이었고 이 때문에 그 후로 몇 개의 고아원의 운영을 지원하며 고아원 건물을 세울 수 있었다.

IMF 기간에 돈이 없어서 나눔을 포기한 일이 한 번도 없었고 고아원에서 필요로 하는 것을 한 번도 거절한 적이 없다. 분명히 빈손인데 나누고자 할 때, 도움 요청이 올 때는 거짓말처럼 한국에서 후원금이 왔다. 이 놀라움 경험 때문에 나는 아무리 어려워도 나눔을 포기하지 않는다. 하나님은 지극히 작은 자들과 나눔을 기뻐하고 그런 나눔을 하는 사람들에게 창세전부터 예비된 나라를 유업으로 주신다. 인도 경험으로 말미암아 나는 늘 고아들과 과부들, 빈민 가정들과 병든 사람들, 거리에서 사는 사람들의 일용할 양식이 어딘가에 준비되었다고 믿으며 나누고자 때를 얻든지 못 얻든지 노력한다. 그래서일까? 코로나 기간에 하나님께서 사랑의 식탁, 사랑의 쌀 나눔을 인도와 네팔, 미얀마까지 펼쳐서 무려 십여 곳을 지원 하게 하셨다.

IMF 때 나는 하나님 외에는 의지할 곳이 없는 뉴델리에 있었다. 무서 운 고독과 불안, 절망과 낙심, 고통과 두려움을 참고 견디며 옛사람이 죽 고 하나님께서 그 아픔으로 나를 새로이 빚어주시는 경험을 하였다. 그렇 다! 고난은 사람을 새롭게 빚는 하나님의 기회이다.

한국이, 한국 크리스천들이 고난으로 새롭게 거듭나게 되길 바라는 하 나님의 간절한 마음을 읽는다. 아직도 하나님은 한국교회를 통해서 하실 일이 있으시다.

누가 푸지따를 사랑할 것인가?

할머니와 삼촌을 연거푸 잃고 하늘 아래 유일한 혈육이던 할아버지마저 돌아가시자 푸지따는 세상 천지에 혼자 달랑 남겨졌다. 그는 세상에 연고가 하나도 없는 진짜 고아가 되었다.

할아버지, 할머니, 삼촌 할 것 없이 모두가 장애인이었던 까닭에 그나마 걸음을 걸을 수 있는 어린 푸지따가 구걸해서 가족들을 부양하였다. 우리 희망공부방 아동들이 거리에서 구걸하는 푸지따를 발견한 뒤, 우리는 그의 집을 방문하여 그의 구걸 행각을 중단시키고 인근 학교에 입학을 시켰다. 그리고 자매결연을 통해서 그 가족의 생활비를 지원하기 시작하였다.

그는 느린 걸음으로 우리 공부방과 놀이터에 와서 우리 학생들과 어울리며 행복한 시간을 보냈다. 코로나가 덮쳐왔을 때 우리는 그의 가족을 특별히 보살폈다. 그러나 허약한 삼촌과 할머니가 차례로 세상을 떠났다. 우리는 조용히 그들의 장례를 다 치러 주었다.

마지막 혈육인 할아버지 장례식이 끝나고 집 주인이 바로 집을 회수하자 푸지따는 우리 희망공동체로 달려와서 딱한 사정을 알렸다. 우리는 서둘러서 그를 우리 게스트하우스에 머물게 하고 그를 위해서 기숙사가 딸린 학교를 찾기로 하였다. 방을 빼는 날, 그는 할아버지와 할머니의 옷 그리고 집안을 채웠던 잡동사니들을 하나도 버리지 않고 다 챙겼다. 다행스럽게도 서너 개의 짐 보따리를 이웃집 아주머니가 맡아주어 그는 작은 가방을 들고 우리 센터로 올 수 있었다. 그런데 그가 안절부절하며 시간마다 이웃집에 달려가서 짐을 살폈다. 푸지따가 짐 때문에 불안해 한다는 사실을 눈치 챈 아주머니가 푸지따를 당분간 자기 집에서 지내게 하겠다고 하였다.

그런 사이에 우리 센터의 목사님께서 그를 받아줄 기숙학교를 찾아냈다. 우리는 절차를 밟아서 그를 4학년으로 전학시키고 기숙사에 입사시켰다. 우리가 보증을 서고 교육비와 기숙사 일체를 자매결연 후원금으로 지원하기로 하였다.

문제는 여름방학, 겨울방학 그리고 국경일 등의 휴일이었다. 휴일에 기숙사가 문을 닫으므로 우리는 센터의 방 하나를 그의 방으로 정하여 그가 독립하여 혼자 살 수 있게 될 때까지 우리와 함께 지내도록 배려하기로 하였다. 여기까지가 내가 한국에 있으면서 올 봄에 결정하고 진행한 일이었다.

공항에서 희망공동체에 도착하자마자 푸지따를 만나려고 학교로 가는데 홍수 때문에 교통이 통제되고 학교 또한 문을 닫았다는 소식이 왔다. 어쩔 수 없이 그를 만나는 것을 하루 미루기로 하였다.

다음날 아침 일찍 찾아온 그의 얼굴은 작년 시월과 너무 달라져 있었다. 박박 깎은 머리와 얼굴에 버짐이 하얗게 피었고 어두운 표정이었다. 별처럼 반짝이던 눈동자에 우수가 서렸다. 나를 보고 웃는 웃음조차도 슬픈 표정을 감추지 못했다.

13세 어린 나이에 가족들을 차례로 다 잃은 충격과 슬픔이 그의 영혼을 내리 누르고 있었다. 그는 외로움에 떨고 있었다. 비로소 그가 짐을 꾸릴 때 넝마와 다름없는 허접한 것들을 하나도 버리지 않고 다 챙긴 것이 이해되었다. 그는 자기 곁을 떠난 고인들의 옷과 사진과 소지품을 고인들로 여기며 유품으로 그들과 이야기를 나누며 위로받고자 하였던 것이다. 그의 초라한 행색과 굳게 다문 입술이 그의 절망과 상처를 그대로 보여주었다. 가슴이 짠하게 저려왔다. 인생을 대신 살아 줄 수도 없고 죽은 자들을 살려낼 수도 없는, 당장에 그에게 아무런 위로를 줄 수 없는 자신이 안타까웠다. 밀려오는 눈물을 추스르며 인사를 건넸다.

"푸지따 안녕!"

"예."

"할아버지 보고 싶지."

"예."

"할아버지 어디에 계시는데?"

순간 그의 얼굴이 고통으로 일그러지며 큰 눈망울에 눈물이 가득 찼다.

"하늘에요."

"그래. 할아버지는 하늘에 계시는데 우리는 여기에 있어. 하지만 할아버지가 너를 바라보며 응원하고 계시지."

"예, 할아버지가 저를 보고 계실 거예요. 저 때문에 눈 감기 힘들다고 하셨거든요."

"그렇지. 할아버지가 너를 무척이나 사랑해서 눈 감기 힘드셨을 거야.

그런데 푸지따, 혹시 할아버지가 마지막에 하신 말씀이 생각나니? 할아버지가 너에게 특별히 당부한 말이 있었니?"

그의 눈에서 눈물이 반짝였다.

"할아버지가 자신이 눈을 감으면 교회로 가라고 했어요. 교회에 가면 목사님이 저를 보살펴줄 것이라고요."

할아버지는 죽는 순간까지 장애를 가진 손녀의 삶을 걱정하였고 그의 유언을 통하여 고아인 손녀를 라오 목사님과 우리 희망공동체에 부탁하였다.

손녀를 사랑하는 할아버지의 간절한 마음이 뜨겁게 느껴졌다. 장애인으로서 인생을 험악하게 살았던 할아버지가 장애를 가진 손녀를 바라보는 슬픈 눈빛이 선하게 보였다. 가슴이 아릿아릿 저려왔다. 푸지따가 계속해서 말하였다.

"할아버지가 몇 번이나 교회에 알리라고 말씀하셨어요. 그래서 교회를 찾아가서 목사님께 알렸어요. 목사님이 오셔서 할아버지 장례식을 치러주었어요."

"그래. 참 잘했구나. 푸지따가 할아버지의 말씀대로 하였으니 할아버지께서 기뻐하실 거야. 그런데 푸지따 어느 학교로 전학 갔니? 몇 학년이니? 친구들은 좋고? 기숙사는 괜찮고? 기숙사에 갈 때 누가 데리고 갔니?"라는 질문으로 나는 푸지따의 입을 열어 새로운 환경에 놓인 그의 마음을 알고자 하였다.

푸지따가 기숙사로 가는 날, 몇 년 동안 그의 집에 점심 도시락을 날랐던 우리 봉사자 자간이 동행하여 주었다. 그는 기숙사 학교인 "SPG 여자학교"로 옮겨 4학년으로 편입하였다. 같은 반에 20명의 급우들이 있고 기숙사 같은 방에는 60여 명에 가까운 친구들이 함께 지낸다고 하였다. 다행스럽게도 학교와 기숙사 친구들이 친절하고 짓궂지 않아서 좋다고 하였다.

그는 기숙사에서 매일 아침 6시에 일어난다. 아침마다 기도회가 있고 그 시간에 그는 교회와 우리를 위해 기도한다고 하였다. 학교 선생님들이 친절하고 좋아서 학교 가는 것이 기쁘지만 영어공부가 너무 힘들다고 푸념하였다.

그의 잠자리는 강당처럼 큰 홀의 출입문 가까이에 있었다. 그의 잠자리 뒤쪽으로 함석으로 만들어진 낡은 옷 박스와 책가방, 플라스틱 바케스와 세면 용품들이 가지런히 놓여 있었다. 게딱지같은 작은 집에서 할아버지와 단 둘이 살았던 그가 운동장처럼 넓은 기숙사에 들어와서 수많은 학생들과 부대끼며 날마다 폭동과 같은 소란을 겪어야 하는 양이 너무 안쓰러웠다. 위로하고자 하였으나 말이 떠오르지 않았다.

"푸지따, 혼자 있는 시간에 주로 무엇 하니?"

"할머니, 할아버지 생각을 해요."

"어! 그래. 할머니, 할아버지 생각을 하는구나."

푸지따는 눈앞에서 할머니와 할아버지를 보는 것처럼 밝은 표정을 지었다.

"그런데 푸지따 왜 머리는 빡빡 깎았어?"

"슬픈 마음을 할아버지에게 보여드리려고요."

그의 대답에 가슴이 섬뜩하였다. 그는 누구의 위로도 바라지 않고 홀로 할아버지의 죽음을 애도하고 있었다. 이전과는 달리 그는 나와 이야기를 나누는 시간에 웃지 않았다. 가끔 나를 위해 억지로 미소를 지을 뿐이었다.

푸지따는 우리 곁에 있어도 마음에 잠겨 혼자 애도 속에 있다. 우리는 그를 애도 속에서 끄집어 낼 수 없다. 우리가 할 수 있는 일은 마지막 끈이었던 할아버지 죽음으로 내면에서 일어난 우주적인 대붕괴와 혼란과 상처 속에 있는 그를 가만히 지켜보며 기도의 손을 내밀 수 있는 것뿐이다.

희망공동체를 떠나오기 전에 그의 이름으로 통장을 개설하게 하여 목사님께 관리를 맡겼다. 자매결연 후원금뿐만 아니라 특별 후원금도 받아 실질적으로 그에게 조금이라도 도움이 되고자 하는 마음에서였다. 자매결연 후원을 해주시는 분 외에도 서천에 있는 교회 성도들이 매월 푸지따를 위해서 특별후원금을 보내주고 있어서 그의 생활비와 학비 지원은 무난하다.

작년에 꿈이 무엇이냐는 나의 질문에 그는 의사가 되고 싶다며 활짝 웃었다. 그러나 금번에는 마지못해서 교사라고 대답을 하고는 입을 다물었다. 나는 그에게 영어 공부를 더하고 싶으면 따로 투션 교사를 붙여 주겠다고 하였다. 그러나 스트레스가 될까봐 강권하지는 않았다.

푸지따! 13세 소녀, 키가 110cm에 불과한 장애우, 누가 그를 돌볼 것인가? 누가 그를 참으로 사랑할 것인가? 누가 그를 친구 삼아 우정을 나눌 것인가? 누가 외롭고 슬픈 그를 진심으로 이해할 것인가? 아! 아! 푸지따의 인생이 어찌될 것인가? 앞길이 어떻게 열릴 것인가?

하나님은 그를 위해 무엇을 준비하고 계신가?

엄마! 당신은 하나님의 선물입니다

며칠 전 벵까가 보내온 텔레그램 메시지를 읽고 깜짝 놀랐다.

"엄마! 당신은 하나님께서 저에게 주신 선물입니다."

(Ma! You are a gift from God to me.)

만나고 싶어도 원하는 대로 만날 수 없는 나를 엄마라고 부르며 자기 인생에서 받은 최고의 선물이라고 고백하는 벵까의 마음, 외로움에 가슴이 떨렸다.

샨띠홈 동년배였던 존 밥이 죽고 라메쉬도 뒤이어 죽고 혼자 남은 그의 외로움이 사무쳤다.

십대 소년일 때 그는 하나님께 쓰는 편지에서 죄 없는 자기가 왜 에이즈라는 천형을 받아야 하는지를 질문하며 울었고 부모님께 쓰는 편지에서 아무리 부모님들이 죄를 져서 에이즈에 걸려 죽었다 할지라도 보고 싶고 하나님 나라에 가서 영원히 함께 살고 싶다고 하여 나를 울렸었다.

지난 10월, 샨띠홈 방문을 마치고 나올 때 샨띠홈이 다시 옛날로 돌아갈 수 없다는 사실에 가슴이 아팠다. 한 마디로 말하면 샨띠홈이 달라지고 있는 이상한 낌새에도 불구하고 설마 그럴 리가 하면서 아이들을 위해 적극적으로 대응하지 않은 나의 잘못에 가슴을 치지 않을 수 없었다.

떠나는 나를 바라보는 아이들의 눈빛이 슬프고 어두웠다. 처음에는 8년 만의 해후에 너무 기뻐서 기쁨을 주체하지 못했던 아이들이 헤어질 시간이 되자 입을 굳게 다물어 버렸다. 아이들이 하고 싶은 말을 차마 꺼내지 못하고 눈치만 살피다가 다시 흉중에 묻으며 눈물을 훔치는 모습이 보였다.

나의 방문에 맞추어서 십여 명의 아이들이 모였지만 샨띠홈 공동체는 이미 깨졌다.

내가 현장을 떠났어도 우리 고아들은 닥터 헬렌의 보살핌 속에서 안정적인 생활을 하였다. 지속적으로 생활비와 장학금을 지원하였고 용돈과 필요한 시설과 비품들을 송금하였다. 그리고 아이들의 성장으로 비좁아진 숙소문제 해결을 위해 20여 명이 함께 살 수 있는 널찍한 주택을 지었다. 그러나 닥터 헬렌이 병원장직에서 물러나자 우리 아이들의 삶이 삐걱거리기 시작하였다. 닥터 헬렌이 샨띠홈 원장직마저도 수행할 수 없게 되고 아이들의 소식을 전해주던 마노하르 목사님이 소천하자 그나마 듣던 소식이 끊겼다. 그럼에도 불구하고 나는 여자 아이들의 안전을 생각하며 옛날 숙소를 리모델링하여 10여 명 이상의 여아들이 편안히 쉴 수 있는 공간을 확보하였다. 나에게 샨띠홈 운영비를 계속 보냈으나 새 원장으로부터 아이들 소식이 전혀 오지 않았다. 그가 병원 원장직을 수행하느라 바빠서 그럴 것이라고 생각하였다. 다행히 자원봉사자들이나 샨띠홈 주변의 목회자들이 가뭄에 콩 나듯이 아이들 소식을 전하여 주었다. 그런 중에 코로나 바이러스로 전 인도가 록다운 되고 아이들이 눈물로 샨띠홈을 떠나고 닥터 헬렌이 사망하였다. 그의 소천 후에 몇 명의 아이들이 샨띠홈으로 돌아왔다는 소식을 들었다. 그러나 이미 옛날의 분위기는 아니었다.

아이들의 전송을 받고 나올 때 마치 벌거숭이 아이들을 차가운 눈보라 속에 버려두고 오는 것 같은 기분이었다. 그대로 오면 아이들을 두 번 다시 보지 못할 것 같은 기분이 들어서 아이들에게 다시 만날 것을 약속하였다. 돌아서며 속울음을 울고 있을 때 영어가 가능한 수바와 벵까가 다가 와서 전화번호를 청하였다. 그 후 나는 그들을 텔레그램으로 초청하여 그동안에 듣지 못하였던 이야기를 대충 들었다. 무엇보다 가슴 아팠던 이야기는 존 밥의 죽음, 라메쉬의 투병 그리고 코로나 팬데믹 때 아이들이 샨띠홈에서 강제로 나갈 수밖에 없었던 사연이었다.

나의 부재기간에 일어났던 과거사는 돌이킬 수 없고 아무리 반복하여도 슬픔과 고통만 재생산되므로 더 이상 언급을 하지 않기로 하였다.

벵까는 암으로 투병하다 죽은 라메쉬의 죽음이 준 슬픔을 말하였다. 그의 신음, 눈물, 고통에 절은 얼굴, 미라처럼 마른 앙상한 몸이 지금도 떠오른다고 하였다.

20년 2월 22일, 22살에 세상을 떠나는 친구 라메쉬의 임종을 지켜보면서 그는 외로움과 슬픔, 무력감, 공포와 불안에 떨었다.

그는 샨띠홈을 나간 뒤에 약을 먹는 것을 포기한 가우탐에 대해서도 이야기를 하였다.

그는 HIV 콘트롤 테스트, CD4테스트, 콘트럴드 바이럴테스트에 대해서도 말하였다.

그리고 스스로 죽음을 택한 존 밥에 대해서도 말하였다. 그는 존 밥이 죽던 날 함께 술을 마시며 그의 절규를 들었다. 술에 만취해서 살 희망이, 기쁨이 없다고 말하는 존 밥을 데려다 방에 눕혔는데 한밤중에 깨어보니 그가 사라졌다. 느낌이 좋지 않아서 나가보니 그가 싸늘한 시체가 되어 허공에 매달려 있었다고 하였다.

벵까는 자기가 누구인가에 대한 글에서 부모님이 사망한 후에 학교에 다녀 왔는데 형들이 다 사라지고 집에 아무도 없었다고 회상하였다. 그는 공황상태에 빠져 형들을 찾아 헤매다 친지의 손에 이끌려 '샨띠홈'에 왔다고 말하며 울었다.

그는 생각하고 글 쓰는 것을 좋아하였고 글을 발표하며 가끔 울었다. 나는 의사가 되고 싶어 하는 그의 꿈을 격려하곤 하였다. 그리하여 결국 그는 안경사 공부를 하게 되었다.

2009년에 샨띠홈을 개원하였지만 한 달에 한두 번 밖에 들리지 않는 나는 그들을 권면하거나 꾸짖을 자격이 없었으므로 항상 칭찬과 격려만 하였다. 사랑하고 축복하였다. 천하보다 귀하게 여기며 싸고 돌았다. 그리고 머무는 동안 신나고 재미있게 놀았다.

항상 꿈과 희망을 물었고 꿈과 희망을 이루기 위해 무슨 노력을 하는가를 물었다.

자신의 꿈을 위해서 기도하고 친구의 손을 잡고 기도하게 만들었다. 그리고 샨띠홈을 지도하는 닥터와 총무, 조리사를 위해서, 학교친구와 사람들을 위해서 기도하게끔 하였다. 그리고 고아와 과부와 병들고 가난한 사람들을 위해서 함께 기도하였다. 함께 노래와 춤을 추고 퀴즈놀이를 하고 풍선을 불고 과자와 사탕을 나누어 먹었다.

책과 노트를 검사하였고 모든 아이들이 자기가 쓴 일기를 읽도록 만들었다. 그리고 무엇이나 궁금한 것을 질문하고 대답하는 시간을 만들었다.

때로는 아이들의 악기 연주에 맞추어 춤을 추기도 하였다.

실내에서 놀이가 끝나면 밖에 나가서 뜀박질하며 놀았다.

아이들에게 꿈을 주기 위하여 고등학교부터는 전원 장학금을 지급하고 대학 입학생들에게는 무조건 등록금을 장학금으로 주기로 약속을 하였다.

그리고 인도 명절과 기독교 명절에는 용돈을 주었고 선물을 주었다.

특별히 1년 한 번씩 첸나이로 초청하여 함께 먹고 마시며 꿈꾸며 생각하며 치유하는 시간, 화해하는 시간을 가졌다. 관광도 하고 쇼핑도 하고 전자 오락게임도 하고 바닷가에서 마음껏 뛰어 놀았다.

이렇게 만 5년을 아이들과 함께 지내고 나는 한 마디의 말도 없이 한국으로 떠나왔다. 한국으로 온 뒤에는 직접 가지 못하기 때문에 한국인 자원봉사자들이나 선생님들을 시켜서 용돈과 선물을 전하고 칭찬하며 함께 놀아주라고 부탁하였다. 고아들은 특별히 명절에 더 서럽고 외로움을 타기 때문에 명절에 용돈과 선물을 빠트리지 않았다.

시간적으로 8년이나 떨어져 있었지만 직업훈련원과 전문학교, 특수학교 장학금을 보내주었고 심지어는 실습재료비까지 보내주었기 때문에 아이들은 나의 부재를 부재로 느끼지 못하였을 것이다. 그러나 20년 코로나로 각자 흩어지고, 닥터 헬렌이 죽으면서 아이들은 산띠홈이 끝났다는 것을 어렴풋이 깨달았고 내가 돌아왔으나 그 누구도 옛날로 돌아갈 수 있다고 생각하지 않았다.

나 또한 샨띠홈을 살리려면 넘어가야 하는 산이 너무 많으므로 부딪히기 싫어 어쩔 수 없이 포기하는 쪽을 택하였다. 그러나 아이들이 무섭고 두려운 세상 광야에서 혼자 비 맞도록 가만히 두지 않기로 하였다. 에이즈 환자로서 섬처럼 외롭게 살아가야 하는 그들의 미래를 위하여, 자립을 위하여 무언가를 하기로 하였다.

그 처음 단계가 영어가 가능한 친구들과 소통이었다. 자주 소식을 묻고 전하여 끊임없이 엄습해오는 외로움과 슬픔, 무력감과 비참함을 잘 견딜 수 있도록 버팀목이 되어주는 것이다.

그 다음에 그들의 생계를 위한 자립을 모색하기로 하였다. 샨띠홈 아이들끼리 공동사업을 하게 할 수도 있고 개인을 지원할 수도 있을 것이다. 꼬리에 꼬리를 물고 일어나는 그들의 불안한 미래와 생존의 문제를 생각하고 있을 때 수바에게서 메시지가 왔다.

"안녕하세요. 엄마! 12월 12일이 나의 생일이어요."

(Hello Ma! December 12th is my birthday.)

순간 당혹하였지만 생일 축하 메시지를 보내주고 외국에 있으니 한국으로 돌아가서 생일 선물을 보내겠다고 약속을 하였다.

그리고 돌아오자마자 선물을 사서 보냈다. 선물을 사면서 벵까의 선물도 함께 샀다. 셔츠 2개와 초콜릿과 성탄카드를. 그리고 벵까에게 선물을 보낸 사실을 알렸다.

벵까는 가슴 벅차하였다. 그는 선물을 물건이 아닌 사랑으로 받았다. 에이즈에 감염된 불쌍한 고아가 단체로 무더기로 받는 선물이 아니라 엄마가 아들에게 보내는 사랑으로 받았다.

그는 한 마디 문장으로 14년 동안 산띠홈을 생각으로 울며불며 기도하며 노심초사하며 잠 못 이루었던 고뇌와 고심을 다 날려 버렸다. 나를 눈물의 바다에 빠뜨렸다.

"엄마! 당신은 하나님께서 제게 주신 선물입니다."

(Ma! You are a gift from God to me.)

함께 지낸 기간이 겨우 5년, 그것도 한 달에 한두 번 밖에 만나지 않았는데 그가 내 마음을 읽었다. 나는 항상 아이들에게 나의 마음을 주었다. 생명, 시간, 눈물, 기도와 사랑을 주었다. 선물이나 물건, 용돈과 장학금은 마음이 함께한다는 상징, 표현에 불과한 것이었다. 그러나 아이들이 선물에 담긴 마음을 알려면 산전수전 다 겪고 죽음의 문턱에 이르러야 가능하다.

그런데 그는 어린 나이에 너무 많은 죽음을 마주 대해서일까? 세상의 소외와 사회적 차별을 많이 받아서일까? 그는 고통 속에서 마음으로 사람들을 보는 훈련을 했을지도 모른다.

지난 방문 때 아이들에게 일기를 계속 쓰는지를 확인하였는데 벵까가 이따금씩 쓰고 있다고 하였다. 그는 다음에 일기장을 가져다주겠다고 하였다. 그가 소설책을 읽고 있어서 독후감과 함께 시 쓰기를 권면하였다.

하나님께서 벵까를 통해서 차별과 소외, 문화적인 고문으로 신음하며 비인간화된 에이즈 고아들의 인권을 회복시키며 사람으로 살 수 있도록 자유와 해방을 주시길 기도한다.

꿈은 꿈으로 이루어진다

십여 년 전에 데칸고원 압둘라뿌람마을에서 백혈병에 걸린 한 소년의 죽음을 보았다.

키쇼르는 백혈병을 앓고 있어서 학교에 가지 못하고 그 시간에 마을 정 자나무 그늘에 우두커니 앉아 있었다. 혼자 그늘에 앉아 있는 것을 여러 번 보았는데 생각 없이 늘 그냥 지나쳤다. 어느 날 나는 그를 주목해서 바 라보았다. 그의 깡마르고 파리한 안색에 놀라서 두 팔로 안아 보았다. 허 깨비처럼 가벼웠다. 순간 아이의 지상에서의 삶이 길지 않음을 느끼며 아 이가 남은 시간을 즐겁고 편안하게 보낼 수 있도록 돌봐야겠다는 생각을 하였다. 우선 아이를 위한 약과 영양식과 석수로 일하시는 어머님이 일을 멈추고 아들에게 집중하도록 그분에게 드릴 인건비를 마련하기로 하였 다. 한 달 정도 걸려서 돈을 마련하여 부리나케 마을을 찾아 왔는데 아이 는 세상 사람이 아니었다.

아이를 위한 모금을 하면서 노파심으로 부디 살아 있어달라고 기도하 였는데 그는 떠나고 없었다. 완전히 준비하지 말고 대충 준비해서 들어왔 어야 하는데… 키쇼르와 동행하고 싶었던 간절한 마음이 산산조각이 났 다. 무정한 세상에서 끝내 외롭게 죽어간 아이를 생각하니 너무 슬프고 너무 미안하였다. 아이를 주목해서 바라본 후, 10년 동안 어린 아이가 홀로 겪었을 굶주림의 고통, 질병의 고통, 외로움의 고통을 생각하며 많이 울었다. 키쇼르의 차가운 죽음 앞에서 온 세상의 아이들의 아픔을 다 책임질 수는 없지만 목전의 아이들만은 홀로 고통과 고독을 겪는 일이 없도록 아이들을 주목하기로 마음을 먹었다.

아이들을 주목하면서 그들을 돌보려 하니 사람이 필요하였고 돌볼 장소가 필요하였다. 그래서 어린이집을 지었다. 그리고 중병에 걸린 아동들과 장애 아동들을 자매결연하며 돌보는 시스템을 만들고자 하였다. 생각은 앞서 있는데 돈이 없으니 마음만 분주하고 동동거렸다. 나의 노력과 힘으로는 돈을 만들어 낼 길이 없었다. 나로서는 방법이 없으므로 '하나님께서 주신 꿈이면 하나님께서 이루어 주실 것이고 아니면 포기하게 만들 것이다.'라고 마음을 편히 가졌지만 눈앞의 아픈 아이들을 포기하기가 쉽지 않았다.

날마다 하나님 전에 엎드려서 '일을 주시려면 돈도 함께 주셔야지 돈은 안 주고 아픈 마음만 주시면 어떻게 합니까?' 하며 징징 울었다. 무시로 필요한 물질을 공급해주시라고 아우성을 쳤다. 이것이 저의 일입니까? 당신의 일입니까? 당신의 일을 시키면서 필요한 것은 공급해주지 않고 왜 일만 하라고 합니까? 일을 주시면서 도구를 주시지 않으면 어떻게 합니까?라고 따지고 대들었다.

어느 날 꿈을 꾸었다.

꿈속에서 친구가 여행 가방을 들고 나를 찾아 왔다. 그는 '나를 도우러 왔다'고 하였다. 비록 꿈이었지만 친구가 나를 돕기 위해서 찾아온 것이 너무 뜻밖이어서 뭔가 하나님의 특별한 계획이 있을 것이라는 확신이 들었다.

그러나 꿈에 나타난 그 친구는 학교 졸업 후, 두어 번 정도밖에 만나지 않은 친구였다. 그는 말이 없고 무엇에나 진지하고 열심이며 공부도 잘하고 얼굴도 아름다웠다. 나는 그가 같은 반 내 짝일 때 그에 대한 호감으로 그를 위해 기도를 시작하였다. 진지하게 그의 공부와 앞날의 성공을 빌었다. 그가 훌륭한 사람이 되길 기도하였다. 그런데 삼십여 년이 지난 어느 날 밤 꿈에 그가 뜬금없이 나타났으므로 하나님께 반문하지 않을 수 없었다.

"이 친구를 찾아가서 도움을 요청하라고요?"

"에구 아버지. 말도 안 돼요. 이 친구는 벌써 나를 잊었을 겁니다. 오랫동안 만나지 않은 친구를 찾아가서 도움을 요청하라니, 이것은 나더러 그 친구의 놀림감이 되라는 겁니다."

내가 그 친구를 좋아하여 오랜 세월 동안 기도하였지만 꿈을 믿고 찾아간다는 것이 너무 유치하게 느껴져서 그를 찾아가지 않았다. 그래도 하나님께서 주신 계시의 꿈일지도 모른다는 생각을 놓지는 않았다. 그래서 오가지 못하고 망설이고 있는데 마음속에 '찾아가는 일은 너의 일이고 거부하는 것은 그의 일이니 찾아가라.'는 소리가 들렸다.

용기를 내서 찾아갔는데 그가 근무하는 건물의 위용과 그의 포스에 나 자신이 너무 초라하게 보여 괜히 왔다는 후회감이 들었다. 다행히 친구는 나를 기억하고 있었다. 우리는 아득한 기억으로 서로 웃으며 인사를 나누었지만 할 말이 없었다. 삼십여 년이라는 시간의 장벽이 너무 컸다. 대충 나의 일을 소개하고 무료해지는 시간을 모면하기 위해서 빨리 나왔다. 마침 친구도 약속이 잡혀 있다며 다음에 다시 만나자고 하였다.

돌아오는 길에 하나님께 마구 화를 냈다.

왜 이런 만남을 주시냐고? 왜 오랜 친구를 만나서 불편한 시간을 가지게 하시느냐고? 왜 초라하고 처량한 심사를 가지게 하시느냐고? 차라리 모르는 사람에게 구걸하는 편이 낫겠다고. 자존심 하나로 사는 사람에게 이게 뭐냐고?

그런데 며칠 후, 친구에게서 전화가 왔다.

그때 약속이 있어서 제대로 인사도 못하고 이야기도 듣지 못해서 미안했다며 다시 시간을 내서 만나자고 하였다. 친구는 차분하게 자기 일에 대한 이야기를 들려주었고 나는 선교 현장의 이야기를 들려주었다. 그러나 도움 요청은 일체하지 않았다.

그 즈음에 어느 분이 경제적 여유와 선교적 마인드가 있는 훌륭한 분들이라며 A읍과 B시에 사는 어른들을 찾아 가라고 권면해주었다. 내가 내려가기를 주저하자 그는 그 어른들은 선교사를 돕고자 하는 분들이며 나 같은 열정의 사람을 찾고 있으므로 큰 도움을 받을 수 있을 것이라고 힘주어 말하였다. 그후에도 그는 나를 만날 때마다 전화를 해두었으니 꼭 찾아가라고 강권하였다. 더 이상 힘써주는 분의 호의를 무시할 수가 없어 여행하는 셈치고 먼저 광주를 거쳐서 A읍으로 갔다. 어디를 가든지 대접

받으려고 해본 적은 없지만 A에서 만난 분은 나를 거지 대하듯이 형사가 용의자를 취조하듯이 대하였다. 기분이 언짢았지만 그가 묻는 대로 경력과 사역을 소개하였다. 점심도 굶고 두 시간 동안 그의 질문에 답하다보니 진이 빠졌다. 마지막으로 그는 비록 지인에게 내 소개를 받았지만 자기는 결정권이 없고 자기네 종친회에 결정권이 있으니 혹시 지원받을 의향이 있으면 서류를 작성해서 올리라고 하였다. 그러면서 다시 토를 달기를 지원자가 많으니 기대하지 않는 것이 좋을 것이라고 하였다. 순간 마음 속으로 콧방귀를 뀌며 대꾸하였다.

"당신 같은 사람의 돈은 천만금을 주어도 안 받아요. 내가 선교사 거지이기는 하지만 은혜와 감사, 기도와 사랑이 없는 돈은 안받아요. 그런 돈 받으면 사탄의 등쌀에 부대끼게 됩니다."

B에 계신 분은 인사를 하자마자 처음부터 자기가 중국을 비롯한 아시아 여러 나라를 위하여 엄청나게 많은 일을 하고 있을 뿐만 아니라 앞으로 새 프로젝트를 시작해야 하므로 도울 수 없다고 잘라 말하였다. 그분의 이야기를 실컷 듣고 나니 점심시간이었다. 그래도 점심 식사는 함께 할 것으로 기대하였는데 그는 선약이 있다며 서둘러 나갔고 나는 개밥의 도토리가 되어 선창가에 가서 바람을 맞으며 비린내를 실컷 마셨다.

남도로 내려와 삼사일 동안 여러 지역을 오가며 수고하였으나 아무 결실도 없이 서울행 버스에 오르니 눈물이 절로 나왔다. 사람들의 기운에 눌려 기가 죽은 데다 편도가 붓고 열이 나서 몸이 파김치처럼 되었다. 사람의 말을 곧이 곧 믿고 내려간 내가 바보라는 생각에 마음이 처량해졌다. 버스안에서 잠을 자다가 깨다가를 반복하는 사이에 서울에 도착하였다. 차에서 내릴 때 몸이 천근만근으로 무거웠다. 거리의 수많은 사람들은 다 활기

차고 행복해 보이는데 나만 홀로 거지처럼 초라해 보였다.

　그야말로 울고 싶은 개떡 같은 심정이었으나 어깨를 으쓱하며 자위하였다.
　'아무리 선하고 좋은 일이어도 내가 다 할 필요가 없는 거야. 그리고 나라고 나쁜 대우를 받지 말라는 법이 어디 있어? 지금까지 이런 천대와 무시를 받지 않은 것이 기적이지. 이깟 일로 마음 상하고 분해하지 마! 갈 길이 구만리인 내가 이런 일로 여기서 좌절하면 안 되지. 화를 내면 나도 같은 사람밖에 안 된다는 증거지. 자, 오늘로 다 깨끗이 잊어버리자.' 하며 가슴을 쓸어내렸다. 마침 전화가 왔다. 친구의 전화였다. 목이 부어서 말이 제대로 나오지 않았다. 꺽꺽거리며 쉰 나의 음성을 들은 친구가 무슨 일이 있었냐고 물어 왔다. '괜찮다'고 대답을 하는데 눈물이 터져서 훌쩍거리자 친구가 내일 시간이 있으니 만나자고 하였다.

　반신반의하며 받았던 꿈! 하나님께서 주신 꿈이 친구를 통해 현실로 응답되었다.
　꿈이 응답되어 자매결연으로 장애 아동, 중병에 걸린 아동, 영양실조 아동을 보살피는 일이 펼쳐졌고 지금도 그 일이 계속 진행되고 있다.

　백혈병 소년 키쇼르가 나에게 주고 간 꿈을 하나님께서 꿈으로 응답해 주셨다.
　지금까지 꿈을 꿈으로 응답해주신 것이 비단 그것뿐만 아니다. 그러므로 일이 막히고 길이 보이지 않으면 나는 모든 것을 멈춘다. 나를 향하신,

그 일을 향하신 하나님의 계획과 뜻을 묻기 위해 사람의 생각과 계획을 다 내려놓는다. 그리고 다시 원점에서 출발을 한다.

하나님에게서 온 꿈은 하나님께서 반드시 이루신다.

앞으로도 계속 하나님의 꿈에 사로잡혀서 모험하며 고난의 길을 갈 것이다.

하나님의 꿈으로 비상하며 고난의 광야로 가는 인생은 아름답다!

후원금 자동이체 신청서에 적힌 2099년

삼십여 년의 세월을 모금으로 살았다.

1989년에 시작된 모금 인생을 당장이라도 끝내고 싶을 때가 있지만 끝내는 것도 내 마음대로 하지 못한다. 주인의 계획과 섭리 속에서 아직 맡아 감당해야 하는 부분이 있다고 믿기 때문이요, 아직도 주인님께서 후원을 통해서 생활비와 사역비를 공급하며 격려하시기 때문이다. 무엇보다도 주인님께서 주인님의 일을 하라고 모든 것을 보장해 주시고 책임져 주시기 때문이다.

IMF 시절 모두가 보따리를 싸들고 한국으로 들어갈 때 나도 따라 들어가고 싶었다. 책임진 사역이 없었기 때문에 훌훌 털고 들어가기가 쉬웠다. 그러나 들어가고 싶은 마음의 꼬리를 하나님께서 붙잡고 계셨다. 마음 속 깊은 곳에서 울리는 소리가 있었다.

'내 마음대로 왔으면 마음대로 결정해서 돌아가고 하나님께서 파송했다고 믿으면 그분께서 떠나라는 사인을 보낼 때까지 떠나서는 안 된다.'는 소리였다. 나는 하나님께서 나를 파송했다고 믿었기 때문에 사람들을 따라 귀국하고 싶었지만 들썩거리는 마음을 누르며 고난과 고독의 시간을 참고 견디었다. 떠나는 사람들을 부러운 눈빛으로 바라보며 한편으로 열심히 어학공부를 하며 크리스천들이 운영하는 두 개의 고아원을 정기적으로 방문하여 아이들과 함께 놀고 나환자 마을들을 돌아다녔다. 그러면서도 돌아갈 이유를 만들고 싶어 후원금을 많이 보내주지 않으면 돌아가겠다고 기도하며 떼를 썼다. 당시 IMF 직격탄을 맞은 한국은 경제파탄으로 기업이나 가정이 수없이 많이 파산하였고 교회나 교우들 또한 같은 처지여서 후원금을 낼 수 있는 경제적, 정신적 여유들이 없었다. 그러므로 교회나 교우들이 나 같은 처지의 사람에게 새로운 후원금을 보낸다는 것은 쉬운 일이 아니었기 때문에 나는 후원금으로 하나님과 협상하려고 하였다.

"다음 달부터 후원금을 지금보다 얼만큼 더 올려주세요. 만약에 올려 주시면 남아 있으라는 뜻으로 알고 남겠습니다. 그러나 올려주지 않으면 떠나라는 뜻으로 알고 떠나겠습니다."

지금 생각하면 당시 나의 기도는 하나님께 떼를 쓰는 정도가 지나쳐서 오만무례하고 방자하였다. 그런데도 하나님께서는 못난 나의 기도에 응답해주셔서 나를 꼼짝할 수 없게 만들었다. 그러다가 두어 달 지나면 나는 다시 같은 기도를 반복하였다.

"후원금이 얼마 정도 더 증가되게 해주시고 누구를 통해서든지 현지에서 필요한 생필품을 공급해주세요. 그러면 남아 있으라는 뜻으로 알겠습니다. 그러나 응답해 주지 않으시면 떠나라는 뜻으로 알고 떠나겠습니다."

나는 어리고 어리석어서 툭하면 하나님을 시험하였다. 그러나 하나님은 나를 불쌍히 보시고 어루만져 주시며 내가 기도한 그 이상으로 공급해 주셨다.

뉴델리 생활을 접고 안드라푸라데쉬주 데칸고원으로 들어가게 되었을 때 절망적인 기분이었다. 보이는 모든 것들이 더럽고 거칠고 험악하였다. 제대로 서있는 집들이 드물고, 논밭은 가뭄으로 말라서 먼지들이 풀풀 날리고 나무나 풀은 누렇게 떴고 거리에서 뒹구는 개나 돼지는 뼈만 앙상하였다. 가난한 사람, 가난한 건물, 가난한 자연 속에서 건물이 없는 교회, 건물이 반쯤 무너진 교회, 목회자 없는 교회를 돌아다니는 일은 여간 괴로운 일이 아니었다. 하루 빨리 도망치고 싶은 생각에 뉴델리에서처럼 징징거리며 기도를 드렸다.

"이곳은 후원금을 주셔도 소나기처럼 쏟아주셔야 됩니다. 교회 건물도 지어야 되고 굶주린 사람들에게 밥도 주어야 되고 아픈 사람들 치료도 해주어야 되고 신학생들과 어린이들이 공부할 수 있도록 장학금도 주어야 합니다. 소나기처럼 부어주셔도 모자랍니다. 저로서는 감당하기 어려우니 하나님 아버지 저를 불쌍히 여기시고 부디 떠날 수 있도록 허락해주십시오."

나는 어머니 치맛자락을 잡고 칭얼거리는 아이처럼 기도를 하였다.
덥고 더럽고 시끄럽고 토할 것 같은 카레 냄새와 모기와 먼지 속에서 빨리 도망치고 싶어 온갖 조건을 대며 기도로 하나님 앞에 생떼를 부렸다. 도망가고자 용을 쓰는 내가 안 되어 보였는지 어느 날 하나님께서 말씀을 주셨다.

"너희가 내 이름으로 무엇을 구하든지 내가 행하리니 이는 아버지로 하여금 아들로 말미암아 영광을 받으시게 하려 함이라 내 이름으로 무엇이든지 내게 구하면 내가 시행하리라"(요한복음 14 : 13~14)
"모세가 백성에게 이르되 너희는 두려워하지 말고 가만히 서서 여호와께서 오늘 너희를 위하여 행하시는 구원을 보라 너희가 오늘 본 애굽 사람을 영원히 다시 보지 아니하리라 여호와께서 너희를 위하여 싸우시리니 너희는 가만히 있을지니라"(출애굽기 14 : 13~14)

나는 하나님의 말씀을 아멘으로 받고 시골에서 나가게 해주시라는 기도는 멈추었다. 그러나 그때부터 교회건축을 열망하는 로칼교회들과 함께 교회 건축비 후원을 위한 기도를 무시로 드렸다.

"하나님, 일이십만 원도 아닌 수백 수천만 원의 비용을 어디서 어떻게 공급하시겠습니까? 저는 후원회 조직도 없고 개 교회 파송도 아니고 선교회나 노회 파송도 아니기 때문에 교회건축을 위하여 힘써줄 사람도 단체도 하나도 없습니다. 뽀남빨리도, 네멜라딘네도, 비추왈리빨리도 건축을 요청해서 기도하면 하나님께서 응답해주실 것이라고 가르쳤는데 응답이 없으면 제가 속이는 자가 됩니다. 아버지! 제가 속이는 자가 되지 않도록 공급해주십시오.
아버지! 자녀들이 함께 모여서 예배드리고 찬송을 부르며 말씀을 배우고

고자 합니다. 그러나 너무 가난해서 건물을 지을 수가 없으니 불쌍히 여기시고 우리들의 기도에 응답해주십시오."

당시 나는 건축비 후원을 부탁할 수 있는 교회도 없고 교우도 없고 친구도 노회도 없었다. 그래서 더더욱 기도하면서 건축비 모금을 위한 부담을 팍팍 받고 있을 때 하나님께서 놀라운 방법으로 단번에 해결해주셨다.

고인이 되신 이중표 목사님께서 선교 보고를 하라고 불러 주신 것이다. 그날 선교 보고를 마쳤을 때 그 자리에서 5개 교회 건축 후원금이 약정되었다. 그 후로는 봉헌 예배에 참석하러 오시는 여러 교우님들이 본인은 물론이고 서로 소개하여 교회 건축 후원은 순풍에 돛을 단 듯이 진행되었다. 건축비뿐만 아니라 다른 후원금도 모자라지 않도록 공급해주셨다. 정말로 하나님은 '내 이름으로 무엇이든지 내게 구하면 내가 시행한다'는 약속을 지키셨다. '두려워하지 말고 가만히 서서 여호와께서 행하시는 구원을 지켜보라'는 말씀을 성취하셨다.

그러나 2007년과 2008년 미국 발 경제 위기 때 한국 돈이 다시 휴지처럼 되어서 모든 일을 멈추고 한국으로 돌아가 쉬고 싶었다. 그래서 모든 것을 접고 돌아가게 해주시든지 아니면 사라진 한국 돈의 가치만큼 새로운 후원금으로 모자란 부분을 보충해주시라고 절박하게 아뢰었다. 당시 한국에서 후원금이 들어오면 도착과 동시에 40% 정도의 돈이 사라졌다. 사라진 돈의 갭을 메꾸는 것이 너무 힘들었다. 그래서 새 후원자들을 발굴해야 되는데 새로운 후원자 발굴이 만만하지 않았다.

어디를 가든지 "안 된다." "힘들다." "IMF 때보다 더 힘들다"는 아우성 소리가 사방에 가득 차 있었다. 그런 비상시국에서 하나님께서 절망에 떠

내려가는 나를 꿈을 통하여 붙잡아주셨다. 그러나 처음에는 꿈속에 본 친구를 찾아 나서는 것이 내키지 않아서 주저하였다. 그런데 어느 날 하나님께서 여호와 이레로 모든 것을 준비해놓으셨는데 그 축복을 내가 발로 차는 것이 아닌가 하는 생각이 들어서 미친 척하고 친구를 찾아갔다. 하나님께서 예비해 놓으셨다면 그가 나를 만나줄 것이요, 아니라면 이런 저런 이유로 못 만나게 될 것이라고 생각하였다. 내 입장에서는 그를 만나야겠지만 그의 입장에서는 군이 나를 만날 필요가 없는데도 그는 나를 만나주었다. 대충 인사하고 나의 일을 소개하였다. 그러자 친구가 약속이 잡혀 있으므로 시간이 나면 나중에 이야기를 더 듣고 싶다고 하였다. 나는 그 말을 립 서비스가 아닌 진심으로 받아들였고 두 번째 만남을 가졌다. 그리고 좀 더 길게 이야기를 나누었다. 하나님께서 그의 마음을 열어서 오늘에 이르도록 그를 통해서 많은 일이 이루어지게 하셨다.

하나님을 기업으로 삼고 본토와 친척과 아비의 집을 떠나온 이래로 오늘에 이르기까지 하나님께서 수많은 교우들과 친구들, 교회와 기업들을 통하여, 가슴 뜨겁고 눈물 나는 방법으로 고아와 과부, 가난하고 병든 사람들, 장애우와 난민들을 섬길 수 있도록 공급해주셨다. 특별히 작년 코로나19로 인해 한국이 불안과 실업, 사회적 거리두기로 몸서리를 치고 있을 때도 하나님께서 인도. 네팔, 미얀마의 형제와 자매들, 파키스탄 크리스천 난민들 공급에 필요한 것들을 사랑의 교회와 기도하는 교우들을 통하여 넉넉하게 채워주셨다. 어떤 분은 기도하는 중에 가슴이 뭉클해져서 코로나로 굶주리고 있는 거리 사람들을 위하여 기백만 원을 쾌척해주셨다. 특별히 성탄절에는 하나님께서 가슴이 따스한 많은 분들을 통해서 자발적인 성금을 공급해주셨고, 후원금을 만들기 위하여 자가 출판한 책들이 거의 다 판매되는 기적을 보여주셨다. 하나님의 일을 하나님께서 이루어가심을 두 눈으로 확실하게 보게 해주셨다.

코로나19 와중에도 새해 벽두부터 새로운 사역들이 밀고 들어왔다. 거리 사역과 홍수 구호 등 긴급을 요하는 일이었다. 나는 기도하며 하나님께서 주신 사역으로 받았다.

"아버지, 코로나19 와중에 새 일을 보내주셔서 감사합니다. 아버지께서 새 일을 위해 필요한 모든 것을 이미 준비하셨으며 올해도 저를 계속해서 쓰시겠다는 뜻으로 받습니다. 아버지 지치지 않도록 아버지께서 딸을 위해 준비한 것을 속히 보여주십시오."

사흘 전에 어느 분이 후원금 자동이체 신청서를 사진으로 찍어서 보내주셨다. 그 신청서에 자동이체 만료일이 2099년으로 적혀 있었다. 2099년이라는 숫자를 읽은 순간 눈물이 왈칵 솟았다. 그분이 실수로 그 숫자를 적었든, 간절한 마음을 극적으로 표현하고자 그리했든 간에 나는 머지않아 은퇴를 할 것이고 그리고 머지않아 본향으로 돌아갈 것이므로 '2099'년까지 그분의 후원금을 받지 못할 것 분명하다. 그리고 그분 또한 그때까지 살아계시기 어려우므로 '2099'년까지 후원금을 보내고자 해도 보내지 못할 것이다. 그러나 하나님께서 사랑과 정성을 담은 후원금을 보내고 싶어 하는 그분의 마음을 통해서 메시지를 주셨고 그 메시지가 가슴에 별처럼 콱 박혔다.

"애야, 나는 영원에서 영원까지 너와 동행하는 하나님이다. 애야, 나는 영원에서 영원까지 너의 아버지다. 내가 너를 사랑하되 영원히 사랑한다. 어미가 젖먹이를 잊는 일이 있어도 나는 너를 잊지 않는다."

하나님의 무한한 사랑에 나의 작은 가슴과 걱정이 녹아내렸다. 미래에 대한 염려와 근심, 후원금에 대한 부담, 사역과 은퇴에 대한 소망, 빚과 집에 대한 기대와 소원이 꽃비처럼 내렸다. 아! 아! 하나님의 사랑이 나를 싸고 돈다.

2장

내가 네 안에서 운다

네 가지를 포기하고 네 가지를 얻다

초등학교 2학년 초여름 어느 날에 기도를 시작하였다.

6월 어느 날 아침에 나는 고열에 시달려서 잠자리에서 일어나지 못하고 끙끙 앓았다. 엄마는 나를 업고 이웃 마을에 있는 점방에 가서 해열제를 사서 먹였다. 그리고 나를 안방에 눕혀 놓고 기심 매러 논으로 갔다. 나는 누워서 엎치락뒤치락 거리다 우연히 찢어진 창호지 문구멍 사이로 하늘을 보았다. 흘러가는 하얀 구름이 마치 하얀 상여처럼 보였다. 갑자기 슬픔이 북받쳐 올라서 벌떡 일어나 앉았다. 그리고 아빠, 엄마를 부르며 울었다. 갑자기 내가 사라지면 오빠가 슬퍼할 것이라는 생각이 떠올라 눈물이 앞을 가렸다. 몸이 불덩이가 되어 곧 죽을 것 같았다.

그때 전광석화처럼 '기도'가 떠올랐다.

당시 나는 마을에서 5리 정도 떨어져 있는 교회에 다니고 있었지만 그때까지 혼자 기도해 본적이 없었다. 그런데 갑자기 어린이 잡지에서 읽은 기도가 떠올랐다.

한 집에 사는 할아버지, 할머니, 아버지, 어머니가 각자 자신들이 보낸 코로나 택시 응모권이 당첨되게 해달라고 신에게 비는데 할아버지는 공자에게, 할머니는 부처에게, 아버지와 어머니는 예수님께 기도를 드리는 내용이었다.

나는 윗방으로 올라가서 무릎을 꿇고 두 손을 맞잡고 세 분의 신께 간절히 기도를 드렸다.

"예수님, 공자님, 석가님 제 병을 고쳐주시면 당신들 뜻대로 착하고 바르게 살겠습니다. 제발 저를 불쌍히 여겨주십시오."라고 아뢰었다. 기도를 마친 순간, 나는 호흡이 편해졌고 열이 사라지면서 몸이 편안해짐을 느꼈다.

그 뒤로 나는 예수님, 공자님, 석가님께 약속한 대로 착하고 바르게 살기를 열망하며 기도하였다. 덕분에 중고시절에 신과의 약속을 지키기 위해 날마다 열심히 기도를 드렸다. 당시 무시로 기도를 드렸지만 핵심은 세 가지이다.

사람을 사랑하는 사람이 되게 해주십시오.

나라와 민족을 사랑하는 사람이 되게 해주십시오.

하나님과 진리를 사랑하는 사람이 되어 순교를 두려워하지 않게 해주십시오.

기도하며 성장한 나는 나 자신이 장차에 위대한 성자가 될 것을 의심하지 않았다. 언제 어디서나 성 프랜시스처럼 하나님을 사랑하며 진리에 순종하며 살고자 하는 거룩한 욕망에 삶의 초점을 맞추었다. 또한 남북 평화통일의 과제를 이루는 피스 메이커가 되고자 하는 바람으로 하나님께 평화와 통일을 위해 써주시라고 간구하였다. 학교를 졸업하고 청춘의 피가 끓어오를 때 한국 사회와 교회를 '하나님의 나라'로 만들고 싶은 열망에 사로잡혔다. 그를 위한 한 방법으로 평신도신앙공동체를 만들고자 하는 인생 계획을 세웠다. 그러나 나는 교회와 사회 속에서 깨어지고 부서지면서 모든 것을 내려놓았다. 성자가 되려는 것도, 피스 메이커로 사는 것도, 평신도신앙공동체를 세우려는 것도 다 내려놓았다. 그리고 정말 초라한 모습으로 쓰임을 받는 자로 하나님의 인도를 따라 선교현장으로 나갔다. 그러나 선교지의 비열한 카스트제도와 불합리하고 부조리한 사회 구조와 조직에 경악하며 '하나님 나라의 임재'를 위한 투쟁과 기도를 생명 걸고 시작하였다. 하나님과 날마다 씨름해야 하는 많은 고뇌와 고통이 밀물처럼 몰려왔고 사람들과 자연 환경이 주는 불편과 고난이 따랐지만 죽으면 죽으리라는 심정으로 밑바닥 자리를 참고 견디어냈다. 그러나 우연한 사건으로 본의 아니게 한국으로 떠밀려 돌아오게 되었다. 그럼에도 불구하고 깨닫지 못하고 자신의 일천한 경험과 지식과 지혜로 세상의 어둠을 밝히는 빛이 되어야 한다는 신념은 변함이 없었다. 나는 기회가 주어지는 대로 사람들을 가르치며 훈련하는 일에 혼신을 다하였다. 일에 몰입하노라면 세상도 나도 잊는 놀라운 일들이 일어났다. 그럼에도 불구하고 나 자신은 내가 기대하는 만큼의 성자가 되지 못하였고 교회도 전혀 변하지 않았다. 그 많은 세월의 분투와 기도에도 불구하고 나도 교회도 성숙하지 않았다. 변화와 갱신을 위해 바친 시간과 기도와 다르게 성숙하지 않은 나 자신과 교회의 모습이 너무 안타까워 엎드려 회개하였다. 문제는 사랑하기 보다는 타인의 잘못을 지적하며 가르쳐서 고치려고 하는 나의 영적 교만과 허영이었다. 나의 속 사람은 교사가 되어서 가르치기를 탐하며 하나님의 은혜를 가로채고 있었다.

코로나 팬데믹 속에서 나는 모세처럼 광야에 머물렀다. 가시덤불과 바위만 있고 사람의 그림자가 없는 태고의 고요 속에서 나의 교만과 허영을 바라보았다.

무엇보다도 천지를 창조하신 분, 천지만물의 생명 원리와 법칙, 기능과 활동, 역할과 한계를 정하시고 만물을 직접 디자인하시고 조성하신 분, 그리고 영원에서 영원까지 천지를 운영하시며 만물을 섬기는 분께 한 점의 먼지에 불과한 나 자신이 감히 의인을 자처하며 집요하게 유럽과 북미 식민지 제국을 정죄하며 '정의의 심판'을 외친 사실이 한없이 부끄럽게 느껴졌다.

또한 하나님께서 주신 수많은 열매들로 말미암아 주변의 인정과 칭찬을 받으며 영적인 우월감으로 다른 선교사들에게 무관심과 침묵으로 일관해 온 자신이 너무 부끄러웠다.

다양한 영적인 교만, 탐욕, 허영의 실체들이 파도처럼 밀려와 내가 정말로 무익하고, 무능하고, 무용한 존재임을 드러내주었고 나는 욥처럼 "내가 스스로 거두어들이고 티끌과 재 가운데 회개하나이다." 고백하며 엎드렸다. 그리고 나는 내가 받은 은사로 자랑스럽게 여겼던 네 가지를 포기하였다.

첫째는 가르치는 일이다.

나는 가르치는 일을 즐겨하였다. 사람들이 가르치는 은사가 있다고 하였다. 어린이부터 어른에 이르기까지 두루 잘 가르쳤고 항상 잘한다는 평가를 받았다. 학생들이 졸지 않고 눈을 반짝이며 귀를 기울일 때 나는 행복했으며 나에게 가르침을 받는 사람들은 반드시 성숙하며 성공한다는 확신에 이르렀다. 이런 나의 확신은 나의 가르침이 뛰어나다는 자부심과 함께 다른 사람들의 가르침을 과소평가하는 버릇을 심어 주었다. 강의실이나 예배 시간에 집중하여 묵묵히 듣지만 속으로는 내가 가르치면 더 잘 가르칠 수 있다는 오만한 생각에 빠질 때도 종종 있었다. 그러나 세월이 흐르면서 내가 가르쳐도 세상이 달라지지 않고 사람 또한 변화되지 않았다는 사실을 교회와 선교 현장에서 뼈저리게 알게 되었다.

어느 날 내가 가르치는 대로 나 자신도 살지 않을 뿐만 아니라 나 자신이 변화와 성숙을 위해 치열하게 노력하지 않는다는 사실에 맥이 탁 풀렸다. 이 정도면 된다는 도덕적 상대주의와 영적 우월감으로 자신은 열심히 배우지 않고 가르치려고 하는 것이 나의 교만이요, 허세였다. 자신도 행하지 않는 것을 가르치는 나는 문자 그대로 복음서에 나오는 바리새인이요, 서기관이었다. 나의 양심이 나를 위선자라고 고발하였다. 가르치려는 마음 자체가 위선이었다. 나 자신이 적당한 선에 머물러 있듯이 나에게 듣고 배운 자들도 적당한 선에 머물러 있었다. 아무도 탐욕을 버리지 않았고 아무도 겸허해지지 않았으며 의에 주리고 목마르지 않았다. 아무도 물질과 영광, 명예로부터 자유로워지지 않았다. 악하게 살지는 않지만 부와 성공 집착하며 경쟁과 시기, 질투에 끌려 다니고 있었다. 대부분의 사람들이 앞날에 대한 염려와 걱정에 시달리고 있었다. 많은 고민과 기도 끝에 가르치지 않기로 결심하였다.

둘째는 사람들을 고치는 일이다.

어느 집단이나 사회의 불의하고 부조리하고 폭력적인 조직이나 구조는 반드시 고치고 개혁해야 한다. 그러나 자신의 기준과 정의감, 사상과 이념으로 세상을 하루아침에 뜯어 고치려는 것은 개선이나 개혁이 아니라 개혁을 빙자한 또 하나의 폭력이 될 수 있다.

특별히 사람들을 자기 생각과 뜻대로 뜯어 고치려고 하는 것은 섶을 지고 불로 들어가는 것이다. 솔직히 말해서 자기도 자기를 원하는 대로 고치지 못하면서 어떻게 이웃을 고칠 수 있겠는가? 부모님이나 심지어는 하나님도 고치지 못해서 그대로 둔 사람을 누가 자신의 얄팍한 사랑이나 관심으로 고칠 수 있겠는가 말이다! 비록 선의로 고치려 할지라도 상대가 받아들이지 않으면 갈등을 유발하고 충돌하여 서로 원수가 된다. 그러므로 자기가 아닌 사람을 고치려고 하는 일은 참으로 어리석은 짓이다.

하나님께서 우리 이웃을 사랑하라고 하였지 고치라고 하지 않았다.

하나님께서 우리 이웃을 용서하라고 하였지 고치라고 하지 않았다.

하나님께서 우리 이웃을 축복하라고 하였지 고치라고 하지 않았다.

하나님께서 우리 이웃을 선대하라고 하였지 고치라고 하지 않았다.

나는 사람들의 이야기를 들으며 그 사람의 입장에서 곧잘 이해하였으므로 특별히 젊은이들과 이야기 하는 중에 그들의 문제를 인식하고 그들의 고민과 잘못을 바로잡아 주는 일들이 많았다. 그러다 보니 때때로 부모와 교사의 자리, 어른의 자리에 앉아 청년들을 훈계하고 잘못을 지적하며 고치라고 권면하게 되었다. 처음에는 효과가 있는 것 같았으나 그러나 세월이 흐르면서 사람을 고치려고 하는 나의 훈계가 더 이상 통하지 않게 됨을 보았다. 그때서야 비로소 예수님께서 우리에게 이웃을 고치라고 하지 않고 사랑하라고 하신 이유를 깨달았다.

선악과를 따먹은 아담과 이브는 하나님의 지적에도 불구하고 자기들의 잘못된 생각을 고치지 않았다. 카인도 하나님의 지적에도 불구하고 자신의 잘못을 인정하고 고치지 않았다. 그럼에도 불구하고 하나님은 직접

나서서 사람의 잘못을 뜯어고치지 아니하시고 무한한 사랑과 인내로 그들을 품고 바라보며 스스로 깨닫고 돌아오기를 기다려 주셨다.

만약에 하나님께서 인류 역사에 사사건건 개입하셔서 사람들을 즉각적으로 뜯어 고치려고 했으면 세상이 어찌 되었을까? 세상에 살아 있을 사람이 단 한 명도 없을 것이다.

하나님의 마음은 사랑에 있지 비난하며 고발하며 정죄하며 뜯어고치는 것이 아니었다.

셋째는 내 편, 내 사람, 동조자를 만드는 것이다.

나는 진실은 통한다는 자세로 일관성 있게 살아 왔으며 체질적으로 사람을 편 가르는 것을 싫어하였다. 내 사람, 내 편을 만드는 것도 싫어하였다. 어렸을 때부터 혼자 잘 지내면서도 친구들과도 잘 어울렸다. 내 기억에 의하면 나는 한번도 누구의 대장이 되거나 누구의 똘마니가 된 적이 없다.

그런데 세상은 그렇지 않았다. 나의 생각과 일이 객관적으로 옳고 선한 것이 분명하여도 사람들은 나의 의견을 지지하지 않았다. 선입관과 편견이 심한 사람들은 나의 생각을 무시하고 들으려고 하지도 않았다. 패거리를 이루고 사는 사람들에게는 옳고 그른 것이 중요하지 않았고 자기 편이냐? 상대편이냐?가 중요하였다. 나의 의견과 제안이 바람직하고 타당하며 효과적이라는 사실을 알면서도 사람들은 내가 자기 패거리가 아니고 같은 그룹 멤버가 아니므로 종종 나의 의견을 묵살하였다. 뿐만 아니라 나를 폄하하고 루머로 나를 괴롭히며 방해하였다. 그럴 때는 세력을 형성하여 사람들을 내 편, 나의 동조자로 만들고 싶었다. 때로는 힘이 있는 사람의 라인에 서서 든든한 보호와 지지를 받고 싶었다. 그러나 인간 패거리의 이합집산, 분열과 파당. 주도권을 잡으려는 치열한 싸움을 목격하며, 그 일에 에너지와 인생을 낭비하는 사람들을 보노라니 너무 가엾고 불쌍하였다. 하나님과 진리, 정의와 선을 말하며 자신과 패거리를 위해 이중적으로 행동하는 그들의 정신분열이 너무 심각해 보였다. 패거리를 만드는 일도 패거리가 되는 일도 너무 많은 것을 희생해야 한다는 사실에 정신이 번쩍 들었다.

하나님이 영원한 거처요 산성이며 안식처라는 사실에 안도하며, 창조주 하나님이 내 생명의 주인이며 아버지요, 보호자라는 사실에 감격하였다. 나는 살아 온 습관과 믿음대로 하나님 품에 안겨 있으면 되었다. 그대로 세상의 소외와 왕따, 폄하와 왜곡, 루머로 인한 상처와 분노도 하나님 손길에 맡겼다. 내 사람, 지지자, 동조자, 똘마니, 대변자를 만드는 일을 머릿속에서 떨어져 나갔다. 하나님 그분이 나를 알고 나를 사랑하며 나와 동행하시면 그것으로 인생은 충분하다. 더 무엇을 바라겠는가!

인생은 고독을 즐기며 살며 사랑하며 세상 모든 사람들과 우주 만물들에게 감사하며 사는 것이다.

넷째는 내 생각으로 사람과 사건을 판단하는 것이다.

내가 본 것, 내 생각이 꼭 옳다는 생각을 버린 것이다. 나의 주장과 해석이 거짓이고 틀릴 수도 있다는 것이다. 사람들은 계속 오해하며 왜곡할 수도 있고, 계속 바르게 통찰할 수도 있다는 것이다. 계속 빗나간 추측을 할 수 있고, 무지함으로 계속 거짓을 생산할 수도 있다는 것이다.

오랜 세월 동안 나는 선입관과 편견으로 사람에 대한 선악과 애호가 분명하였다. 작은 경험과 지식으로 세상을 보며 내가 아는 것이 세상의 다인 것처럼 착각하였으며 내가 옳게 여기는 것은 옳고, 아닌 것은 불의한 것으로 여겼다. 마치 나 자신이 세상의 선과 악, 정의와 불의를 판단하는 지식과 능력이 있는 것처럼 자신을 신뢰하였다. 그러나 나의 선입관과 편견이 바르지도 않고 선하지도 않으며 차별적이며 배타적이며 폐쇄적이고 비인간적이며 반 복음적이라는 사실을 수없이 경험하였다. 그럼에도 불구하고 나 자신의 시각과 통찰력이 사물과 사건, 사람과 역사를 보는 기준점, 표준점이 아니라는 사실을 인정하는 데 참 많은 세월을 보냈다.

내가 사람들을 선입관과 편견으로 대할 때 사람들 또한 나를 선입관과 편견으로 대하고 있었다. 하나님 외에 누가 인간과 역사, 사물을 바르게 인식할 수 있겠는가!

우주를 창조하시고 섬기시는 하나님의 지혜와 지식만이 판단의 근거이며 기준점인데 인간이 어떻게 종합적으로 통전적으로 전체적으로 인간과 역사를 이해할 수 있겠는가!

떠돌이 길에서 시작되어 코로나 광야에서 하나님과 씨름한 끝에 환도뼈가 위골된 야곱처럼 절뚝거리며 나는 네 가지를 포기하며 나 자신에 대하여 손을 들었다.

치열하게 잘 살았다고 자부했던 지난날을 내려놓으며 강한 의지를 가지고 사는 것이 아니라 물처럼 흐르는 삶을 은혜로 받았다.

긴 세월을 걸쳐서 네 가지 교만을 깨닫고 버리게 하신 하나님께서 나를 불쌍히 여겨서 네 가지 선물을 주셨다.

첫째로 가르침을 내려놓으니 우주만물을 통한 하나님의 가르침, 말씀

이 보였다.

가르치려는 욕구, 스승이 되려는 욕구를 버리니 하나님의 가르치심이 보였다. 하나님의 섬세하고 아름답고 웅장한 가르침을 들으며 순례자의 삶을 사는 자유를 비로소 누리게 되었다. 나를 가르치는 하나님께서 다른 사람은 왜 가르치지 않겠는가 말이다!

천지를 창조하신 하나님께서 인간의 정치권력과 경제의 위력과 과학의 눈부신 발명과 발견에 놀라 조용히 숨으신 것이 아니다. 하나님은 인간에게 지구 경영을 맡기셨지만 지금도 창조주로서 직무와 섬김을 계속하고 계시다. 하나님은 우주 질서와 법칙, 하늘과 땅의 순환과 작용, 기후와 사계절, 만물의 생로병사, 성서와 예수 그리스도의 십자가, 교회와 제자들, 선한 양심 등을 통해 계속 인생들을 가르치고 계신다. 그러나 자기 우상화에 눈이 먼 정치인들과 지식인들이 하나님에게서 오는 인류의 평화와 해방, 구원과 용서의 가르침을 거부하며 방해하고 있다.

둘째로 고치려는 생각을 내려놓으니 하나님의 터치하심이 보였다.

가족이나 사람들의 나쁜 습관이나 성격, 모임과 단체의 불의와 패덕을 나 자신이 뜯어고치려는 것을 포기하니 하나님께서 사람들을 직접 터치하는 것이 보였다. 사람이 하나님의 터치하심을 보지 못하는 것은 하나님의 터치하시는 방법과 시간이 사람이 원하는 시간과 방법과 다르기 때문이다. 만약에 자신과 상대방을 다 주님의 손에 내려놓고 기다리면 가장 아름다운 방법으로 가장 적합한 시간에 터치하시는 하나님의 손길을 보게 될 것이다.

하나님께서 모세를 터치해서 지도자로 쓰신 것처럼, 아브라함을 터치해서 하나님과 동행하는 새로운 삶을 살게 만드신 것처럼 오늘 우리도 터치해서 새로운 가치관, 새로운 문명을 창출하는 사람으로 써주실 것이다.

셋째로 사람을 의지하지 않기로 하니 하나님만 더욱 의지하게 되었다.

이 나이에 이르도록 사랑과 진실로 인생을 승부하며 살았다. 그러나 패거리 문화에 절망과 분노를 하며 패거리에 저항하는 반 패거리 문화를 희망하였으나 결국에는 같은 모양이 되며 돈과 이해타산, 권력과 명예를 좇음으로 부패의 늪에 빠지는 것을 보았다.

기성의 권력자들과 도전하는 권력자들 모두가 신물이 나도록 말하는 자유와 정의, 평화와 공평, 인권과 공정은 자기 패거리, 자기 그룹들에게만 해당되는 것이었다. 그러므로 나는 새 패거리를 만드는 것도 기존의 패거리에 가담하는 것도 다 내려놓았다. 그리고 고아와 과부, 가난한 자와 나그네 등 사회적 약자들을 위하는 하나님, 패거리 사회에 눌리고 치여서 신음하는 인간들을 구원하기 위해 육신을 입고 세상에 내려오신 하나님을 더욱 의지하기로 하였다.

그러나 나 같은 사람을 들러리, 보조자, 구경꾼, 옵서버, 친구로 불러주는 사람들의 모임에는 열심히 참여하여 그들의 친구, 이웃이 되었다.

넷째로 주장을 내려놓으니 사람들의 생각과 뜻이 절로 보였다.

나 자신의 의견과 주장이 최고, 최선이라는 생각을 버리니 사람들의 생각에 마음이 열렸다. 교만이 사라지니 비로소 사람들의 생각과 뜻이 보였다. 사람들에 대한 이해가 쉬워졌고 다름도 수용이 되고 틀린 것도 문제를 위한 문제로 삼지 않게 되었다. 사람들이 저마다 가지고 있는 지혜와 지식이 풍부하고 풍성하였다. 그런데 세상을 아름답고 평화롭게 가꿀 수 있는 그들의 지혜와 지식은 전문가들과 지도자들의 독선과 우월감 때문에 교류와 공유의 기회가 주어지지 않고 있었다.

전문가들과 대학교수들은 습관적으로 보통 사람들의 견해를 가볍게 제치고 자신들의 전문적인 지식과 견해를 최고, 최선의 것으로 그들에게 강권한다. 그리하여 인간과 역사, 사물과 사건에 대한 다양한 인식과 견해가 사라지고 한두 사람의 생각으로 획일화되고 고착되어 모든 것이 흑백 논리가 되어버린다. 지식과 정보가 일방 통행하는 사회는 정체될 수밖에 없고 지식 폭력의 사회, 문화 폭력의 사회가 된다. 사람들이 서로를 듣지 않는 세상은 단절과 고립으로 필경에는 우울증에 이르게 된다.

어떻게 한 사람의 생각이 여러 사람의 생각보다 뛰어나겠는가!

어떻게 한 사람의 경험이 여러 사람의 경험을 능가하겠는가!

할렐루야!

창조주 하나님께서 우리의 기도를 들어주시듯이 나 또한 형제자매들의 마음을 들어주고 싶다.

그리고 자신보다 남을 낮게 여기며 진지하게 귀를 기울이는 겸허한 사람들을 기다린다.

절정(絶頂)에서 떨어졌을 때
인생이 끝난 줄 알았다!

2014년, 세상의 눈으로 볼 때 나는 인생의 절정에 도달해 있었다.

정상에서 한바탕의 춤을 신명나게 추고 있을 때 나는 어떤 힘에 밀려서 순식간에 추락하였다.

나의 잘못도, 실수도 아닌 몇 사람의 부주의로 말미암아 인도 출입국 사무소로 호출을 당하였고 거기서 출국을 위한 프로세스가 진행되었다. 마지막 조사를 거부하고 한국으로 돌아왔을 때 처음에는 인도 공무원들이 내 사건을 잊을 때까지 한국에서 기다리며 쉬기로 마음먹었다. 그러나 내 뒤를 이어 두 사람이 조사를 받고 한국으로 나왔을 때 비로소 나는 너무 어처구니없이 너무 억울하게 절정에서 떨어졌다는 사실을 인정하지 않을 수 없었다. 그럼에도 불구하고 바보처럼 '비전아카데미' 프로젝트 준비 차 들어가려고 하는데 뉴델리 외국인 관리사무소에서 일하는 지인으로부터 입국하면 공항에서 제지당할 것이며 바로 그 자리에서 추방될 것이라는 전갈이 왔다. 하늘이 무너졌으며 정상에서 완전히 추락했다는 절망감에 사로잡혔다. 모든 것을 인도에 놓아두고 한국에 와서 지내야 하는 자신이 너무 한심하고 초라하였다. 사람들을 만나는 것이 겁나고 슬퍼서 두문불출하였다.

당시 나는 마드라스크리스천대학교에서 가까운 무디츄르에서 이백여 평의 선교센터, '희망발전소'를 봉헌하여 많은 새 일들을 시도하였는데 일들이 마치 대기하고 있었던 것처럼 찾아왔다.

달릿청소년 직업훈련으로 제과제빵 교육, 커피와 홍차 바리스타 교육, 액세서리 만들기, 리본 아트 교육을 실시하였다.

교회지도자 재교육 프로그램으로 여성 지도자 회복과 치유 모임, 개척교회 목회자 신학교육과 대화 모임, 목회자의 치유와 회복 교육을 실시하였다.

청소년 프로그램은 에이즈 고아들과 함께하는 내면 여행과 공동체 놀이, 시내 중심가 및 관광지 방문, 빈민 가정 아동들과 함께하는 자기 알기와 꿈 찾기, 공동체 놀이와 시내 중심가 방문 모임을 실시하였다.

그리고 지원자를 대상으로 하는 한국어 교육을 매년 한 차례씩 실시하였다.

한국 청소년들을 위해서는 인도문화체험과 영어교육 그리고 크리스천 정체성 교육과 영성 훈련에 각별히 심혈을 기울였다.

생각하고 실행하는 일들마다 자연스럽고 아름답고 순탄하게 진행되었고 참여하는 사람들의 만족도가 아주 높아서 금방 소문이 널리 퍼졌다.

그리고 2013년 2월에는 안드라푸라데쉬주 데칸고원에 위치한 작은 도시의 시정부에게 기증받은 빈민가 주택단지 1,600평정도의 땅에 이백여 평의 건물과 백 평의 건물을 따로 지어서 더 힘차게 날아올랐다. 새로운 건물의 이름을 《희망공동체》라고 이름을 짓고 주민들을 이웃으로, 친구로, 형제자매로 만나며 섬기는 집으로 자리를 잡았다.

희망공동체는 상설 프로그램을 운영하는 것으로 주민들 속에 들어갔다. 그리하여 취학 이전의 아동들을 보살피는 어린이집,

1학년에서 10학년에 이르는 아동들을 위한 공부방,

60세 이상 노인들을 위한 점심 나눔터,

거동이 불편한 분들을 위한 도시락 배달,

직업이 없는 여성들을 위한 양재 훈련반을 개설하여 실시하였다.

캠퍼스 내에 교회를 두어 인도 목회자로 하여금 신앙지도와 예배를 책임지도록 하였다.

2014년 당시 나의 운영과 관리 하에 있는 인건비를 받는 인도인 직원이 20여 명에 이르렀고 매월 사례금을 직접 지불하는 교회도 여러 개이고 간접 지원하는 교회들도 적지 않았다. 장학결연 학생과 자매결연 아동도 수십 명에 이르렀다. 관리비와 운영비 지출이 컸지만 사람의 생각을 뛰어넘어 계신 하나님께서 모자라지 않게 공급해주셨다.

가끔 인사문제로 어려움이 있었지만 그런 일로 넘어지지 않고 사람을 살리며 사랑하는 일에 전심전력을 다하였다. 안팎 사람들의 불만과 비협조, 말장난과 괴롭힘에도 굴복하거나 굽히지 않고 고아와 과부, 가난한 사람들과 병든 자들과 함께하였다.

그런데 마른하늘에서 떨어지는 벼락에 맞아 쫓기듯이 인도에서 나와야 하였다.

신명나게 일하는 중에 부지불식간에 한국에 나와 수년 동안 인도 현장에 들어가지 못한다는 현실의 장벽 앞에서 나는 분노와 증오, 절망과 회

의, 의심과 불안에 빠졌다.

나는 절망과 고통 속에서 끊임없는 질문으로 하나님을 괴롭혔다.

막말로 야곱이 얍복강 나루터에서 하나님의 사자와 씨름을 하였듯이 날마다 침묵하시는 하나님과 씨름하였다.

"이렇게 쫓겨내실 것이면 왜 저에게 모욕과 수치, 고난과 고통을 감수하며 희망발전소를 짓게 만들었습니까?"

"이렇게 쫓겨나실 것을 아시면서 왜 저에게 10년 동안 고통과 갈등, 상처와 고뇌를 겪으며 희망발전소를 짓게 만들었습니까?"

"당신이 하나님이면서 당신의 종을 괴롭히며 방해하는 자들로부터 지켜주지 못합니까?"

"당신이 하나님이면서 당신의 종을 우상 숭배자들과 악인들에게서 지켜주지 못합니까?"

"저를 절망에 빠트린 당신의 의도가 무엇입니까? 제가 무엇을 잘못하였습니까?"

"어떤 자들이 제게 말합니다. 무엇을 잘못했는지? 무슨 죄를 저질렀는지? 회개하라고 합니다. 회개하면 다시 문을 열어 주실 것이라고 합니다. 왜 제가 저들의 조롱거리가 되어야 합니까?"

"어떤 자들이 말합니다. 하나님께서 더 크게 쓰시려고 하는데 제가 여기가 좋사오니 하면서 말을 듣지 않았으므로 깨닫게 하려고 저를 몰아냈다고 합니다. 저들이 저를 영적 장님으로 취급합니다. 완고한 자로 만듭니다."

"어떤 자들이 말합니다. 그대로 일하면 제가 병으로 쓰러질 것 같으므로 하나님께서 미리 피할 길을 주셨다고 합니다. 저들의 말이 제게 전혀 위로가 되지 않습니다. 오히려 저를 더 피곤하고 더 지치게 만듭니다."

"어떤 자들이 말합니다. 그들은 제가 무언가 잘못을 저질렀고 문제가 있기 때문에 나온 것일 거라고 합니다. 왜 제 이름이 저들의 입에 오르내리며 모욕을 당해야 합니까?"

"당신께서 저를 버리기로 작정하였습니까? 저를 쓰지 않기로 작심하였습니까? 그렇다면 제가 무엇을 잘못하였는지 말씀해주십시오. 제가 왜 이토록 가혹한 취급을 당해야 합니까? 제가 왜 이렇게 사람들의 입에 오르내리며 놀림당해야 합니까?"

"피땀 흘린 현장과 치열하게 추구하였던 선교 프로젝트로부터 저를 격리시킨 이유가 무엇입니까? 감당할 수 없는 더위와 더러운 환경과 시끄러운 소음에 적응시켜 놓으시고 섬길 만하니까 저를 사랑하는 사람들로부터 격리시키는 소위가 무엇입니까?"

하나님은 나의 아우성에 묵묵부답하였으나 인도 현장을 위한 나의 요청에는 바로 응답해주셨다.

절망 중에 방황하면서 죽음을 체험하였다. 죽음을 간접 체험하면서 절망과 불안이 진정이 되었다. 살면서 자기의 소유라고 생각하였던 것이 죽으면 자기 것이 아니라는 사실을 알았다. 한국이라는 피안(彼岸)의 세계에서 인도라는 차안(此岸)을 생각하며 그곳에 놓아두고 온 모든 것을 여전히 자신의 것, 자신의 일이라고 여기는 착각이 고통의 근원임을 깨달았다. 피안(彼岸)의 세계에서 차안(此岸)의 세계에 있는 것을 내려놓지 못하고 강제로 분리당하고 격리당하고 박탈당했다고 억울해 하며 괴로워하는 자신을 직시하며 저의 것이 아니고 하나님의 것이요, 저의 일이 아니며 하나님의 일임을 고백하며 그 모든 것을 허락해주신 하나님께 다 내려놓았다. 그리고 비로소 발목 잡혀 있던 과거로부터 해방되었다.

한국은 피안으로 저 세상이었고 인도는 차안으로 이 세상이었다.

피안인 한국에서 아무리 차안인 인도를 그리워해도 소용이 없었다.

두고 온 손때 묻은 책들, 물건들, 사진들, 옷들을 만질 수 없었고 가져올 길이 없었다.

보고 싶은 아이들, 동료들, 교우들, 건물들, 각종 기물들, 데칸고원, 무다노르 언덕, 초가집들, 가시나무와 바위들, 땡볕과 야자수 그리고 지평선이 보이는 들판과 사람 냄새 풀풀 나는 마을들을 볼 길이 없었다.

코코낫 워터와 난, 이들리와 도사, 비리야니와 짜이, 망고와 야자, 잭프룻과 바나나, 구아바와 파파야, 이찌와 찌꾸를 생각은 할 수는 있지만 먹을 길이 없었다.

은행에 있는 돈을 인출해서 사용해야 하는데도 꺼내올 길이 없고 나 자신이 설계하고 건축한 건물에서 일하며 쉬고 싶어도 그럴 수가 없었다.

한국에 머무는 나는 인도에 대하여 죽은 자였다.

세상에서 아무리 깃발을 날렸어도 죽은 자가 피안에서 차안의 세계를 간섭할 수 없는 법!

나는 비로소 인도의 사역을 다 내려놓았다. 그리고 하나님께서 주시는 대로 프로젝트 운영비를 보내면서 하나님의 일하심을 목격하였다.

죽음의 체험은 영적 앉은뱅이가 된 나를 벌떡 일으켰다.

육신으로 살아있는 동안 하나님과 이웃을 사랑하며 하나님과 동행하는 축복을 누리는 것이 선교이며 예배이며 하나님 나라를 사는 큰일이라는 사실을 깨닫고 서남아시아와 동부아프리카 여러 나라를 여행하였다. 가난한 아시아, 아프리카의 후기 식민사회에서 식민지 제국주의 국가들이 만들어 놓은 운명적인 빈곤과 구조악에 분개하였다. 몇몇 분들이 아프리카에서 일하라고 주선하였지만 하나님의 인도하심을 기다리기로 하였다.

2년 동안의 아시아, 아프리카 여행과 공부는 나의 기도와 사고의 지평을 크게 열어 주었다. 몸은 로컬에 담고 있지만 눈은 전 세계를 바라보았다. 몸은 지구촌에 두 발을 딛고 서있지만 눈은 우주를 응시하게 되었다.

하나님의 피조세계를 응시하며 창조 안에 내재된 우주질서와 생명의 에너지이자 질료인 사랑을 묵상하며 피와 전쟁의 역사인 인류의 역사를 뒤집어볼 수 있었다.

촛불시위로 새로운 시대가 도래하는 분위기 속에서 중국으로 떠났고 그곳에서 19세기 중반에 폭풍우를 일으키며 세상에 등장하였던 머리로만 알고 있었던 사회주의와 공산주의를 몸으로 체험하며 공부를 하였다. 서구 식민지 제국주의에 대한 반발로 마르크스 레닌주의를 21세기 빈익빈 부익부의 병든 자본주의 세계 개혁을 위한 사상으로 여전히 유효하다고 믿었던 나의 생각이 인간으로서 실현이 불가능한 허구라는 사실을 깨달았다. 그리하여 크리스천으로서 비로소 사회주의가 보여주는 유토피아, 이상세계와 혁명을 위한 마스터 플랜에 대한 열등감을 극복할 수 있게 되었다. 프롤레타리아가 지배하는 정의와 공평과 평등의 세계는 세상 어디에도 없었고 지금도 없고 앞으로도 없을 것이다.

중국의 체재(滯在)는 역사에 나타난 모든 사상과 이념이 그 시대 사회와 인간의 문제를 해결하기 위하여 나왔지만 시대가 지나면 그것이 해법이 아니라 오히려 낡은 갑옷이 되어서 사람들의 정신을 옥죄어 교조주의자로 만들어 서로 분열, 대립하게 만든다는 사실을 깨닫게 해주었다.

한국에서 코로나로 발이 묶여버린 3년 동안 과거와 현재와 미래에서 오는 피조물들의 신음소리를 들었다. 피조물들이 신음하며 하나님의 자녀들의 출현을 기다린다는 말씀이 실감되었다.

선교가 피조공동체, 생명공동체를 향하며 전우주적이 되어야 함을 깨닫는 시간이었다.

피조물들을 탄압하고 학대하고 고문하며 소외시키는 인간의 악취, 탐욕의 악취를 코가 문드러지게 맡으면서 피조물인 기후, 산과 들과 바다의 모든 생물에 대하여, 보이지 않는 미생물에 대하여 사죄하며 반성하였다.

전 세계가 코로나 전염병 문제의 원인을 바르게 진단하고 처방을 내려야 하는데 어느 나라도 양심적으로 진단하거나 처방하지 않았다. 학자나 각종 전문가들이 코로나의 출현을 과도한 개발과 경쟁으로 인한 대자연의 오염과 파괴의 결과로 진단하는 것 같았지만 어느 나라도, 어느 기업도 그 처방을 따르지 않았다.

대부분의 나라들이 코로나 출현이 권력 쟁탈, 탐욕의 문명, 쾌락의 문화, 복지 욕망 등에서 나온 것임을 인정하고 개혁을 추진하기 보다는 코로나 백신을 개발하면 된다는 식이었다. 세계는 끝끝내 지구촌 소수 사람들의 부와 풍요, 여행과 취미생활, 편리와 쾌락 때문에 사라진 수많은 동식물들과 지구 오염과 기후 변화, 전쟁과 테러, 기아로 인한 사람들의 죽음과 질병을 외면하였다. 각국 정부는 제로섬 게임식으로 나라를 운영하며 가난한 나라의 가난한 사람들을 희생시키는 방법을 포기하지 않았다.

인류의 정신은 변화하기를 거부하였고 코로나 방역이라는 이름으로 독재가 허용되었다. 생명의 문제가 급하기 때문에 모든 나라에서 자유가 유보된 것이다. 독재와 자유의 유보는 참으로 위험한 것이지만 사람들은 코로나 전염병 때문에 안중에 두지 않았다. 그러나 한 번 독재가 용인되고 자유가 유보되게 되면 계속해서 그럴만한 이유로 독재가 인정되고 자유가 유보될 수 있으므로 경계해야 한다.

나는 코로나 또한 하나님의 피조물이라고 생각하였으므로 두려움이 없었다. 코로나 또한 하나님의 창조 질서 속에서 하나님의 나라를 위하여 자신의 사명을 감당할 것이라고 생각하였다. 그런데 사람들은 코로나를 죽음의 사자(使者)처럼 여겼다. 세상은 코로나 앞에서 벌벌 떨었다. 그러던 세상이, 정치인들과 의학계가 코로나 유행병이 언제 끝날 것인지 언제까지 계속될 것인지 모르는 상태에서 갑자기 코로나에 대하여 관대해졌다.

코로나에 사로잡혀 공포에 빠져있는 인류가 미얀마의 내전, 러시아와 우크라이나의 전쟁, 천연가스를 둘러싼 각국 나라들의 이합집산, 무기 수출국들의 활발한 생산과 거래, 중국과 러시아의 밀월, 파키스탄의 폭우 재앙 등 많은 것들에 노출되면서 긴장과 분노, 불안과 공포가 감당할 수 없는 한계치에 이르렀다고 본 것일까? 호들갑을 떨던 각 나라 정치인들과 언론들이 코로나 위험 경고를 멈추며 시시콜콜 규정하였던 개인 생활과 단체 활동 규제가 막 풀렸다. 그러나 코로나 바이러스는 세상 정치인들의 권력에 기가 죽고 의학자들의 메시지에 따라 활동을 멈추는 존재가 아니므로 활동하기 좋은 환경이면 언제 어디서나 다시 출현해서 증식할 것이다.

 코로나에 발목 잡혀 지내면서 정착생활이 익숙해져 떠남이 망설여지는 찰나였다. 현대문명과 세상의 가치관에 젖어 버린 심신을 세탁하며 조용히 떠나려는데 폭탄 터지듯이 두려움과 의혹의 껍데기가 깨졌다. 만 8년의 인도 유배가 끝나는 시점에서 갈 길이 보였다. 희미하게 보이던 길이 뚜렷하게 보였다. 종 되고 밥 되는 길이, 인도에서 쫓겨남이 내가 받은 인생 최대의 축복이며 은혜이며 하나님의 해방사건, 출애굽사건이었다고 선포하였다.

> 복잡한 생활에서 단순한 생활에로,
> 분주함에서 여유로,
> 형식과 구속에서 자유로,
> 초조함에서 평안으로,
> 소란에서 침묵으로,
> 과시에서 숨김으로,
> 프로젝트에서 존재함으로,
> 종교 비즈니스에서 겸허한 섬김으로,
> 소유에서 탈 소유로,
> 선한 경쟁에서 내려놓음으로,
> 거룩한 탐욕에서 초라함으로,
> 현재에서 영원으로,
> 땅에서 하늘로,

자기우상화에서 하나님께로,

자기에게서 이웃에게로,

인간에게서 피조물에게로,

가르치는 것에서 듣는 것으로.

선교센터를 운영하며 자랑스러운 선교사가 되어 자신도 모르게 선교 감옥(監獄)에 갇힌 어리석은 종을 하나님께서 불쌍히 여기어 절정에서 추락당하는 고통을 통하여 해방시켜 주었다.

나는 세상이 말하는 정상에서 추락했을 때, 절정에서 낙하하였을 때 선교인생이 끝났다고 생각하였다. 하나님의 동행하심과 써주심과 은총이 끝났다는 생각으로 불안에 떨었다. 그러나 선교인생이 끝나지 않았다. 어떤 강한 힘이 나를 절벽에서 떨어뜨려 죽이려고 하였으나 나는 하나님의 은혜로 다시 살아나 죽음의 자리에서 무덤을 박차고 일어났다.

8년 동안 나를 절망과 공포와 불안에 잠기게 했던 것들을 하나씩 둘씩 떨구었을 때 나는 2014년 여름에 일어난 사건이 해방의 사건이요, 자유의 회복이며 삶의 회복임을 깨달았다.

8년의 긴 세월에 걸쳐 추락이 해방임을 일깨워 주신 하나님께 감사와 영광과 찬미를 돌린다.

폭우 속에 지켜지는 약속에는 무언가 있다

밤새워 폭우가 쏟아졌다. 아침에도 폭우의 기세가 수그러들지 않았다. 오전과 오후에 한 시간 이상 멀리 떨어진 지역에서 각기 약속이 잡혀 있어 외출 준비를 하면서도 약속이 곧 취소될 것이라는 기대로 서두르지는 않았다. 기다리고 있으니 약속 하나가 취소되었다. 나머지 하나도 취소되길 바라면서 꾸물거리는데 취소 연락이 오지 않았다. 상대방이 마음 편히 약속을 취소하기를 바라는 마음으로 전화를 걸었다.

"권사님, 안녕하세요. 거기 밤새 폭우가 쏟아졌지요?"

"예, 비 많이 내렸어요. 하필이면 약속 잡힌 날에 폭우가 쏟아지네요. 그래도 목사님, 오늘 꼭 오시는 거지요. 오셔야 돼요."

"권사님, 폭우 때문에 어려운 일 없으신가요? 이런 날은 가능하면 외출하지 않고 집안에 있는 것이 좋은데요."

"지는 어려운 일 없어요. 목사님, 무신 일 생겼어요?"

"아니요. 그냥, 날씨가 안 좋으니 만남을 다음으로 미루면 어떨까 해서요."

"아이고, 그런 말 마세요. 저는 괜찮아요. 멀리서 차 타고 오시는 분이 더 힘들지요."

약속을 피할 길이 없었다. 버스 안에서 권사님의 삶을 더듬어 묵상하였다.

그는 세상 사람들 보기에는 별 볼 일이 없는 사람이다. 그러나 전 재산을 팔아서 진주를 산 사람의 기쁨과 소망으로 사는 사람으로 나에게 "여자가 낳은 자 중에 세례 요한보다 큰 이가 일어남이 없도다. 그러나 천국에서는 극히 작은 자라도 그보다 크니라"라는 말씀을 깨닫게 해주신 분이다.

그는 신학교를 졸업하고 전도사가 되려고 하였지만 전도사로 시무하고 있는 남편을 만나게 되어 전도사직을 포기하였다. 그러나 불행하게도 남편이 병으로 쓰러져 섬기는 교회를 떠나게 되었다. 그 후로 그는 말로 표현할 수 없는 고난 속에서 가정을 책임지기 위해, 두 자녀를 보살피기 위해 리어카를 끌고 거리를 돌아다니며 과일 장사를 하였다. 남편이 리어카를 끌고 다닐 수는 있었지만 지적 장애가 있어 새벽에 도매시장에 가는 일부터 시작해서 저녁에 집에 돌아올 때까지 동행하였다. 그는 생활고에 지쳤으나 남편에 대하여 자신의 운명에 대하여 가타부타 말이 없었다. 거리에서나 집에서 만나면 그저 순한 눈빛으로 수줍게 웃었다. 나는 야윈 몸에 풍덩한 블라우스와 치마를 입고 추레한 모습으로 리어카를 뒤에서 밀거나 때로는 직접 끌고 산동네를 오르내리는 그를 볼 때마다 남편을 잘못 만나서 고생이 많다고 생각하였다.

그나마 남편이 병들어 과일 장사를 그만 두게 되자 그는 파출부로 나서서 자녀들의 교육을 책임졌다. 자녀들이 취업하고 결혼하여 슬하를 떠나게 되자 그는 자신과의 약속, 하나님과의 약속을 지키기 위해 신학생 장학금 후원을 시작하기로 하였다. 그리고 나에게 연락을 주었다. 그런 그가 십여 년 전에 내 앞에 다시 나타났을 때 그의 해맑은 얼굴에 놀라지 않을 수 없었다.

어느덧 그가 일하고 있는 아파트 휴게소에 도착하였다. 노크하자 바로 문이 열렸고 그는 나로 하여금 젖은 양말을 벗고 그가 준비해놓은 새 양말로 갈아 신게 해주었다. 나는 안에서 함께 식사를 하려고 김밥을 가지고 갔는데 그가 멀리서 온 손님에게 김밥을 먹게 할 수 없다고 하여 우리는 폭우를 무릅쓰고 인근 식당에 가야만 했다.

"목사님, 험한 우중에 오게 해서 죄송합니다. 그동안 모아 놓은 것을 어제 찾았습니다. 하나님의 몫이거든요. 그래서 빨리 전하고 싶어 우중에 오게 하였습니다. 죄송합니다."

그가 오랫동안 먹지 않고 쓰지 않고 모은 피 같은 돈이었다. 울컥 치밀어 오르는 감동으로 눈물이 나왔다. 자녀들을 교육시키고 병든 남편을 구완하느라 자기 노년을 위해 아무런 준비를 해놓지 않은 권사님이 하나님의 사랑으로 바치는 정성이 보통이 아니었다.

"권사님, 하실 일도 많고 쓰실 일도 많으시잖아요."

"저는 하나님의 은혜로 굶지 않고 헐벗지 않고 잘 살아요. 저보다 목사님이 더 필요하지요. 목사님께서 하시는 난민들에게 쌀 보내는 일은 하나님의 일이니 하나님의 것으로 쓰세요."

"권사님께서 직접 주변 사람들과 나누어도 되는데 왜 제게 주셔요?"

"목사님께서 우리 곁에 있을 때 한 일을 기억하고 있습니다. 가난하고 병든 사람들을 위해서 한 일을… 그리고 목사님은 제게 예수님을 보여주신 분입니다. 복음을 전하려고 편하고 좋은 한국 교회를 떠나 인도로 가셨잖아요."

나 같은 사람에게서 예수를 보았다고 하는 권사님은 아무렇지 않은 목소리로 느릿느릿 말을 이어 갔고 나는 송구한 마음으로 '주님, 죄송합니다. 주님, 저 같은 사람에게서 예수님을 보았다고 하니 정말 죄송합니다. 그러나 제가 속인 것은 아니니 용서해주십시오.'라고 기도를 드렸다.

"목사님, 저는 주의 종으로 살기로 서원했지만 못 살았습니다. 약속을 지키지 못한 양심의 가책 때문에 신학생에게 장학금을 보내기 시작하였지요. 그러나 그것으로 죄송한 마음이 사라지지 않아서 제가 못한 일을 목사님이 대신해주면 좋겠다는 생각으로 기도를 드립니다. 그리고 죄송한 마음으로 목사님을 위해 기도와 작은 정성을 모아서 바칩니다. 목사님께 부담을 드려서 죄송합니다. 그러나 목사님은 부담 갖지 마시고 필요한 일에 쓰시면 됩니다."

나는 그에게서 "그는 흥하여야 하겠고 나는 쇠하여야 하리라"라는 세례 요한의 음성을 들었다. 자기를 내려놓고 하나님의 일이 잘 되기만을 비는 겸허한 종의 마음이 부드럽고 따스하게 나의 영혼을 감쌌다. 작은 체구에 단발머리, 초라한 옷차림의 그에게서 세상이 알 수 없는 영적 기운이 흘러나왔다. 물질세상을 넘어선 자유인의 평화와 담담함이 은은히 뿜어 나왔다.

나는 그를 만난 기쁨으로 당면 문제들과 기도 제목들도 다 내려놓고 그날 밤새도록 하나님께 감사와 영광과 찬미를 드렸다.

다음 날 종일 폭우 소식이 뉴스를 다 차지하고 있었다. 스마트폰에는 피해 상황과 위험을 알리는 알림 문자가 계속 이어졌다.

내일 있을 약속에 적신호가 켜졌다. 물론 내가 가는 것이 아니고 상대방이 직접 운전해서 나를 만나러 오는 것이기는 하지만 멀리 경상도에서 전라도로 오는 길이 위험하다는 생각이 들었다. 그의 안전을 생각하며 약속을 다음으로 미루기로 하였다.

그런데 그가 보낸 카톡이 먼저 와 있었다.

"비가 많이 와서 차를 운전하지 않고 KTX 타고 가기로 계획을 변경했어요. 오전 11시에 약속하신 ○○교회에 도착 예정이여요. 목사님, 교회에서 뵐게요. 낼 뵙겠습니다."

비가 오지 않는 날에도 경상도에서 전라도로 오는 교통편은 횟수가 많지 않고 연결이 좋지 않아서 하루치기가 어려운데 폭우가 쏟아지면 더 어려워질 것이 뻔하였다. 월요일에 출근을 해야 하는 사람이 너무 무리를 하면 안 된다는 생각에 약속을 단념시키기로 하였다.

"선생님, 무리하지는 마세요. 비가 많이 내려서 걱정하고 있는 중입니다. 다음으로 미룹시다. 선생님, 이곳 도로가 전면 통제에 들어갔어요. 물론 다는 아니고 일부지만요."

바로 카톡이 왔다.

"목사님, 역에서 ○○교회까지 도로 통제가 아니면 갈게요. KTX 타고 가는 길은 문제가 없을 것이고요. 역에서 교회까지는 택시 타고 갈 예정입니다."

나는 그가 무리하게 약속을 지키려고 하는 것이 고맙기도 하지만 부담이 되기도 해서 어떻게 설득해야 할까를 생각하였다. 그러는 사이에 그의 메시지가 도착하였다. 단호하였다.

"목사님, 지금 약속을 미루면 또 언제 뵐지 기약이 없어서 내일 그대로 가려고요."

나는 그의 '언제 뵐지 기약이 없어서'라는 말에 마음이 약해졌다.

"무사히 오소서. 그러나 역에서 ○○교회까지는 멀어요."라고 답신을 보냈다.

다음 날 아침 빗소리를 들으면서 염려하는 마음으로 카톡 메시지를 보냈다.

"선생님, 역에서 ○○교회까지는 상당히 먼 거리요. 조심히 오길 바래요. 제가 차가 없어서 마중을 못나가니 죄송한 마음이요. 그러나 오시는 중이더라도 비가 심하게 내리면 돌아가세요. 나중에 만나면 되잖아요. 무엇보다 생명과 안전이 소중하오."

그는 집에서 출발하였으니 곧 보게 될 것이라고 대꾸하였고 그로부터 4시간 후에 역에 도착하였다는 소식을 알려왔다.

나는 폭우에도 불구하고 나 같은 사람을 보려고 먼 곳에서 달려온 그의 정성이 고맙기만 하였다. 그러나 우리는 예배가 끝난 뒤에야 비로소 서로 얼싸안고 인사를 나눌 수 있었다.

그는 자기가 인도에 다녀온 지 어언 십삼 년이 되었다고 하였다. 십삼 년 사이에 나를 두 번 보았는데 이번에 안 보면 영 못 보게 될 것 같아서 불원천리를 마다하지 않고 왔다고 자신을 변명하였다.

교회에서 식사하고 차를 마시는 사이에 그는 쫓기듯이 서둘러서 준비해온 선물을 주었다. 곶감, 화장품, 감사 편지와 후원금 등. 그의 정성이 범상하지 않았다.

나와 함께 겨우 3시간을 보내고자 아침 일찍 악천후를 뚫고 4시간 이상을 달려온 그의 마음이 고맙기도 하고 궁금하기도 하였다. 돌아갈 버스 출발시간이 3시 20분이라고 해서 우리는 터미널 부근의 커피숍에 가서 마주 앉았다. 함께 인도 이야기를 나누면서 옛일을 회상하였다. 이야기를 들으면서 그가 우중에 불편을 감수하면서 나를 보러 온 몇 가지 이유를 알게 되었다.

첫째는 그가 우리회가 인도에서 운영하는 '비전 아카데미' 프로그램에 등록금을 내지 않고 참여하였으나 내가 그를 무시하거나 등록금을 강권하지 않은 것에 대하여 감사하는 마음을 가지고 있었다.

둘째는 사감이 비자 여행을 나간 사이에 내가 그를 임시 사감으로 임명하여 봉사하게 만들어서 자신의 자리를 만들어 준 것에 대하여 고맙게 여기는 마음이 있었다.

셋째는 갑작스런 집안의 사정으로 귀국하게 되었을 때 내가 부모님의 선물을 사가라고 용돈을 챙겨 준 것을 잊지 못할 감동으로 가슴에 간직하고 있었다.

그가 폭우에도 불구하고 북북 우기면서 나를 보러 온 것은 13년 전에 그가 받은 사랑에 대한 감사를 말하고자 함이었다. 나는 그가 마음에 품고 있던 사랑에 대한 감사를 고백하러 불원천리 달려왔다는 사실에 가슴이 먹먹해졌다. 그제야 두 번째 나를 보러왔을 때 추위에 떨고 있는 나를 보고 자신의 머플러를 선뜻 풀어주고 간 그의 마음이 이해되었다.

그는 돌아가는 차 안에서 카톡을 보내주었다.

"목사님, 몸은 멀리 있지만 항상 응원합니다. 오늘 잘 먹고 집으로 편히 돌아갑니다. 감사합니다."

"선생님, 그 마음이 천사 같아요. 천리 길을 와준 것만 해도 감사한데 이렇게 많은 선물을 챙겨온 정성이 너무 가상합니다. 내가 차가 없어서 편히 못해주어서 미안하오. 짧은 방문이지만 선생님이 우중에 온 것이 천사의 방문을 받은 기분이오. 마음 담아 써준 카드 최고 선물이오. 감사하오."

나는 사랑이 가득 담긴 그의 카드를 읽으며 그의 앞길을 마음껏 축복하였다.

그렇다!

폭우 속에서도 지켜지는 약속에는 무언가 있다. 폭우를 두려워하지 않는, 불편하고 힘든 것을 개의치 않는 무언가가 없이는 폭우가 내리는 날에 굳이 약속을 지킬 필요가 있겠는가?

폭우 속에서 만난 두 천사 때문에 나는 영원히 브엘세바에서 살아야 할 것 같은 기분이다.

꼴찌들의 꿈을 응원한다!

이삼 년 전부터 장학금을 받았던 우리 공부방 졸업생들이 진학하지 않고 빈들거리며 논다는 말이 풍문으로 들려와 가슴이 아팠다. 한국인 선교사와 자원 봉사자가 코로나로 부재한 사이에 희망공동체 아이들이 다시 옛날로 돌아갔을지도 모르는 일이므로 마냥 가슴앓이를 하였다.

그런데 지난 해 10월 하순, 희망공동체에 도착하자마자 놀랍게도 마을 어르신들과 목회자들로부터 우리 공부방 학생들에 대한 칭찬을 많이 들었다. 코로나 팬데믹 기간에 우리 학생들이 거동이 불편한 어른들과 극빈가정에 식자재와 음식을 날라다 주었다는 것이다. 사람들이 코로나 공포로 말미암아 집안에 갇혀서 숨죽이며 지낼 때 그들이 자원해서 굶주림에 직면한 극빈가정과 장애우, 독거노인 댁을 찾아다니며 봉사했다는 것이다.

우리 아이들이 공부도, 일도 하지 않고 건달처럼 빈둥거리며 논다는 말과 다르게 그들이 약자와 가난한 이웃을 배려할 줄 아는 반듯한 청년으로 모범을 보이고 있다는 사람들의 칭찬에 그동안 상심했던 마음이 많은 위로를 받았다.

2013년 여름 공부방 문을 열었을 때 우리 공부방은 골 때리는 꼴찌들의 집합소였다.

데칸고원 난달타운 변두리 빈민가의 사람들은 거의 대부분이 하루 벌어서 하루를 사는 것도 힘들었으므로 자녀 교육에 관심이 전혀 없었다.

공부방을 처음으로 열었을 때 아이들이 호기심으로 우르르 몰려들었는데 도무지 질서가 없었다. 남자 아이들은 언제나 차례와 순서를 지키지 않고 무조건 앞을 다투며 시끄럽게 떠들었다. 쓰레기를 함부로 버리고 말이 거칠고 수업 중에 해찰이 심해서 공부방의 지속 가능성이 의심스러웠다. 게다가 학생들이 지각도, 결석도 다반사였고 조퇴를 하는 것도 마음대로였다. 아이들이 교사의 말을 듣지 않는 것이 특별한 일이 아니었고 교사 또한 아이들이 말을 듣지 않는 것을 당연시 하였다. 가난한 부모들은 자녀를 학교에 보내지 않고 일터에 데리고 가는 것을 더 좋아하였고 설혹 학교에 보내어도 아이들은 부모의 무관심 속에 방치되어 학교보다 시장이나 뒷골목에서 놀았다.

짧은 사이에 지역 학생들의 수준과 부모님들의 수준과 태도를 파악한 우리는 학생들을 지도하기 위해 머리를 짜냈다.

첫째는 교실과 캠퍼스 환경을 깨끗하게 만들기 위한 것이었다.

아무리 환경보호와 오염을 말해도 소용이 없었다. 그래서 쓰레기를 주워오면 쓰레기 한 개당 무조건 사탕 한 개를 주기로 하였다. 아이들은 날마다 쓰레기를 가져왔고 수개월이 지나자 교실과 캠퍼스 내에서 쓰레기가 사라졌다. 그러자 아이들은 다른 동네에 원정을 가서 쓰레기를 주워왔다. 초기 이 일을 책임지고 맡은 분이 현재 인천중앙교회에서 시무하고 계시는 이 목사님이었다.

둘째는 학생들의 성실성과 친구에 대한 존중과 배려를 훈련하기 위한 것이었다.

말로 하는 것은 다 잔소리였다. 우리는 가르치는 것을 포기하고 1년에 두 차례 성실한 학생 10명을 선발하여 첸나이에서 4박 5일 수련회 및 도시 투어를 하는 프로젝트를 기획하였다.

학생 선발을 위하여 결석과 지각 그리고 조퇴와 친구를 괴롭히는 불량한 행동에 벌점을 주었다. 그리고 수업에 참여하는 자세와 태도, 인사성과 친구를 도와주는 것, 쓰레기 수거와 기타 선행에 좋은 점수를 주었다.

한 학기가 끝나고 방학이 시작될 때 관계자들이 모여서 기록에 근거하여 엄정하게 학생을 선발하였고 약속대로 첸나이로 초청하여 여행을 시켜 주었다. 여행과 수련회가 몇 차례 진행되면서 지각, 결석, 조퇴하는 학생들이 저절로 사라졌고 공부하는 풍토가 조성되고 서로 배려하는 분위기로 변화되어 갔다.

셋째는 우리 학생들을 마음과 생각을 배우고 이해하고자 하였다.

자주 설문지를 돌려서 학생들의 심신 상태를 체크하였고 무엇보다 학생들의 희망과 꿈에 관심을 가졌다. 대부분의 학생들이 꿈과 희망을 경찰관과 군인으로 적어냈고 간혹 교사라고 쓰는 아이들도 있었다. 그러나 꿈과 희망이 없거나 무엇인지 몰라서 쓰지 않는 아이들도 있었다. 아무튼 우리는 아이들에게 반복적으로 꿈과 희망을 묻고 귀 기울여 들었다. 그리고 그것을 이루기 위하여 무엇을 하는 것이 좋은가? 어떻게 노력해야 하는가? 어떻게 공부해야 하는가? 등을 가르쳤다. 그리하여 아이들이 꿈과 희망에 눈을 뜨기 시작하였다.

넷째는 장학금으로 아이들의 꿈과 희망을 응원하는 것이었다.

하루는 초등학교 3학년의 어린 학생이 이 선교사님을 찾아와서 자기에게 꿈이 생겼는데 목사가 되는 것이라고 말하였다. 이 선교사님께서 그의 이야기를 나에게 전하였다. 우리는 그의 가정환경을 생각하며 그의 꿈의 문제로 함께 고민하며 기도하였다. 그리고 그를 영어학교로 전학시키기 위해 장학금 후원자를 찾았고, 그와 어머니에게 설명을 하고 다짐을 받아 그를 영어학교로 전학을 시켰다. 인도의 문교부 인가 정규신학대학들은 영어로 강의를 하기 때문에 영어 공부를 하지 않으면 정규신학대학교에서 신학공부를 할 수가 없기 때문이었다.

그의 뒤를 이어서 존, 에스겔, 바라뜨, 샤이니, 아누샤 등을 영어 학교로 전학시켰고 이미 영어학교 재학 중인 모제쉬에게도 장학금을 지원하였다. 수 년 사이에 십여 명의 학생들이 우리 장학생이 되었다.

장학생 선발기준의 첫 번째는 우수한 성적보다 공부방 모임에 성실하게 참여하는 것이었다. 공부를 잘해도 결석과 지각, 조퇴가 잦은 학생은 장학생에서 제외시켰다. 꼴찌라 할지라도 지각, 결석, 조퇴가 없는 성실한 학생을 장학생으로 선발하였다. 두 번째 기준은 이웃과 친구에 대한 배려와 존중 그리고 맡은 일에 대한 책임감이었다. 세 번째 기준은 학교에서의 성실성이었고 네 번째 기준은 본인이 작성해서 제출한 학생카드였다. 학생카드에 나타나는 꿈과 희망에 대한 열망을 참고하였다.

이런 노력과 담임 나겐드라 티처의 헌신으로 공부방이 빠르게 자리를 잡았다.

3기생부터 우리식으로 표현하자면 대학교 진학을 위한 '수능고사'에 전원이 좋은 점수로 합격하는 쾌거가 나타났다. 3기생 전원이 '수능고사'에 합격하자 일대 빈민가가 벌집을 쑤셔놓은 것처럼 소란해졌다. 축하하는 배너가 걸리고 소문이 널리 퍼져서 68명 정원인 우리 공부방에 100여 명이 등록하고 대기하는 이변이 발생하였다. 그래서 본관 건물을 공부방으로 사용하도록 개방하고 자원봉사자를 임시 교사로 채용하였다.

4기생에는 수능 평점이 100점인 학생이 나타나서 우리 센터를 또 한 번 발칵 뒤집어 놓았다.

5기생도 전원이 좋은 점수로 합격을 하였고 코로나 와중에 6기생들도 다 '수능고사'를 통과하였다. 연속된 경사로 말미암아 우리 공부방이 지역사회에서 확고하게 자리를 잡았다. 넌 크리스천들도 앞을 다투어서 자녀들을 공부방으로 보냈고 우리는 그 아이들을 신앙으로 지도하였다.

그러는 와중에 장학금을 받고 공부를 한 학생들이 전문학교에 진학하지 않고 빈들거리며 논다는 소문이 들려온 것이다.

특별히 장학생 1호인 사티쉬가 진학하지 않고 페인트공이 되어 돈 벌기 위해 주일예배도 참석하지 않는다는 소문이 들려왔다. 참으로 뼈가 아팠다. 그를 위해서 장학금을 지원한 분께 면목이 없었다. 뿐만 아니라 까르띡도 놀고 있다는 것이었다. 한 여학생은 부모의 강요로 공부를 그만두고 시집을 갔다고 하였다. 그럴만한 이유가 있을 것이라고 생각을 하면서도 후원자 분들에게는 면목이 없어서 소식을 전하지 못하고 입을 다물었다.

속상한 마음에 때로는 장학금을 바로 중단하고 싶었지만 그렇다고 소문만으로 일 처리를 할 수 없는 노릇이어서 사실 여부를 확인할 때까지 때를 기다렸다.

공부방 졸업생들을 대면할 생각으로 마음 졸이며 어린이교회학교 예배에 참석하였다.

예배실 문을 여는 순간 놀라 자빠질 뻔하였다.

10학년 졸업 후에 진학도 하지 않고 신앙생활도 그만두고 페인트 공으로 일한다는 사티쉬가 맨 앞에서 열정적으로 찬송을 인도하고 있었던 것이다.

사티쉬는 홀로 가족의 생계를 짊어지고 있었다. 세 번째 결혼생활에 실패한 모친이 다시 빈민가로 돌아오자 그는 꿈꾸었던 대학진학을 포기하고 페인트공으로 생활전선에 뛰어들었다. 누군가에게 그가 어머니를 따라가 계부 밑에 살면서 공부방에 나오지 못하게 되었을 때 가끔 혼자 몰래 센터에 와서 울었다는 말을 들은 기억이 떠올랐다. 그의 상황이 이해되었고 그동안 복닥거렸던 나의 마음이 차분해졌다. 어머니와 동생을 위하여 자신을 희생한 그에게 '왜 공부를 포기했느냐?'고 차마 물을 수 없어서 그냥 바라만 보았다. 그가 교회를 떠나지 않았다는 사실만으로도 기특해서 눈물이 났다.

그와 케지아가 노래와 율동 지도를 마치고 예배까지 인도하였다.

성경을 읽고 말씀을 전하는 것도 그들이 하였다.

그들은 참으로 사랑스럽고 자랑스럽고 미더운 교사가 되어 있었다.

저녁시간에 공부방 졸업생들과 함께 공동식사를 하며 이야기를 나누었다.

'지금의 꿈 또는 희망이 무엇인가? 그리고 현재 무엇을 하고 있는가'를 모두에게 물었다.

사티쉬가 또렷한 목소리로 자기의 희망이 '목사'라고 대답하였다. 나는 자신도 모르게 큰 소리로 "언제 공부해서 목사가 될 생각이냐?"고 물었다. 그가 아무렇지도 않은 표정으로 "현재 방송통신대학교 2학년"이므로 "3학년 때 학사 자격증시험을 본 후에 바로 신학대학교에 진학할 것"이라고 대답하였다. 순간 내 귀가 의심스러웠다. 소문이 사실이 아니었던 것이다. 감동을 먹은 나는 눈물이 핑 돌아 그의 어깨를 토닥였다. 그는 가족의 생계를 위해 일하지 않을 수 없었고 그렇다고 꿈을 포기할 수가 없어 방송통신대학교에 적을 두고 공부하며 일하였던 것이다. 그가 빈집에서 울고 있는 이복 여동생을 업고 센터에 와서 공부를 하였다는 말도 떠올랐다.

나는 꼴찌인 그의 꿈을 다시 응원하기로 하였다. 가난한 청년의 꿈을!

에스겔은 희망공동체 도착하던 저녁에 만났는데 상황 판단이 빠르고 명랑하였다.

아버지를 일찍이 잃고 어머니와 동생 존과 함께 초등학교 4학년 때 우리동네 빈민가로 이사 온 그는 우리의 도움으로 영어학교로 전학하였다. 그러나 2번이나 유급을 당하여 아직도 10학년이었다. 이유를 물으니 영어 공부가 너무 힘들었다고 하였다. 그는 영어공부 때문에 창피해서 학교를 그만 두고 가출 시도를 하다가 하나님을 만났다고 하였다. 몇 마디 말속에 담긴 그의 간절한 신앙고백은 그가 목사가 되려는 이유를 설명해주고도 남았다. 그는 자기에게 생명의 기쁨과 희망을 준 하나님의 뜻을 따라서 살고 싶다고 하였다.

나는 꼴찌 중의 꼴찌인 그의 꿈을 응원하기로 하였다. 일찍부터 많은 좌절을 겪은 청년의 꿈을!

공부도 하지 않고 취업도 하지 않고 빈들거린다고 알려진 청년들이 다 방송통신대학교에 적을 두고 있었다. 자간, 까르띡, 죠엘 등. 그들도 가난한 현실 앞에서 좌절하였으나 믿음으로 잘 살고 있었다. 그들은 자신들을 옭아매는 카스트제도와 가난 때문에 길을 잃지 않고 분노와 방황 대신에 한 손에 책을 한 손에 망치를 든 것이었다.

나는 가난한 그들의 초라한 꿈을 응원하기로 하였다.

존과 바라뜨는 간호대학교에 다니고 있었다.

바라뜨는 금년 봄에 신우염으로 건강에 심각한 위기가 왔을 때 나겐드라 티처가 나에게 연락을 해주어서 병원에 입원시켰고 단백질 부족의 문제를 해결하기 위해서 영양식을 계속 공급하였다. 작년에는 그 아버지가 치료비를 달라고 요구하여 장학금을 미리 선지불하기도 하였다.

19년에는 쓰러진 그를 우리 공부방 아이들이 병원으로 데리고 갔고 입원을 시킨 일도 있다.

그를 직접 보니 대꼬챙이처럼 말랐고 바람이 불면 쓰러질 것 같았다. 그는 우리 공부방에 와서 세 번이나 크게 돌봄을 받은 일로 인하여 공부방에 대한 애정이 컸고 간호사가 되려는 열망을 가지고 있었다. 세상의 눈으로 볼 때 별 볼일이 없는 존과 바라뜨의 꿈 또한 응원하기로 하였다.

13살, 푸지따는 초등학교 4학년 재학 중인데 키가 또래 아이들의 절반 정도였다. 게다가 양 발이 좌우 90도 각도로 틀어져 있어서 보통사람들보다 걸음이 다섯 배 정도 느렸다. 한 마디로 말하면 손발이 기형이고 키가 작은 난쟁이다. 그의 어머니는 그를 낳자마자 가출해서 지금까지 생사를 모른다고 하였다. 그는 장애인의 몸으로 여덟 살까지 거리에서 구걸하여 장애인 할아버지와 중풍인 할머니를 봉양하였다. 그의 나이 여덟 살, 성탄절에 우리 공부방 아이들이 거리에서 구걸하고 있는 그를 발견하여 성탄 나눔 명단에 넣었다. 그 성탄 이브에 그의 집을 방문한 학생들이 불쌍한 그를 도와달라고 우리 선교사님께 보고하였고 그 선교사님이 한국에 있는 나에게 그의 사정을 보고하였다. 우리는 그를 공부방 학생으로 등록시키고 졸업생들을 보내 정기적으로 체크하였다. 그리고 초등학교에 다닐 수 있도록 주선하였다. 올봄에 중풍이었던 할머니가 돌아가셔서 그는 지금 손발이 기형인 할아버지와 함께 살고 있다. 그래서 푸지따네 집은 우리 도시락을 배달받았다. 그는 날마다 도시락을 배달받는 우리의 특별한 보호와 배려 하에 있다.

지난 시월에 여러 목사님들과 함께 그의 집을 방문하여 많은 이야기를 나누었다.

그의 학교 수업, 학교 친구, 하루 생활과 식사 등에 대하여 묻고 난 끝에 "너의 꿈이 무엇이냐?"고 물었는데 그가 거침없이 '닥터'라고 대답을 하였다. 나는 그가 닥터의 뜻을 모른다고 생각하여 닥터가 무엇 하는 사람인가를 물었다. 그는 즉시 '병을 고치는 사람'이라고 대답을 하였다. 주변의 사람들은 그의 대답에 하하거리고 웃었지만 나는 그의 꿈, 희망을 응원하고 싶었다.

"닥터가 되려면 어떻게 해야 되니?"

"공부를 열심히 해야 되어요."

"푸지따, 여기서 공부를 어떻게 열심히 할 수 있을까?"

"공부방에 가서 공부하겠습니다."

"너는 잘 걷지 못하는데 어떻게 날마다 공부방에 올 수 있겠니?"

"오토릭샤를 타고 가겠습니다."

나는 그의 총명한 대답에 감동하여 옆에 앉아 있는 자간에게 날마다 오토바이로 픽업해줄 수 있는지를 물었다. 그가 날마다 픽업을 하겠다고 약속하였다.

가장 좋은 것은 현재 살고 있는 사글세 집에서 나와 우리 센터 쪽에 집을 얻는 것이다. 그리고 영어 지도교사를 한 명 붙여주는 것이지만 그 일이 신속하게 진행되기는 어려울 것이었다. 돌아오는 길에 자간에게 다시 한 번 확인을 하며 픽업을 부탁을 하였다. 그리고 우리 센터 쪽에 셋집이 나오는 것을 살피라고 하였다.

꼴찌로 살 수 밖에 없는 운명, 푸지따의 꿈을 응원한다.

운명적으로 가난하고, 결손가정에서 태어난 우리 공부방 출신 꼴찌 청년들의 희망과 꿈을 응원한다. 사람들이 보기에 초라하고 아무것이 아닌 꼴찌 청년들의 꿈을 사고 싶다.

꼴찌를 사랑하며 축복한다.

내가 네 안에서 운다

1994년 8월 15일 오늘, 나는 인도 캘커타 어느 호텔에서 15박 16일의 인도 여정에서 마지막 날을 맞이하였다. 돌아갈 짐을 정리하느라 늦게야 잠 들었는데 한밤중에 잠에서 깨어났다. 다시 잠들려고 눈을 감았는데 정신이 맑아지고 눈이 초롱초롱해지더니 눈물이 폭포수처럼 쏟아졌다. 갑자기 기도하고 싶은 강한 욕구가 일어나서 침대에서 내려와 콘크리트 바닥에 앉았다. 그리고 하염없이 눈물을 쏟으며 기도를 하였다.

1982년에 인도여행을 결심했다. 그 당시 한국의 《고려원》과 《정신세계사》 등의 출판사가 펴내는 인도 서적들에 의하면 인도는 지구상에서 가장 이상적인 나라였다. 인생에 대하여 득도한 사람들의 가르침이 널리 퍼져서 사람들이 물질을 초월했으며 평범한 사람들조차 금욕으로 절제된 삶을 산다는 것이었다. 그리고 힌두교는 기독교처럼 배타적이고 폐쇄적인 구원과 진리를 말하지 않으며 남의 것을 존중하고 인정하며 모든 종교에 구원이 있음을 인정하는 우주적인 종교라는 것이었다. 한국에 번역된 요기들의 책을 읽으며 '너도 신이다.' '너의 욕망대로 너답게 사는 것이 신이다'라고 말하는 그들에게 묘한 열등감 같은 것을 느끼며 언젠가 인도에 가서 사실을 확인하며 배워야겠다는 생각을 하였다. 그리고 12년 만에 인도 여행을 하게 된 것이다.

그러나 인도는 요기들과 힌두교 성자들에 관한 책으로 한국에 소개된 것처럼 초월적이고, 금욕적이며, 개방적인 영혼들의 나라가 아니었다. 어디에나 신분 차별에 의한 인간 억압과 학대가 있었고 기아와 질병이 만연하였다. 언제 어디서나 스트릿 피플과 구걸하는 아이들로 인하여 연민과 동정에 시달려야 했고 무질서와 쓰레기 더미와 오물덩이에 직면하였다.

한 번은 홍수가 난 지역을 지나가다가 이상한 광경을 목격하였다. 홍수로 물에 잠긴 초가집에서 사람들이 아기를 업고 보따리를 들고 대피하느라 법석인데 길에 서있는 경찰도, 청년들도 멀거니 구경할 뿐 아무도 그들을 도와주지 않았다.

우리 일행을 가이드해주는 청년에게 "사람들이 왜 도와주지 않고 구경만하고 서 있느냐?" 물었더니 그의 대답이 걸작이었다.

"저 사람들은 전생의 죄를 많이 졌기 때문이 이 세상에서 고통으로 죄값을 다 치러야 다음 생애에 좋은 세상에 태어납니다. 그러기 때문에 도와주지 않는 것이 저들을 참으로 도와주는 것입니다."

청년의 대답으로 책 속에서 상상했던 인도 환상은 산산조각이 났다.

그 후로 네팔 일정을 취소하고 나머지 시간에 계획에도 없었던 미얀마 국경과 인접해 있는 동북인도 마니푸르 주의 추르찬드푸르 지역에 다녀오게 되었다. 그리고 캘커타로 나와서 마더 테레사의 죽음을 기다리는 자의 집, 타고르 생가, 힌두사원, 요기들의 수련원 등을 두루 돌아보며 초월이니, 금욕이니, 타고르니, 간디니 하는 모든 인도에 대한 전이해가 박살이 났다.

캘커타는 거대한 빈민굴이었고 그야말로 인도는 보편 인간의 존재 가치와 존엄을 부정하는 카스트의 천국일 뿐이었다. 인도 사회에 편만한 불의, 부패, 부정이 눈에 보였고 무엇보다 우매한 대중들을 속이는 종교적인 기만과 세뇌가 가장 비열하고 악하게 보였다. 거리에 널부러진 하위계급 천민들이 너무 불쌍하고 종교 논리로 그들의 삶을 병들고 열악하게 만드는 상위 계급의 종교 지도자들과 지식인들이 너무 가증하게 보였다.

인도를 떠나오는 마지막 밤에 세계에 알려진 인도와 현실 인도의 두 얼굴, 가면과 위선, 구체적인 악의 실상을 생각하며 번역된 인도 서적이 만들어준 선입관과 편견을 깨끗이 청소하였다. 그리고 흥분된 마음으로 한국으로 돌아가서 내가 체험한 인도 이야기를 사람들에게 들려주기로 다짐하였다.

그런데 한밤중에 오열이 터졌다. 가슴을 치며 울고 싶었다. 그러나 함께 여행을 했던 친구의 잠을 방해하고 싶지 않아서 눈물을 줄줄 쏟으며 침묵으로 기도하였다. 얼마나 시간이 흘렀는지 모른다. 친구가 훌쩍거리는 소리에 깼는지 놀란 음성으로 '왜 우냐며 무슨 일이 생겼느냐'고 물었다. 나는 손을 저어 그냥 일찍 일어나서 기도하는 것일 뿐이라고 대답하였다. 친구는 다시 잠들었고 나는 폭포수 같은 눈물을 계속 쏟으며 하나님께 말씀을 드렸다.

"하나님 인도 사람들이 너무 불쌍해서 계속 눈물이 납니다."

그러자 하나님께서 대답하셨다.

"네가 우는 것이 아니라 내가 네 안에서 운다."

하나님께서 '내 안에서 운다'는 말에 온몸이 떨렸다. 그러나 그 말이 내 생각에서 나온 말인지 하나님에게서 나온 말인지 확인을 하고자 정신을 집중해서 다시 음성을 듣고자 하였다. 그때 하나님께서 나의 마음을 터치해서 인도를 사랑하는 마음과 인도를 위해 불타는 심정으로 기도할 마음을 부어 주셨다.

하나님께서 인도의 실제적인 영적 상태가 궁금해서 확인하러 온 나를 강한 손으로 붙잡아 불쌍히 여기며 사랑의 마음과 기도할 마음을 부어주신 것이다. 하나님께서 주신 인도 사랑과 기도에 대한 소명으로 세상에서 맛보지 못한 황홀한 기분에 도취되어 있는 동안, 아침 해가 밝아왔다. 자신도 모르게 세 시간 동안 말과 마음으로 기도하며 하나님의 울음을 대신 울었던 것이다.

가방을 정리하여 숙소에서 나올 때 뒤에서 소리가 들렸다.

"캘커타여!"

절망과 슬픔에 빠진 음성이 들렸다. 뜻밖의 소리에 예민해져 뒤를 돌아보았지만 아무도 없었다. 귀를 의심하며 천천히 발걸음을 옮길 때 허공에서 또 소리가 들렸다.

"캘커타여!"

너무 아프고 슬픈 탄식 소리가 분명하였다. 가이드와 친구는 멀찍이 앞장서 가고 있고 주변에는 아무도 없었다. 환청을 들었다는 생각을 하며 발걸음을 옮기는데 또 허공에서 같은 톤의 슬프고 아픈 탄식 소리가 들렸다.

"캘커타여!"

나는 그때야 한밤중에 나를 깨워서 울게 만드신 하나님의 아픈 음성임을 깨닫고 두렵고 떨리는 마음으로 하나님께 말씀드렸다.

"주님, 제가 여기 있습니다. 인도를 사랑하는 주님의 아픈 마음을 절절하게 느꼈습니다. 인도를 향한 아버지 마음을 알았으니 더욱 열심히 기도하겠습니다. 주님, 제가 날마다 간절하게 기도할 수 있도록 도와주십시오."

인도에서 돌아온 후, 날마다 하나님의 은혜를 힘입어 뜨거운 마음으로 기도를 바쳤다. 그리고 십여 명의 인도 형제들과 편지를 주고받느라 날마다 영문 편지를 쓰는 일로 밤을 꼬박 밝혔다. 곧 이어 뉴델리 빈민가 어린이집 후원과 신학생 장학금과 신학교 건축 지원에 심혈을 기울이게 되었다.

그리고 3년 후에는 20대와 30대에 기도하며 치열하게 준비했던 평신도 수도공동체에 대한 꿈을 접으며 엉뚱한 일로 인하여 인도 현장에 들어가는 인생의 대반전이 일어났다.

1984년 광복절 아침에 캘커타에서 일어난 신비한 하나님의 체험은 지금도 나의 인생길을 인도하고 있다. 그때부터 지금까지 하나님은 나로 하여금 고아와 과부, 가난한 사람과 병든 사람 그리고 떠돌이와 다양한 부류의 피해자들을 섬기게 하셨다.

인생의 마지막 날까지 하나님께서 내 안에서 탄식하시도록 마음 가난한 자로 살고자 한다.

27년 전 인도에서 신비한 체험으로 나의 인생을 바꾸어 주신 하나님을 찬양하며 하나님께서 함께 살도록 붙여주신 마음 가난한 사람들과 천국의 백성으로 살 것이다.

야쿱이네 집에 간 적이 없다

11월 중순경 네팔 카트만두의 바그마띠 강변에서 있었던 거리배식에 참여하였다.

이십 년 여름에 시작한 거리 배식이 코로나팬데믹 록다운이 해제되면서 많은 사람들이 흩어진 데다 코로나 이후 거리에 남아 있는 사람들이 많지 않고 배식을 책임지고 있는 네팔 목사님이 개인적인 사정으로 배식 횟수를 줄였고 나 또한 모금과 후원 부담이 커서 내심 12월로 배식 사역을 중지하고자 하였다. 그러나 거리 배식에 참여하여 직접 스트릿 피플과 인사를 나누다 보니 나도 모르게 그들의 눈빛에 젖어들었다.

추운 눈빛, 선한 눈빛, 외로운 눈빛, 슬픈 눈빛, 두려운 눈빛, 겁먹은 눈빛, 지친 눈빛, 감사하는 눈빛, 살려달라고 외치는 눈빛, 분노의 눈빛, 공허한 눈빛, 몸부림치는 눈빛 등을 읽으며 눈물이 핑 돌았고 시선을 둘 곳이 없어 하늘을 응시하였다. 그리고 천천히 눈물을 닦으며 하나님께 '그만 둘 수가 없습니다.'라고 고백하고 그들의 슬픔과 외로움, 굶주림과 목마름을 주님의 마음으로 계속 지켜보기로 하였다.

배식 중에 유달리 눈에 들어온 사람들이 있었다.

제니싸라는 십대 임산부와 취업하러 왔다가 코로나 때문에 취업도 하지 못하고 집에도 돌아가지 못하고 3년째 떠돌이로 살고 있는 노란 재킷의 청년 그리고 6개월 된 귀여운 아기 야쿱 마지였다.

제니싸와 노란 재킷의 청년은 당장에 도움을 줄 수 있는 일이 없었지만 아기 야쿱에게는 당장에 겨울을 지낼 따스한 옷이 필요하다는 생각이 들었다. 따스하고 포근하고 예쁜 옷을 사서 야쿱에게 선물하기로 하였다.

12월 초에 네팔에 재입국하기 전에 아기옷을 구하려고 하는데 어느 권사님이 8개월 된 손녀의 옷과 장난감을 한 보따리 챙겨주었다. 위아래가 붙어 있는 겨울용 두툼한 외출복, 털 코트, 내의들, 셔츠와 바지들, 운동복 그리고 알록달록한 천으로 만들어진 책과 공과 키 재는 도구와 놀이 가방 등이었다.

깨끗하고 아름답고 품질 좋은 옷과 장난감을 야쿱에게 빨리 전하고 싶었다. 옷을 입고 방긋방긋 미소 짓는 행복한 아기 야쿱이 보고 싶었다.

12월 7일 카트만두에 입국하는 날, 부푼 가슴으로 거리 배식을 책임지고 있는 목사님을 공항으로 불렀다. 야쿱이가 보고 싶어서 데려오라고 하고 싶었지만 차마 그렇게 하지는 못하였다. 목사님이 공항으로 와서 야쿱에게 주는 선물을 받아 갔다.

그는 야쿱을 보고 싶어하는 내 마음을 이해하였는지 선물을 바로 야쿱에게 전달해주고 사진을 찍어 보냈다.

사진을 체크하면서 아뿔싸! 나는 비명을 지르지 않을 수 없었다.
야쿱이네 엄마와 아빠가 비록 거리 배식에 와서 밥을 먹지만 그래도 길

모퉁이에 비닐 천막 정도는 치고 사는 줄로 알았는데 그게 아니었다.

사진에 찍힌 그들의 거처는 빠수빠티 힌두템플의 담장 앞 보도블록 위에 은박지 돗자리를 깐 것이 다였다. 그들은 지붕도 없이 사방이 열린 공간에 돗자리를 깔고 살림을 차렸다. 침구는 돗자리 위에 두었고 작은 물통과 보온병 그리고 그릇과 옷 보따리는 돗자리에서 멀지 않은 무거운 자물쇠가 채워진 절의 대문 앞에 두었다. 그리고 돗자리 옆에 3개의 벽돌로 만든 삼발이 화덕이 있었다.

사진으로 야쿱이네 집과 살림을 확인한 순간 너무 당혹하였다.

안타깝고 슬프게도 야쿱이네 집은 우리가 보낸 그의 옷을 보관할 마땅한 상자나 가구가 없었다. 우리가 보낸 옷이 많아서 야쿱이 엄마와 아빠가 옷을 머리에 이고 살지 않으면 옷들이 그 작은 돗자리를 다 차지할 것이었다.

안타깝고 슬프게도 야쿱이네 집은 길거리에 돗자리를 깐 것이어서 장난감을 가지고 놀만한 장소도 못되었다. 뿐만 아니라 야쿱이 아직 어려서 누르면 "삐삐"하고 노래하는 장난감 외에 것에는 관심을 보이지 않았다. 그래서 나머지 장난감이 야쿱이네 집에서 부담스러운 물건이 되었다.

부모님들이 돗자리 집에서 장난감을 깨끗하게 간수하고 잃지 않으려고 쓸데없는 신경을 쓸 것이라는 생각을 하니 죄송한 마음이 들었다.

그들이 옷과 장난감 선물을 기뻐하면서도 한편으로 보관과 세탁의 문제로 고민하는 것을 몇 장의 사진이 잘 보여주었다.

목사님은 사진과 동영상으로 야쿱이와 엄마를 찍어 보내면서 감사의 감사 인사를 거듭한다고 전해주었지만 내 마음은 편치 않았다.

야쿱이네가 절 담 밑, 한 평도 안 되는 작은 공간에서 산다는 것을 알았으면 옷과 장난감을 많이 보내지 않았을 것이다. 옷은 두어 벌 보내고 아기의 건강을 위하여 양식과 영양제 그리고 약간의 생활비를 나누었을 것이다.

야쿱이네 집에 간 적이 없기 때문에 일어난 착한 나눔이 가져온 작은 트러블은 그리 큰 문제는 아니다. 어쩌면 섬세하고 예민한 나만이 보고 느끼는 것일지도 모른다. 그러나 그런 문제는 언제든지 일어날 수 있고 나눔의 기쁨과 의미를 반감시키므로 나누는 자는 받는 자의 자리에서 나눔을 생각해야 할 것이다.

야쿱이와의 작은 나눔을 통해서 다시 깨달은 것은 "내가 주고 싶은 것을 나누는 것이 아니라 사람들이 절실하게 필요로 하는 것을 나누어야 한다."는 것이었다.

안타깝고 송구한 마음, 애틋한 마음으로 목사님이 보내준 사진과 동영상을 보면서 야쿱이 가족의 일상생활과 행복을 묵상하였다.

헐벗고 굶주리며 무시당하고 이리저리 쫓기는 그들의 삶은 결코 행복하지 않다. 하루하루의 삶이 불안과 공포, 비참과 불확실의 연속이다.

과연 어떻게 거리에서 사는 그들과 함께 고통과 절망을 함께 나눌 수 있을 것인가?

나로서는 야쿱이네 문제를 해결할 능력이 없다. 그렇다고 눈을 감고 외면할 수도 없다.

6개월 된 아기의 겨울나기를 생각하며 눈을 감고 있을 때 목사님이 가난하고 헐벗은 거리 사람들의 사진을 여러 장 보내왔다.

그리고 "지금 그들은 겨울옷을 원합니다. 부디 그들을 위해 기도해주십시오."(Now they want winter clothes. Please pray for them.)라는 설명문을 달아서 보냈다.

우리의 거리 배식에 참여하는 200여 명의 사람들에게 겨울옷이 필요하다는 것이었다.

카트만두 기온이 영하로는 내려가지 않지만 2도에서 10도의 추위를 거리에서 견디어야 하는 사람들에게 겨울옷은 생명이므로 카트만두 현지에 사는 한국인에게 문의를 하였다. 겨울 잠바 1장에 한화로 15,000원 내외라는 답변이 왔다.

이백 장의 잠바에 삼백만 원이라는 말이다.

지난 11월에 바그마띠 강변에서 그들의 손을 잡고 기도하며 격려하였던 나로서는 그들의 고통을 외면할 수가 없었다. 그러나 삼백만 원을 어떻게 마련할 것인가?

굶주림과 추위에 떨고 있는 그들의 초췌한 얼굴이 보였다. 작은 자들, 그들이 바로 주님이고 바로 나 자신이었다. 무조건 옷을 보내기로 마음먹고 절박하게 기도하였다.

'카트만두 거리의 사람들에게 필요한 옷을 주시라고!'

겨울옷을 위한 모금의 수고를 감당하기로 하니 야쿱이가 방긋방긋 웃었다. 야쿱이 때문에 일이 커졌지만 이백여 명의 사람들과 겨울옷을 나누게 되니 천사가 따로 없다. 거리에서 태어난 야쿱이가 천사다.

야쿱이가 건강하길, 야쿱이 엄마가 아기 옷을 여러 아기들에게 나누어 주길, 그리고 야쿱이 아빠가 빨리 직업을 구하여서 천막집이라도 속히 짓게 되길 기도한다.

무엇보다 네팔이 함께 살기 좋은 아름다운 나라로 성장하길 간절히 기도한다.

29년 전 우연한 방문이 길이 되었다

지난 4월 24일에 실맛신학교 신임 학장인 조나단 목사님으로부터 졸업생 스물한 명의 명단과 졸업식 예배 순서지와 사진들을 받았다. 스물한 명의 졸업생 중에 우리 후원자들의 비전아시아 장학금으로 공부한 학생이 열두 명이나 되었다. 그 중에 학사 졸업생이 일곱 명이었고 목회학 석사 졸업생이 다섯 명이었다. 졸업생 열두 명 중의 다섯 명은 선교 현장으로 떠났고 나머지는 교회 목회현장으로 갔다.

졸업생들의 소식에 가슴이 뛰고 머리끝에서 발끝까지 전기가 자르르 흘렀다. 그리고 눈물이 쏟아졌다. 감히 내가 할 수 없는 일들을 그 졸업생들이 계속 나가서 한다는 사실에 감격하고 그 신학교를 섬긴 지 이십구년 밖에 되지 않았는데 차고 넘치도록 풍성한 열매를 주시는 하나님의 은혜에 감동한 것이다

1994년 여름 우연히 방문하게 된 실맛신학교는 내 인생의 전환점이 되었다.

단 한 번도 선교사가 될 꿈을 꾸어 본 적이 없는 나는 뉴델리에서 만난 노 선교사님의 간청을 뿌리치지 못해 그분에게 끌려서 동북인도 오지에 있는 신학교를 방문하였다. 당시 전체 학생이 세 명이었고 그나마도 학생

들이 가뭄으로 한 달에 일만 원의 등록금을 내지 못해서 학교가 폐교의 위기에 놓여 있었다. 나는 안타까운 심정에 한 달에 삼만 원을 장학금으로 보내기로 결심하고 자퇴하려는 학생들의 마음을 돌려놓았다.

그 후, 한국으로 돌아오는 내 가슴에는 실맛신학교 장학금과 뉴델리 빈민가에 있는 어린이집 아동들의 점심 급식과 어린이집 자립 프로젝트가 담겨 있었다. 전자는 학생들과 이미 이야기를 나눈 것이었지만 후자는 어린이들의 영양결핍과 주변 환경의 열악함을 목격한 자로서 가슴이 아파서 그냥 지나칠 수가 없어 혼자 마음속으로 작정한 것이다.

두 가지를 품고 기도하며 어떻게 일을 시작해야 할까 연구하는 중에 어떤 기장교회에 가서 인도 방문에 대한 보고를 하게 되었다. 그리고 나는 성령님께서 일하심을 목격하였다. 순식간에 장학금 명목으로 백만 원이 모금되고 뉴델리 어린이집에 보낼 급식비와 자립 비용이 채워진 것이다. 모금이 항상 생각 이상으로 잘되어 놀라지 않을 수 없었다. 내가 입을 열어 증언만 하면 사람들은 감동을 받았고 준비하고 있었다는 듯이 헌금을 해주었던 것이다. 더욱 놀라운 일이 발생하였다. 신학교로부터 받은 신축 건물 설계도와 함께 건축비 도움 요청 편지를 10월 기장여신도회 전국연합회 실행위원회에 제출하였는데 여신도회가 받기로 결정을 한 것이다. 그리고 그날 저녁에 바로 1,200만 원의 헌금이 건축비로 응답되었다.

할렐루야를 연발하며 나는 그 해 마지막 3개월을 꿈같이 보냈다. 그러면서 하나님의 역사하심에 대한 단순한 확신을 가지게 되었다. 그리고 그것이 나의 길이 되고 이정표가 되었다.

하나님 나라의 일은 하나님께서 친히 기획하시고 주관하신다.

하나님 나라의 일은 하나님께서 친히 공급하신다.

하나님 나라의 일은 하나님을 믿고 행하는 사람을 통해서 진행된다.

하나님 나라의 일은 하나님의 사랑과 영광을 반드시 드러낸다.

1997년에 인도에 들어간 나는 1999년 기장총회의 요청에 따라 사역지를 뉴델리에서 남인도교단이 있는 첸나이로 옮기게 되었다. 당시 나는 한국의 IMF 상황과 남인도교단의 에큐메니칼 코워커의 자리가 주는 스트레스 때문에 실맛신학교 장학금을 감당할 수가 없다고 생각하였다. 그러나 마음이 약해서 신학교에 장학금 지원을 끝낸다는 말을 차마 하지 못하고 남인도로 내려왔다. 그래서 안타까운 마음으로 "하나님, 제 손은 짧지만 천지를 지으신 하나님의 손은 짧지 않으니 주의 종이 되기 위해 공부하려는 학생들이 학비가 없어서 못하는 일이 없도록 공급해주십시오. 제 마음이 약해서 아무 말도 못하고 그냥 내려왔으니 약속을 지킬 수 있도록 필요를 공급해주십시오."라고 무시로 아뢰었다.

그리고 그때부터 지금까지 한 번도 장학금이 중단되지 않았다.

할렐루야! 처음에는 학생이 몇 명되지 않았기 때문에 전원에게 장학금을 주었지만 점점 학생들이 늘어감에 따라서 부담이 커져서 전체 학생의 1/3에게만 주기로 하였다. 그래서 열다섯 명의 장학금을 보내다가 사오 년 전부터 스무 명이 되고 지금은 스물두 명이 되었다. 그 사이에 등록금도 많이 올랐다. 그러나 하나님의 은혜로 한 번도 장학금을 제때 지불하지 않은 적이 없다.

목회학 석사과정을 만들면서 석사과정 교수 사례금을 몇 년 동안 지원하기로 하였는데 그 무거운 후원을 하나님께서 놀랍게도 2005년에 실맛신학교를 함께 방문한 김 권사님과 태웅식품을 통하여 응답해주셨다.

작년 10월, 팔년 만에 신학교를 방문하였을 때 초대학장인 로땅 목사님으로부터 독립교단의 목회자 대부분이 실맛신학교 졸업생이라는 말을 들었다. 목회자들이 같은 신학교 출신이라는 동질의식이 있어 유대관계가 좋아졌고 목회 협력을 이전보다 더 잘하게 되어 좋다고 하였다. 이는 참으로 이십구 년 사이에 일어난 놀라운 변화였다. 뿐만 아니라 다른 교단이 신학생을 많이 보내고 있으며 졸업생들이 목회학 석사과정에 대거 입학하면서 실맛신학교가 일대에서 명문으로 통한다고 하였다.

할렐루야!

시골의 작은 신학교와 작은 종에게 행하신 하나님의 크고 놀라운 일을 찬양한다.

십여 년 전 열다섯 명의 학생들에게 장학금을 지급하면서부터는 다섯 명은 선교사 지망생 중에서 선발하기로 하였다. 그리하여 해마다 열 명은 교회로 들어가고 다섯 명의 졸업생들은 선교사가 되어 미얀마, 네팔, 시킴, 부탄과 서남아시아 그리고 인도 본토를 향해 길을 떠나고 있다. 몇 년 전부터 나는 동아시아 특히 북한의 선교 소명을 받은 졸업생이 나오길 기도하고 있다.

할렐루야!

나의 발이 비록 인도에 들어가지 못하도록 묶이고, 코로나로 한국에 묶이고, 러시아와 우크라이나 전쟁으로 그 땅을 밟지 못하도록 묶였지만 나는 결코 낙심하거나 절망하지 않는다. 올해 우리 실맛신학교 졸업생 열두 명이 나의 바통을 받아서 주의 길을 가고 있기 때문이다. 특별히 다섯 명의 졸업생들이 내가 가지 못하는 험한 길을 가고 있다는 사실 때문이다.

우연을 길과 사명으로 만들어 주시는 하나님의 은총과 권능이 내전의 공포에 시달리는 미얀마 소수민족들과 전쟁으로 고통당하는 러시아와 우크라이나 국민들과 전쟁의 소문으로 바짝 긴장하여 울부짖고 있는 우리 민족 위에 충만히 임재하시길 빈다. 발 빠르게 그룹을 형성하며 자국 방어에 힘쓰는 세상 모든 나라들에게 화해와 용서의 기쁜 소식! 칼을 쳐서 보습으로 만드는 주님의 평화가 넘치기를 기도한다.

그들이 나를 울린다

'가난하다'는 말은 그 뜻이 분명하고 모호하지 않다. 그야말로 돈, 재산, 재물 등 살림살이가 넉넉하지 못하여 먹고 살기가 어렵다는 뜻으로 누구나 다 쉽게 알아 듣는다. 그러나 '마음이 가난하다'는 말은 그 뜻이 선명하게 머리에 들어오지 않는다. 애매오호하다. 가난한 것은 슬프고 배고픈 것이므로 마음이라 할지라도 가난하면 불행하고 고달플 것 같은데 의외로 '마음이 가난하다'는 그 반대의 개념일 때가 많다.

예수님은 '마음 가난한 사람들'이 복이 있다고 말씀하시며 '천국이 그들의 것'이라고 하셨다. 그들은 천국에 대하여 자신의 생각이나 사상, 의견을 주장하지 않는다. 그들은 자신들이 천국을 만들 수 있다고 믿지 않으며 선물로 주어지는 천국을 산다. 그들은 천국의 주인이신 하나님의 존재하심을 기뻐하며 감사하며 자신들의 희망으로 삼는다. 그들은 하나님 외에는 아무것도 추구하지 않으므로 천국의 주인이 된다. 그들은 자기의 영광, 명예, 권력, 물질과 행복을 덧없는 것으로 여긴다. 그들은 성령의 감동에 따라 실천하며 이해타산이 없이 나누며 내적으로 주님의 성품을 닮아서 하나님의 뜻이 이루어지기를 사모하며 자신들을 최소화시키며 자연스럽게 소박하게 겸손히 산다.

나는 인생 나그네 길에서 운 좋게 '마음 가난한 사람들'을 많이 만났다. 그들은 나의 선교 현장이 무너지는 절체절명의 시간에, 또는 내가 방황할 때 하나님께서 나에게 보내준 천사들이었다. 나는 그들의 맑은 영혼 속에서 신선해졌고 신성해졌으며 가난한 사람으로 다시 태어나곤 하였다. 그들이 나에게 준 사랑의 빚과 은혜로 나는 풍성해졌고 마음이 따스해졌다.

마음 가난한 사람들과 동행은 참으로 일출이나 일몰을 바라보는 것처럼 성스럽고 아름답다.

교만한 내 본성을 아시는 하나님은 나그네살이 처음부터 '마음 가난한 사람들'을 동행자로 붙여주셔서 나로 하여금 기다림의 미학과 황홀감을 체험하게 하셨고 '마음 가난한 사람들'의 위대함과 성숙함을 보게 해주셨다.

세상은 초라한 그들을 알아보지 못하였지만 예수님은 그들이 하나님 나라의 주인임을 알고 계셨다. 그들의 존재 방식이 평화를 가져오고 상처 받은 세상에서 진실로 화해와 치유와 정의를 가져온다는 것을 아셨다. 그들은 실로 주님의 비유에 나오는 땅에 떨어진 밀알이요, 누룩이요, 겨자씨였다.

내가 이 땅에서 받은 최고 최대의 축복은 '마음 가난한 사람들'에게 받는 되갚을 수 없는 사랑과 뜨거운 기도이다. 진실로 그분들의 기도와 사랑이 나를 밀어주고 끌어주어 오늘에 이르렀다. 대부분의 나의 후원자들은 '마음 가난한 사람들'이다. 그 증거는 그들이 후원을 하면서도 늘 나에게 죄송한 마음, 미안한 마음, 대신 살아주어서 고맙다는 마음을 가지고 있음이다. 자신들이 나를 지지하며 밀고 끌어주면서도 그런 사실도 모르고 있는 겸허한 그들의 마음이 그들이 어떤 사람인가를 말해준다. 나는 그들의 거룩함과 순수함과 겸허함이 주는 나눔과 축복과 격려를 받으며 주어진 일을 신명으로 하고 있다.

수많은 '마음 가난한 사람들'이 나와 동행하고 있다. 오늘 특별히 하늘의 별처럼 가슴에 떠오르는 사람들이 있다.

십 년 전에 제주도 어느 교회에 갔을 때 뵌 분이다. 점심 식사시간에 머리가 하얀 누추하게 옷을 입은 할머니 한 분이 찾아오셨다. 그는 자신이 가난하지만 '인도 달리트 이야기를 들을 때 눈물이 나고 가슴이 아파서 작은 것이라도 나누어야 살 것 같다'고 하셨다. 그는 나라의 지원, 주변 사람들의 도움으로 살면서 남을 후원하는 것이 위선인 것 같기도 하고, 도움을 주시는 분들에게 덕이 되지 않을 것 같아 몇 년 동안 마음만 먹고 실천을 못 했다고 하였다. 그때 그는 자기가 비록 가난하지만 가난한 마음으로 기도하며 하나님의 말씀에 순종하기로 하였다며 3만 원을 약정해 주셨다.

수년 전에 식당에서 설거지를 하시는 분이 장학금을 보내주셨다. 자녀도 없이 식당에서 일하며 사신다는 말에 놀라서 사양하였다. 그러자 그분이 자기가 세상에서 가장 행복한 사람이라도 '예수님 때문에 살아도 부자, 죽어도 부자'라며 자신이 믿음대로 살도록 받아주시라고 간청하였다.

3년 전에도 그런 분이 전화를 걸어 주셨다. 기초생활 수급자이지만 자기 같은 사람도 남을 도울 수 있냐고 물어오셨다. 그분의 생활이 힘들다는 사실을 알았지만 그분의 간절함에 감동하여 감사한 마음으로 받았다. 그분은 그때부터 지금까지 한결같은 마음으로 후원을 하시며 자기가 세상에서 '최고 행복한 사람'이라고 하셨다.

몇 년 전에도 사업으로 파산하신 분이 지방에서 서울로 이사 나오시면서 이래도 힘들고 저래도 힘들 바에 차라리 가난한 학생을 후원하며 힘들게 살고 싶다며 장학결연을 신청해주셨다. 그분을 만류할 수가 없어서 그분이 후원하다가 그만두시면 내가 받아서 할 요량으로 연결을 시켜드렸다. 그런데 그분은 잊지 않고 있으며 가끔 보너스로 후원금을 더 보내주시기도 한다. 장학결연 덕분에 잘 살고 있다며.

　작년에 어느 분이 자기 남편이 건강이 좋지 못해서 앞당겨서 퇴직하였다며 퇴직금의 십일조를 보낸다고 연락을 주셨다. 그분의 형편이 썩 좋지 않은 것을 알기 때문에 마음만 받겠다고 말하고 정중히 사양하였다. 그러나 그분이 기도하고 결정한 것이라며 십일조가 아니라 감사헌금으로 보낸다며 송금해주셨다. 마음이 두렵고 떨렸다. 아픈 남편의 병구완도 해야 되고 결혼 적령기에 있는 자녀들 결혼도 시켜야 하는데 어떻게 감당하려고 그러시나 하면서 내 마음이 편치 않았다. 그러나 그는 그 돈이 있어도 살고 없어도 사는데 하나님과의 약속을 지키기 위한 것이니 기도해주시라고 하며 입을 막았다. 그 뒤로 실업수당에서조차도 십일조를 떼어서 보내 주셨다. 내 마음은 좌불안석인데 그는 하나님께서 들의 백합화도 입히고 하늘의 새도 먹이신다며 태평하였다. 그는 남편과 함께 지내면서 이야기를 나누게 되어 좋고 서로 이해하는 시간을 가져서 행복하다며 남편의 병이 자기에게 축복이 되었다고 하였다. 그는 작은 돈만 생겨도 헌금을 하면서 이렇게 기쁜 일을 좀 더 일찍이 알지 못한 것이 안타깝다고 하였다. 그는 두 아들에게 남겨주고 싶은 유산이 작은 나눔을 실천하는 일상생활이라고 하셨다. 그는 지금도 세상이 감당할 수 없는 마음이 가난한 사람으로 이름 없이 빛도 없이 살고 있다.

지난 6월에 어느 대학생에게 코로나 긴급구호 헌금을 부탁했더니 100
만 원을 보내 왔다. 아르바이트를 해서 모아 놓은 돈인데 자기를 위해서
쓰는 것보다 네팔과 인도의 생계가 절박한 사람들에게 보내는 것이 좋겠
다며 보내왔다. 동그라미를 헤아리며 심장이 뛰었다. 경제적으로 어려운
집안의 가난한 대학생이 어른도 큰마음 먹어야 보낼 수 있는 금액을 선
뜻 보냈기 때문이다. 바로 그 부모님께 연락해서 그 사실을 알렸더니 '자
기가 아르바이트해서 모은 돈이니 쓰는 것도 자기 결정대로 쓰는 것'이라
며 '자기 딸이지만 자신에게는 인색하면서 이웃을 돕는 일에 마음 씀씀이
가 넉넉해서 기특하다'고 하였다. 하나님께서 그 청년을 통하여 하실 일
이 있음을 보았다. 그에게 불행한 사람을 불쌍히 여기는 자비로운 마음을
주셨음에 깊은 감사를 드리며 그를 위해서 성령의 은사와 열매를 구하였
다. 그가 하나님의 평화의 도구로 일하는 것을 미리 보았다.

엊그제도 어느 권사님께서 전화를 주셨다. 코로나 때문에 제품이 팔리
지도 않고 수출 길도 막혀서 어렵다며 어차피 힘들 바에는 하나님의 일을
더 많이 해야겠다며 매월 큰 액수의 후원을 약정해 주셨다. 그분의 당찬
행동에 놀라며 비명을 질렀다. "하나님! 제가 감당할 수 없는 분입니다. 부
디 주님께서 가장 선하고 복된 길로 인도하여 주십시오!"라고. 세상이 감
당할 수 없는 사람들이 있다는 사실에 가슴이 벅차면서도 사업이 아주 망
하면 내 책임이라는 두려움이 한편에서 솟구쳤다. 나는 지금도 그분의 기
업이 하나님의 기업이라고 믿고 기도하고 있다.

엊그제 어느 분이 전화를 걸어오셨다. 코로나 재난 지원금으로 코로나 긴급구호헌금을 하시겠다는 것이다. 그는 코로나 때문에 굶주리고 고통당하는 사람들의 소식을 들을 때마다 가슴이 아프다고 하였다. 날마다 '코로나 종식'을 위해 기도한다며 '나라를 잘 만난 자기는 코로나바이러스 대유행 속에서도 잘 먹고 사는데 나라를 잘못 만난 사람들은 죄가 없어도 고통 중에 죽어가니 참으로 불공평하다'며 울먹거렸다.

울음 섞인 음성으로 코로나 대유행 이후 자기 기도가 많이 바뀌었다고 하였다. 돕고 싶고 나누고 싶은데 가난하고 병 들어서 그럴 수 없으니 탄식이 그대로 기도가 된다고 하였다.

하나님, 가난해서 죄송합니다.
하나님, 무능해서
죄송합니다.
하나님, 쓸모가 없어서 죄송합니다.
하나님, 마음뿐이어서
죄송합니다.
하나님, 못나서 죄송합니다.
하나님, 그러니까 불쌍히 여기시고 코로나 유행병이 속히 끝나게 해주십시오.

나는 그의 기도 소리를 들으면서 인도에 갓 도착해서 절망에 빠져 울부짖었던 나의 기도 소리를 들었다. "하나님, 저 여기 있습니다. 아무것도 감당할 능력이 없습니다. 주님께서 저를 불쌍히 여기시고 써주시지 않으면 저는 아무것도 하지 못합니다."

그렇게 마음 가난한 자의 기도를 바치며 살다보니 20여 년의 세월이
흘렀다.

오늘 어느 분이 놀라운 카톡 글을 보내주셨다.

"선생님~ 주님께서 말씀하셨지요. 심령이 가난한 자는 복이 있다고요.
제가 그렇습니다. 저는 늘 나눔이 고파요. 저는 가난한 사람입니다."

카톡 글이 하나님의 메시지처럼 들렸다. 마치 하나님께서 나에게 "사랑
하는 종아, 세상 여기저기에 '마음 가난한 자'가 있다. 너만 혼자 '마음 가
난한 자'가 아니다."라고 말씀하시는 것 같았다.

그는 작년 봄에 기도 중에 '사람들의 아픔을 아파하는 나의 모습을 환
상으로 보았다'며 코로나 긴급구호금을 보내주셨고 그 후로 지속적으로
마음을 보내주고 계신다.

지난 20여 년 동안 가난한 순례 길에 동행해준 '마음 가난한 사람들'이
있어 행복하였다. 하나님께서 천국의 주인인 그들의 기도를 듣고 서로 만
나도록 인도해 주심이 놀랍기 그지없다.

'마음 가난한 사람들'을 통해서 이끌어 주시는 하나님의 놀라운 역사
앞에서 나의 영혼이 춤을 춘다.

우선순위까지도

코로나 구호와 홍수, 장학금 그리고 네팔고아원 등의 일이 동시에 발등에 떨어졌다. 우선순위를 정해야 하였다. 무슨 일을 먼저 할까? 어떤 일에 더 몰입하고 더 집중해야 할까를 고민하느라 시간을 많이 보냈다. 다소 중한 일이어서 어느 한 가지에만 집중할 수가 없었다. 생각을 이리저리 굴리며 머리를 싸매고 있을 때 전화가 왔다. 서울에서 온 전화였다. 작년 말에 코로나로 파산에 직면하여 후원을 중지하게 되어 죄송하다고 인사를 한 분이었다. 또 무슨 큰 일이 났는가 싶어 귀를 쫑긋 세웠다. 그러나 전화기를 통해서 들려준 사연은 그게 아니었다. 감동이 오르르 밀려왔다. 코끝이 찡하였다. 그의 고백은 나를 향한 하나님의 위로였고 여러 사역 중에서 우선순위로 고심하는 나의 생각을 정리해주었다.

그는 작년 말에 미련 없이 살림을 다 정리하였다. 그리고 자녀들에게 자기가 후원했던 단체들의 계좌번호를 주면서 대신해 주기를 부탁하였다. 그러나 우리 비전아시아 계좌는 자녀들에게 주지 않고 하나님께 다시 후원을 할 수 있는 기회를 주라고 기도하며 가지고 계셨다. 그는 후원을 중단한 몇 개월 동안 마음이 무겁고 힘들었다고 하였다. 무엇보다도 자신의 사랑과 신앙 수준이 자기가 살기 어렵다고 고아들에게 주던 밥그릇을 도로 찾아오는 정도 밖에 되지 않는다는 사실에 서글퍼하였다. 그래서 그는 파산을 핑계대고 대충 살고자 했던 마음을 다시 다부지게 먹고 고아들을 당신의 식탁으로 다시 초청하고자 취업을 결심하였다. 많은 우여곡절 끝에 취업한 그는 첫 봉급을 타자마자 너무 기뻐서 후원금 자동이체 신청을 하려고 나에게 전화를 건 것이었다. 그분은 고아들을 사랑하는 마음이 자기를 분발하게 만들어 자기를 구원했다고 울먹였다. 앞으로는 어떤 일이 있어도 고아들과 밥을 나누는 일을 포기하지 않겠다고 하였다.

그분의 간증이 나에게 고아들에게 우선 먼저 집중하라는 하나님의 메시지로 들렸다. 모금이 되지 않는 네팔고아원 모금을 어떻게 해야 할까를 궁리하고 있을 때 친구에게서 카톡이 왔다.

친구는 지난 해 내내 직장의 일과 연구에 시달리고 있었다. 나는 내 기도가 그에게 도움이 안 된다는 미안한 마음에 연락도 제대로 하지 못하였다. 그가 어떻게 지내는지 소식도 궁금하고 선교 현장 소식도 전할 겸해서 그에게 기독교 방송국에서 만든 동영상 한 개를 보냈다. 잠시 후에 그가 카톡 답장에 '삶이 힘들었고 현재도 힘들지만 지금까지 하나님의 은혜로 살고 있다'며 '천만 원을 감사헌금으로 보내겠다'고 하였다. 눈이 번쩍 뜨였다. 눈물이 났다. 하나님의 감동하심이 강렬하게 느껴졌다.

18년부터 기도를 시작하여 2021년 정초에 네팔 고아원 건축 계획을 세웠다. 건축비 예산 8천5백만 원 중에 4천 5백만 원은 희년교회와 최 장로님을 통하여 모금이 되었다. 그러나 나머지 4천만 원은 모금의 길이 보이지 않았다. 고아의 아버지인 하나님께서 어떻게 하시겠지 하는 막연한 마음으로 그냥 엎드려 있었다. 그러나 코로나 상황에서 아무리 고아원 건축이라 할지라도 외국에 건물을 세우는 일이어서 지인들에게 말을 꺼내기가 어려웠다. 그런데 친구가 그런 내 마음을 아는 것처럼 '필요한 곳에 쓰라'고 하니 성령님의 감동감화하심이 분명하였다.

나는 신이 나서 재빨리 〈고아원 건축 안내문〉이 실린 소식지를 친구에게 보내고 후원금을 '고아원 건축비로 사용하겠다.'고 전하였다. 그러자는 그는 한술 더 떠서 내가 보낸 〈고아원 건축 안내문〉을 자기 지인들에게 보내 도움을 요청하겠다고 하였다.

친구는 내가 멍하고 엎드려 있을 때 절묘한 타이밍에 나타나서 나를 무력감과 스트레스에서 구해주었다. 그는 미국 경제 위기로 한국 경제가 흔들려서 원화의 가치가 대대적으로 하락 했을 때 환율 변동으로 사라진 차액을 메꿀 수 있도록 지원해주었다. 책을 출판할 때도 도움을 주었다. 그는 언제나 적절한 타이밍에 후원금을 보내주었다.

몇 사람의 전화와 카톡으로 고아와의 자매결연, 고아원 건축비 후원금으로 나를 격려하신 하나님께서 또 다른 카톡을 통하여 나를 격려하시며 인도와 네팔의 국경을 육로로 넘으면서 마음에 다짐하였던 결심을 상기시켜 주었다.

오래 전에 섬겼던 교회의 권사님이 문자 메시지를 보내 오셨다.

당시 가정주부였던 그가 최근 들어 매달 과분하게 후원금을 보내주었다. 감사하면서도 한편으로 걱정이 되었다. 경험에 의하면 큰 후원금은 후원자가 곤란을 겪으면 바로 취소가 되었다. 그러나 한 달에 만 원짜리 후원금은 아무리 힘들어도 대부분의 사람들이 중단하지 않았다. 그래서 오만 원이나 십만 원 후원이 오면 감사하면서도 오래가지 않을 것이라는 생각을 하며 금액을 낮추라고 권하기도 하였다. 나는 그의 이름을 확인하고 고마운 마음과 염려하는 마음으로 전화를 걸었다. 전화 연결이 되지 않았는데 그로부터 문자 메시지가 왔다.

그의 메시지를 읽는 순간 가슴이 따스해졌다. 그의 메시지에는 어머니의 사랑과 축복이 넘치고 있었다.

내가 아는 그는 평범한 가정주부였다. 그런데 어느 날 친구의 권유를 받고 장애인 활동지원사 자격증을 따고 장애인 활동지원사로 일하게 되었다. 그는 장애인 활동지원사로 일하며 받는 수고비를 의미있고 보람있게 쓰고 싶어 기도하는 중에 내가 떠올라 수소문하였다고 하였다. 그리하여 그는 나에게 알리지도 않고 십일조와 같은 후원금을 몇 년째 계속 보내왔다. 그의 문자 메시지에 적힌 말이 내 심금을 울렸다.

> "… 이런 연유로 제가 주부의 자리에서 일어나 장애인 활동 지원사로 일하게 되었습니다. 저희 교회에 계실 때 가난하고 어려운 사람들을 힘써 돌보았던 목사님을 응원합니다. 목사님, 존경하고 사랑합니다. 제가 장애인 활동지원사로 서비스를 하는 한 목사님을 계속 힘껏 후원하겠습니다."

부족한 종을 과대평가하며 신뢰해주는 귀한 후원자님들이 너무 고맙다. 그들이 하나님 중심으로, 은혜로, 사랑으로, 진리와 의미로, 타인을 위한 존재로 살면서 나누어 주는 정성과 기도로 나를 십자가의 길로 가도록 응원한다. 때로는 그들의 말 한마디와 문자 메시지가 사역의 우선순위까지도 결정해 준다. 하나님은 그들을 통하여 나를 사랑의 포로로 만들고 그분들이 주는 사랑의 빚으로 살게 하신다.

　오늘 하루, 세 사람을 통해서 받은 사랑과 신뢰, 우선순위에 대한 결정 등으로 나는 어린 아이처럼 하나님 앞에서 춤추고 노래하였다. 하나님께서 나에게 맡겨주신 모든 현장에서 하나님의 뜻이 이루어지길 빈다. 세상의 모든 고아들이 존귀하게 여김을 받으며 과부들이 존중받으며 난민들이 집을 짓고 가난한 자들이 주님의 식탁에서 함께 먹고 마시며 찬양과 경배를 드리는 세상을 기원한다.

3장

칼만 안 든 강도로 살기

칼만 안 든 강도로 살기

고향 후배가 나를 '칼만 안 든 강도'라고 불렀다. 후배의 말에 의하면 나는 칼을 들지 않았지만 만나는 사람들을 꼼짝 못하게 만들어 주머니에 있는 것을 다 털어 놓게 만든다고 하였다. 굳이 후원금에 대하여 말하지 않아도, 후원금 강요를 하지 않아도 사람들이 자진해서 후원금을 내게 만 들 뿐만 아니라 후원금을 내면서도 많이 내지 못해서 죄송하고 미안한 마 음까지 품게 만든다고 하였다. 그는 가끔 나에게 "칼만 안 든 강도"의 포 스와 비결이 있다고 장난삼아 말하곤 하였다.

어쨌든 '칼만 안 든 강도'로 산 세월이 어느덧 4반세기를 넘었다.
그동안 개인의 생활비와 현장의 모든 필요와 활동비를 후원금으로 감 당하였다.
나는 한 교회나, 단체가 전적인 지원을 해주는 것도 아니고 교단 총회 나 노회가 책임을 져주는 것도 아니고 집안의 부모형제자매들이 많은 후 원을 해주는 것도 아닌 데도 불구하고 25년째 모금으로 활동하고 있는 기 적의 행보를 하고 있다. 특별히 나 자신의 개인 후원회가 있어서 누군가 전적으로 후원을 책임지고 관리하고 있는 것도 아닌데 용케도 25년을 잘 살아왔다.

현장에서 일하면서 모금도 하고, 모금하면서 사역을 병행하는 나 자신의 생활이 참으로 놀라웠다. 일은 외국에서 하고 모금은 한국에서 해야 하는 희극적이고 비극적인 현실에 가끔 넋두리를 하면서 매사에 하나님의 개입과 도움을 열망하며 사모하였다. 정말로 하나님은 지금까지 단 한 번도 나와의 약속을 어긴 적이 없으셨다. 나보다 앞서 준비하고 앞서 예비하시는 하나님의 '여호와 이레'를 날마다 뜨거운 심장으로 찬양하며 은혜에 사로잡혀 살았다.

　"나의 잔이 넘치나이다!" 라고 노래하는 그대로 나의 잔은 항상 차고 넘쳤다. 심지어는 인도에서 비자 문제로 나와 한국과 아프리카, 중국을 어렵사리 떠돌아다니는 때조차도 나의 잔이 넘쳤다. 코로나로 록다운이 되어 온 세상이 더 어려운 상황에 직면하였어도 나의 잔이 넘쳤다. 기도하며 떠오르는 생각대로 아뢰면 하나님께서 아뢴 대로 응답해 주셔서 나 자신도 놀랄 때가 참으로 많았다.

　며칠 전에 인도현장에 다녀갔던 30대 친구가 "당시 선교사님은 우리 모두에게 선망의 대상이었습니다."라고 회상하였다. 그는 나의 '몰입과 진정성' 때문에 일단 현장을 방문하여 동행한 사람들은 나를 우선적으로 배려하며 후원하게 된다고 하였다. '몰입과 진정성'이라는 말에 가슴이 떨렸다.

　나는 선교지로 출발하는 당시 후원회를 만들거나 후원자를 모집할 생각도 하지 못하였고 통장을 하나 딸랑 만들어 소속노회 해외 선교부 총무에게 드리며 혹시 후원금이 들어오면 개인통장으로 송금 좀 해주라고 부탁하고 떠나왔다.

현장에 나와 보니 대부분의 선교사들이 3대나 4대째 신앙인이었고 부모형제자매, 일가친척 등이 다 목회자, 장로, 권사들이었다. 그리고 개 교회나 노회 또는 선교회와 교단의 전적인 후원을 받고 있었다. 또한 인도에 오기 전에 영국과 캐나다, 미국과 호주 등지에서 어학연수를 하여서 영어도 잘하고 학력도 최소한 대학원 졸업이었다. 그런데 나는 그들에 비해 처져도 너무 처졌다. 신앙의 가문도 아니고 학력도 별 볼 일 없고 후원도 없고 어학능력도 갖추지 못하였고 특별한 재주나 재능도 없어 나 자신이 너무 초라하게 보였다. 아뿔싸! 잘못 나왔구나 하는 생각이 전신을 지배하였고 무능과 무기력에 시달리며 미련한 선택을 한 자신에 대한 분노와 상심에 사로잡혔다. 그대로 돌아가고 싶었지만 체면과 자존심 때문에 그냥 돌아갈 수는 없었다. 당시 나의 기도는 무능해서 죄송합니다. 쓸모없어서 죄송합니다. 무지해서 죄송합니다. 가난해서 죄송합니다. 못나서 죄송합니다가 다였다. 기도하려고 무릎을 꿇으면 저절로 눈물이 솟았다. 하염없이 울며 '주님 저에게 함께하신다는 사인을 주십시오.'라고 간구하였을 때 하나님께서 꿈으로 길을 보여주셨다. 하나님께서 써주신다는 믿음으로 용기를 내서 어학 공부에 올인하였다. 미친 듯이 공부를 하였다. 그리고 틈틈이 고아원에 가서 아이들과 놀았다. 힌디공부와 기도, 고아원 방문에만 몰입하였다.

많은 우여곡절을 겪으며 남인도로 내려가서도 영어공부와 현장 방문에만 주력하였다. 선교 아닌 일체 다른 것에 대하여는 죽었고 선교에 대해서만 살았다. 후원도, 기도도, 어학능력도, 재주와 재능도 부족한 나는 서양인들 앞에서 주눅이 들었고 심지어는 영어가 유창한 인도인들 앞에서도 기가 죽었다. 내가 할 수 있는 것은 몰입과 반복 그리고 현장에서 만

나는 사람들을 위한 기도와 뜨거운 관심과 존중 밖에 없었다.

'몰입과 진정성'으로 데칸고원을 순회하며 돌고 또 도는 사이에 하나님께서 달리트 형제자매들을 위하여 참으로 많은 일을 행하셨다. 나는 하나님의 행하심에 감격하여 고원의 황량함과 쨍쨍 내려쬐는 태양볕도 의식하지 못하고 지냈다.

그런 와중에 제로 상태에서 믿음으로 건축을 기획하고 고향 후배에게 "1000만 원 할래? 500만 원 할래? 몇 천만 원 할래?" 하였더니 그때부터 그가 나에게 '칼만 안 든 강도'라고 불렀다.

진짜 4반세기 동안 '칼만 안 든 강도'로 살았다. 그러나 세상에는 '칼만 안 든 강도'에게 계속 강탈당할 사람이 아무도 없다. 한두 번은 인정상 강탈당할 수 있어도 의미가 없다고 생각하면 결코 계속 강탈당하지 않는다.

'칼만 안 든 강도'로 사는 나 나름의 원칙이 있다. 하나님께서 내게 주신의 은혜의 원칙이다.

첫째 하나님의 일을 한다는 원칙이다.

하나님이 선교의 주인이라는 대원칙이다. 실행도, 기획도, 모금도, 나눔과 섬김도, 결과도 하나님께서 주관하시므로 나는 종, 협력자로서 일하는 것이다. 하나님께 뜻을 묻고 방법을 찾으며 인내하여 응답을 기다린다. 종은 철저하게 주인의 뜻대로 주인의 일터에서 주인이 주는 것으로 주인이 계획한 일만 하는 것이 사명이다.

내가 잘하고 내가 하고 싶은 일, 세상이 좋아하는 일을 하는 것이 아니다. 이름 내기 좋고 낯 내기 좋은 일이 아니라 사람들이 열망하고 원하는 일이 아니라 하나님께서 인도하시는 일, 명하시는 일만 하는 원칙이다. 그리고 모든 영광을 주인이신 하나님께 돌린다. 참으로 다행스럽게 나는 무능하고 재주가 없어서 내 생각대로 하고 싶은 일이 별로 없었다. 그래서 지금까지 내 일이 아닌 하나님께서 주시는 일만 열심히 하여 실패가 거의 없었다.

둘째는 후원자들과 함께 일한다는 것이다.

나는 모든 개인, 교회, 단체, 기업 후원자들의 기도와 정성을 받아 나누고 섬겼다. 나는 혼자 일하지 않고 후원자들과 함께 일하였다. 언제나 하나님의 뜻을 받들어 후원자들의 꿈과 기도와 소망을 한데 모은다. 그들은 빛나고 영롱한 하나님의 보배들이다. 나는 그 보배구슬을 꿰어서 함께 하나님의 일을 하도록 불리움을 받았다. 구슬을 꿰는 끈은 진주알을 꿰기 위해 있는 것이지 진주알과 교제하며 놀거나 군림하라고 있는 것이 아니다. 하나님의 종은 구슬을 꿰는 자로서 후원자들의 기도와 물질이 하나님의 사랑으로 현장에 잘 전달되도록 중간자로서 역할과 사명을 수행해야 한다. 구슬을 꿰어서 모든 후원자들과 함께 하나님의 뜻을 받들며 복음이 필요한 현장으로 내려간다. 그리고 사역의 결과에 대하여 보고하며 마땅히 감사와 명예를 하나님과 후원자들에게 돌려야 한다.

가시적으로는 나 혼자 데칸고원 오지를 다녔어도 히말라야 산중을 순회하였어도 나는 영적으로 나의 모든 후원자들과 동행하였다. 뿐만 아니라 나를 맞이해 주는 현장 사람들과도 동역하였다. 나는 결코 혼자 일하지 않고 먼저 구원받은 자, 그리고 앞으로 구원 받을 자들, 하나님의 자녀들과 함께 일하였다. 그들이 나를 써주는 것이고 나를 대표로 세워주고 나를 미디어로 삼아주었기에 나의 4반세기 섬김이 가능하였다.

셋째는 나 자신의 생활에 인색한 것이다.

나는 처음부터 자신의 의식주 생활에 엄격한 절제와 절약을 요구하였고 지금까지 하나님의 은혜로 그런대로 근검절약하며 소박한 삶을 자유롭고 즐겁게 잘 살았다.

하나님의 종으로, 후원자들의 대표로서 낮은 자리에서 소박하게 사는 것이 '칼만 안 든 강도'인 내가 받은 축복이므로 이 축복을 버리지 않을 것이다. 인생 끝날까지 나 자신에게 쩨쩨하고 인색하게 굴 것이다. 고급 소비는 소금물을 들이키는 것과 같아서 자신에게만 집중하게 만든다. 이미 은혜로 사는 자는 자기가 아닌 타인을 위해 자기의 모든 것을 내려놓음으로 하늘나라를 산다.

그러나 문제는 사람들이 내가 가난하고 소박하게 살도록 나를 버려두지 않는 것이다. 음식과 옷, 화장품과 의약품들과 건강식품들을 계속해 보내준다. 나를 불쌍히 여기는 교우들과 친구들, 형제들이 나를 아낌없이 돌봐주며 먹여주고 입혀주어 한국에서 머무는 동안 오히려 나의 살림이 풍성해졌다. 내가 나 자신을 챙기지 않으니 하나님께서 친구들과 이웃들, 후원자들을 통해서 먹여주시고 입혀주시는 은혜를 날마다 체험한다.

넷째는 이웃에게는 넉넉하고 풍성한 원칙이다.

지금까지 자신에게는 인색하여도 이웃에게는 넉넉하고 여유 있게 대하며 살았다. 이웃들에게 특별히 어려움에 처한 자들에게 선물도, 대접도, 예우도 최선의 성의를 다하였다. 나는 굶더라도 가난한 이웃의 굶주림을 외면하지 않았다. 사람들의 애경사에 따스한 관심을 가지고 축하하거나 애도를 표하였다. 이해타산하지 않고 인생 살면서 만난 인연을 기뻐하며 작은 물질이라도 나누며 사랑을 표현하였다. 더 몰입한 것은 선교 현장의 가난하고 외롭고 병약한 형제자매들이다. 하나님께서 그들을 위하여 나를 협력자로 불러 대신 사랑의 수고를 하라고 위탁하였다는 사실을 잊은 적이 없다.

모든 물질이나 시간은 하나님의 것이므로 하나님의 자녀들을 위해 사용하는 일에 인색하지 말아야 한다. 하나님의 것을 하나님의 자녀들을 위해 사용하는 것은 하나님의 뜻이므로 마음이 인색해질 때, 마음속으로 계산이 될 때는 재빨리 자신의 영적 상태를 체크해야 할 것이다.

가난한 이웃에게 넉넉한 것은 하나님께서 기뻐하시는 '거룩한 낭비'요, 하나님을 대접하는 일이다. 남은 생애에 가난한 자, 고아와 과부들에게 더욱 겸허히 넉넉해지기로 한다.

할렐루야!

'칼만 안 든 강도'로 살면서 하나님의 은혜로 네 가지 원칙과 신념을 잘 지켜왔다. 이외에도 기도와 물질 후원자들에 대한 개별적인 감사와 그분들을 위한 기도 그리고 후원금 수입과 지출에 대한 투명한 검증이 있었다.

모금이 힘들다는 생각에 떼돈을 벌 수 있는 사업을 해보려는 구상도 많이 하였다. 주변의 권고로 사업의 기회가 왔는데 놓쳐서 못하게 된 일이 있어서 당시에는 가슴을 쳤다. 그러나 지금 생각하면 사업을 하지 못하고 안한 것이 하나님의 은혜였다. 지금 동으로 서로 하나님의 인도하심을 따라 다니며 하나님께서 예비하신 분들을 만날 때 엔돌핀이 나오고 다이돌

핀이 퐁퐁 솟아나온다. 가난하므로 하나님 전에 엎드려 하나님께서 하시는 일을 보며 하나님과 동행하는 기쁨으로 사는 것이 바로 천국의 삶이 아니겠는가!

'칼만 안 든 강도'로 살도록 초청해주신 하나님을 찬양하며 나를 간파하고 별명을 지어준 후배에게 감사한다.

아무것도 아닌 자들의 소리

모처럼 받은 문자 메시지가 나를 흔들었다.

"사순절 금식헌금 보낼 데를 생각하고 있었는데 연결되어서 고마워요.
건강하셔서 아무것도 아닌 자들의 힘이 되어 주세요."

그분은 《아무것도 아닌 자의 죽음》이라는 책을 읽고 마음이 아팠다며 금식헌금을 정성껏 보내주셨다. 뜨거운 눈물이 솟았다. 정초 들어 코로나를 핑계대고 아시아 여러 나라에서 들려오는 아무것도 아닌 자들의 소리에 귀 막으며 도리질 치고 있었기 때문이다.

세상은 소리로 가득 차 있지만 '아무것도 아닌 자'의 소리는 들리지 않는다. 그들은 아무도 자신들의 소리에 귀를 기울여 주지 않는다는 사실을 알기에 감히 입을 열지 않는다. 그들은 소리를 가슴에 품고 가만히 운다. 그들의 애처로운 눈물이 하나님의 마음을 적신다. 그들은 표정과 침묵으로 말한다. 때로는 수줍은 글로 표현하기도 한다.

고아들, 과부들, 가난한 자들의 소리가 그러하다. 장애우들, 이주민 노동자들, 버림받은 사람들의 소리가 그러하다. 부모님과 따로 떨어져 사는 아이들, 학대받는 아이들, 영양실조에 걸린 아이들, 불치병에 걸린 아이들이 그러하다.

　세상을 떠돌면서 소리 없는 소리를 들으며 많이 아파하였다. 그러나 코로나로 발목이 잡혀 한국의 동굴에 갇혀 지내면서는 소리 없는 소리를 제대로 듣지 못하였다. 밤낮으로 아우성치는 소리가 너무 크고 많아서 소리 없는 소리를 들으려고 하는 일이 때로는 너무 벅찼고 때로는 자신의 의를 앞세우는 위선이라는 느낌에 부대끼기도 하였다. 그래도 내가 받은 은사요, 소명이라고 자신을 격려하며 촉각을 높이 세우고 마음의 귀를 열었다.
　작년에 지인에게 받은 시조집에서 조선족 아동들의 시조를 읽으며 울었다. 부모님을 그리워하는 아이들의 목마름, 외로움, 서글픔을 어이할 것인가!

　　울 엄마 돈 때문에
　　한국으로 떠나셨다

　　너무도 보고 싶어
　　밤마다 꿈을 꾼다

　　언제면
　　돌아오실가
　　마중 가는 꿈도 꿨다

소학교 2학년 어린 소년의 소리 없는 그리움에 목 놓아 울었다.

　마당엔 하얀 배꽃
　활짝 피어 반겨주네

　한국 간 아빠엄마
　꽃피면 온다더니

　배꽃은
　피여 웃는데
　왜 아직도 안 오실가

소학교 6학년 소녀의 외로움이 가슴을 후볐다.

　무릇 아이들은 스스로 자기의 심신을 돌볼 수 있게 될 때까지 사랑하는 부모님과 함께 살아야 한다. 그러나 전쟁 때문에. 가난과 질병 때문에, 헤어져 사는 불행이 세상에는 많다.

　한국의 부가 성장기에 있는 다른 나라 아동들에게, 특별히 조선족 아동들에게 이별의 아픔, 사랑 고픔, 외로운 상처가 된다는 것을 아이들의 글을 읽기 전에는 알지 못하였다. 부모님이 한국으로 일을 떠난 아동들을 맡아서 돌보고 있는 분이 말하였다.

　"제가 돌보기는 하지만 부모님의 사랑은 채워주지 못합니다. 떨어져 사는 기간만큼 아이들이 상처받고 병들고 있다는 사실을 부모님들이 알았으면 좋겠어요. 돌봄이 필요한 어린 시절은 훌쩍 지나갑니다. 돌보아야 할 때 돌보지 못하고 지나간 후에 후회하고 애달파 해도 소용이 없어요."

세상은 돈이 중요하기 때문에 사랑 고파 밤새워 훌쩍이는 아이들의 울음소리를 흘려버린다. 돈에 중독된 세상은 아이들의 신음소리를 귀담아 듣지 않고 돈이면 외로움도, 상처도 다 고칠 것이라고 믿는다. 돈이면 행복해질 것이라고 믿는다.

몇 년 전 신장염을 치료해준 바라뜨에게서 재발의 소식이 왔다. 깡마른 몸이 터지기 일보직전의 고무풍선처럼 부어 있었다. 데리고 가서 치료를 하면 될 것인데 날 더러 어떻게 하라고 사진을 찍어 보낸단 말인가! 공부방의 선생님들과 부모님들이 야속하게 생각되어서 꾸짖고 싶었다. 흥분을 가라앉히고 자초지종을 알아보았다.

바라뜨 부친이 입원하여 수술을 받았고 한 달 동안 병원에서 지내는 사이에 바라뜨가 집에 방치되어서 식사도 제대로 하지 못하고 약도 먹지 못하여 병이 재발되었다고 하였다. 공부방 선생님이 바라뜨를 불쌍히 여겨서 병원에 데리고 다녔는데 돈이 없어서 더 이상 데리고 다닐 수가 없다는 것이었다. 운명적인 빈곤 속에 아이를 방치한 부모님! 돌보아 주고 싶어도 더 이상 돌봐줄 수 없는 선생님의 마음, 그 소리 없는 소리가 태풍이 되어서 나를 강타하였다. 공부방 선생님께 부모의 마음으로 아이를 돌봐주라고 정중하게 부탁을 하였다. 그리고 며칠 후에 좋아진 아이의 사진을 받았다. 마음은 기쁘지만 벌써 세 번째 재발된 것이므로 근본적인 치료책을 찾아 보라고 연락을 하였다.

얼마나 많은 아이들이 운명적인 빈곤으로 굶주리며 아파서 죽어가고 있는가! 세상은 왜 굶주리는 소리, 목마른 소리, 아픈 소리를 듣지 못하는가!

나는 고아원의 아이들이 배고프다, 춥다, 아프다는 이야기를 들으면 눈물이 앞을 가린다.

이 코로나 시절에 네팔 고아원이 새집을 찾아 이사간 지 몇 달이 안 되었는데 주인에게 나가라는 말을 들었다며 원장님께서 긴 사연의 편지를 보내오셨다. 고아들에게는 집을 주려는 사람이 없어서 구하기도 어렵지만 학교 문제 등이 있어서 이사 가는 것도 쉽지 않은데 반년도 살기도 전에 집을 비우라고 한다니 아이들이 겪을 고통과 서러움에 마음이 아팠다. 고아인 것도 아픈데 고아라고 멸시와 천대를 받는 것이 얼마나 억울한가!

코로나로 말미암아 집값이 올랐고 전세비도 덩달아 올라서 집세를 올려야겠다는 주인의 생각을 아무리 비난해도 소용이 없고 해서 고아원 건물을 건축하기로 마음을 굳게 먹었다. 그러나 건축을 시작하려니 모금에 대한 걱정이 앞섰다. 코로나 상황에서 모두들 긴축재정을 하고 있는데 고아원 건축에 관심을 가질 분이 있겠는가? 그러나 하나님께서 고아의 아버지시니 시작하면 일이 되어질 것으로 믿고 시작하자며 소식지에 기도 제목을 올렸다.

여호와 이레!

놀랍게도 어느 장로님께서 고아들의 소리를 들으시고 헌금을 해주셨다. 용기를 내서 네팔 고아원에 연락을 하여 건축비를 계산해보니 1억에 가까운 돈이었다. 1억 원을 모금할 자신이 없었으나 그렇다고 고아들이 해마다 이사 다니는 설움을 겪게 하고 싶지는 않았다. 하나님께서 장로님과 나에게 감동을 주신 것은 아이들의 소리 없는 소리, 눈물의 기도에 응답하셨기 때문이 분명하므로 더 간절히 기도하며 또 다시 소식지에 고아원 건축 계획과 예산을 써서 올렸다.

놀랍게도 아이들의 소리를 들으신 분들과 전주의 교회가 연락을 주셨고 마지막으로 대구에 있는 교회에서 연락이 와서 1억에 가까운 건축비가 채워졌다.

재미있고 신나고 명랑한 큰 소리라야 주목을 끄는 세상에서 고아들의 가슴 속에 맺힌 슬픈 소리를 듣는 분들이 계시다는 사실에 감격하였다. 그리고 코로나로 어려움을 겪고 있는 중에 고아들에게 관심을 표명하는 성숙한 교회들이 있다는 사실에 가슴이 벅찼다.

고아원 건축은 이미 시작되었다. 내년 1월이면 완공되어서 입주할 터이다. 그러면 우리 아이들이 주인 눈치 볼 걱정을 하지 않아도 되고 이사에 신경을 쓰지 않아도 된다. 생각만 해도 기쁘다. 아이들은 아이들답게 천진난만하고 개구지고 터지고 싸우며 금방 다시 함께 놀며 자라야 한다. 고아들의 신음 소리를 들어주시는 하나님과 사람들이 있어 세상이 아름답다.

며칠 전에 기도를 부탁하는 가슴 아린 카톡 편지가 뉴델리에서 왔다.

"오늘은 900명의 사람들이 죽었습니다. 코로나가 인도에서 다시 기승을 부리고 있습니다. 굶주린 사람들, 눈 먼 사람들, 에이즈 환자들이 도움을 호소하고 있습니다. 저희는 굶주리는 사람들을 위해 거리 배식을 시작하려고 기도하고 있습니다. 우리가 불가능한 상황에서 애통하는 마음과 자비로운 마음으로 거리 배식을 할 수 있도록 기도해주십시오."

연이어 카톡 편지가 날라 왔다.

"부디 기도를 더 많이 해주십시오. 델리는 거리가 폐쇄되었고 우리 고아원의 상황은 더욱 나빠졌습니다. 아이들이 코로나와 비슷한 증세로 열감기와 독감으로 고통을 겪고 있습니다. 우리는 장차 일이 어떻게 될지 불안하고 두렵습니다. 부디 기도해주십시오."

때로는 아무것도 아닌 자들의 소리를 듣는 것이 고문처럼 느껴진다.
신음소리에 반응할 능력이 없을 때는 신음소리에 압도당하여 피곤해지고 우울증에 빠지고 절망에 이르기도 한다. 그러나 아파서 우는 한 아이만 집중해서 바라보면 다시 용기를 내게 된다. 그리고 손을 뻗다보면 그 손이 하나님의 손으로 바뀌는 것을 보게 된다.
지금도 코로나 공포 속에서 아무 것도 아닌 자들이 외로움에 떨며 굶주리며 목말라 죽어가고 있다. 한 아이에게만 사랑의 손길, 사랑의 밥을 주면 문제는 해결 된다. 그러나 대부분의 사람들이 수천수만의 사람들을 동시에 떠올리며 가난은 나라도 구제하지 못한다고 생각하며 모두들 자신과 자신의 가족만 챙기느라 저들의 소리 없는 죽음을 외면하고 있다. 한끼 식사와 한 컵의 물, 담요 한 장이면 살릴 수 있는데 미리 불안과 불가능하다는 생각에 빠진 사람들이 마음을 닫고 눈을 감고 있다.

소리 없는 소리를 듣는 자들이여!

아무것도 아닌 자들의 신음 소리를 듣는 자들이여!

하나님의 신음소리를 듣는 자들이여!

부디 응답하여 주소서.

타인을 위한 존재

팔구년 전에 인도 우리 현장에 다녀간 한 형제가 있었다.

그는 사십 대 중반 정도로 보였고 키가 크고 호리호리하였으며 워낙에 말이 없고 조용하여 눈에 잘 띄지 않는 그런 사람이었다.

당시 우리는 방문자들과 함께 주로 나무심기를 하였다. 코코넛 나무를 심었는데 코코넛은 아무리 어린 묘목이라 할지라도 한 개, 한 개가 다 커다란 진흙덩이에 싸여있기 때문에 몹시 무거웠다. 농장에서 묘목을 구입하여 트럭에 싣는 것, 나무를 심을 곳까지 가지고 가서 내려놓는 일, 다시 나무를 심을 집으로 옮기는 것 그리고 구덩이를 파서 심는 모든 과정이 쉽지 않았다. 그 중에 가장 힘든 것이 구덩이를 파는 일인데 흙이 바위처럼 단단하거나, 땅 속에 큰 바위가 있거나 잡석이 쌓여 있으면 한 구덩이를 파는데 반시간이 넘게 걸려서 우리의 인내력이 바닥이 나곤하였다. 코코넛 나무 구덩이를 파는 것은 사람들의 머리통만한 알뿌리의 3배 이상을 파주어야 되므로 삽자루를 쥐어본 적이 없는 도시인들에게는 고역이었다. 무엇보다 30도를 훌쩍 넘는 더위 속에서 목장갑을 끼고 삽질을 하다보면 찜질방에 있는 것처럼 땀이 주르르 흘려서 탈수현상이 나타나기도 하고 때로는 흔한 일은 아니었지만 일사병에 노출되는 현상이 나타나

도중에 나무심기를 중단하는 사태가 발생하기도 하였다.

그러나 나무심기에 참여한 모든 사람들이 받는 거룩한 흔적이 있었다. 하루 종일 삽질한 사람들이 받는 거룩한 흔적은 손바닥에 물집이 잡히는 것이었다. 상처가 빨리 아물도록 물집을 터뜨리고 소독약을 바르고 밴드를 붙이지만 손바닥이 정상으로 돌아오려면 3, 4일이 걸린다. 그런데도 나무를 심으러 시골 마을에 들어가면 손이 아픈 것을 핑계 삼아 쉬려는 사람은 아무도 없었다. 삽질을 하면 손바닥이 쓰리고 따가운 데도 인도에 '피서 온 것이 아니라'며 열심히 삽질들을 하셨다. 걱정이 되어 쉬라고 권하면 대부분의 사람들이 이렇게들 대답을 하였다.

"저에게 언제 또 이해타산 없이 일할 기회가 주어지겠습니까? 정말 신명이 납니다. 앞으로 이렇게 살아야겠다는 생각을 하고 있습니다."

"수입 생각하지 않고 일하는 것이 이렇게 행복한 것인 줄 몰랐습니다. 엔돌핀이 절로 나옵니다. 이런 체험을 할 수 있는 장을 만들어주신 선교사님께 깊은 감사를 드립니다."

"예수님의 피 값의 의미를 깨달았습니다. 이렇게 나무를 심으며 땀을 흘리니 이 땅의 사람들이 더욱 귀하게 보입니다. 돌아가면 더욱 더 간절하게 기도할 것 같습니다."

삽질하는 사람들 대부분이 성령 충만하였다. 아무도 고되다고 원망하거나 불평하지 않았고 땀을 주룩주룩 쏟으며 서로 서로 격려하며 나무를 심었다. 그리고 한국으로 돌아가기 전에 사심 없는 마음과 행동이 주는 평화와 행복에 대한 이야기를 주고받았다.

나는 사람들의 땀에 젖은 빛난 얼굴에서 사람은 '타인을 위한 존재'로 지음 받았다는 사실을 확인하곤 하였다. 예수님께서 "네 이웃을 네 몸처럼 사랑하라"고 하신 말씀이 도덕적 계명이나 율법이 아니라는 사실이다. 인간은 처음부터 '타인을 위한 존재'로 지음 받았기 때문에 아무런 계산 없이 이웃의 행복과 복지를 위해 수고하며 땀을 흘릴 때 가장 사람답게 살게 되며 그로 말미암아 세상 모두가 함께 지복을 누리게 된다는 것이다.

80억 인류가 서로 '타인을 위해 존재'로 살아가는 세상이 바로 하나님 나라요, 팔복이 완성되는 곳이요, 주기도문이 응답되는 곳이요, 임마누엘 축복 현장이다.

대부분의 사람들이 추악한 탐욕과 사악한 권력욕이 빚어내는 전쟁과 빈곤의 그림자가 지구촌을 덮기 때문에 인간의 탐욕과 이기심에 대하여 절망한다. 나 또한 때로는 강대국과 힘센 자들의 불의와 횡포에 대하여 절망하지만 그럼에도 불구하고 세상에는 '타인을 위한 존재'로 사는 하나님의 사람들, 그리스도의 제자로 사는 사랑의 사람들이 더 많음을 알기에 절망에 짓눌리지는 않는다.

나는 지난 25년 동안 해외에서 떠돌이를 하며 '타인을 위한 존재들'이 주는 사랑의 빚으로 살았다. 그럼에도 지난 4월과 5월에 있었던 인도와 네팔의 코로나 대유행에 절망하였다. 그때 나를 강력하게 붙잡아 준 사람들이 바로 '타인을 위한 존재들'이었다.

코로나 와중에 "홍수 전에 노아가 방주에 들어가던 날까지 사람들이 먹고 마시며 장가들고 시집가고 있으면서 홍수가 나서 그들을 멸하기까지 깨닫지 못하였으니"라는 말씀을 묵상하며 세상 나라들의 온갖 정책과 변함없는 탐욕과 권력욕에 기가 막혀 허무와 절망에 빠져있는 나에게 '타인을 위한 존재들'이 소리쳤다.

세상의 소리에 미혹당하지 말라고!
울부짖으며 기도하라고!
일어나라고!
나누라고!
섬기라고!
함께 살아야 한다고!
함께 사는 길을 만들어 가라고!
하나님께서 하시는 일에 도구로 쓰임을 받는 것이라고!

코로나로 앞날을 가늠할 수 없는 불확실한 상황 속에서 수많은 후원의 손길들이 답지하였다. 그리고 많은 응원하는 글들이 함께 왔다. 어떤 분들은 헌금이 어떤 돈인지를 밝혀주어 나의 눈물샘을 한없이 자극하였다. 단돈 1원도 성령의 감동 감화함이 없이 올 수 없다는 사실을 알기에 나는 모든 헌금 앞에서 옷깃을 여민다. 나는 모든 후원금을 헌금 이전에 '타인을 위한 존재'로 살고자 하는 그분들의 마음과 삶으로 받는다. 사람들의 마음을 받으니 '타인을 위한 존재'로 살고자 하는 분들이 더욱 많다는 생각에 절로 신명이 나고 감동으로 전율하게 된다.

며칠 전에 특별한 헌금이 들어왔다.

어느 부부가 인도에 다녀온 뒤, 인도 달리트를 위해 무언가 하고 싶어서 몇 년 동안 먹지 않고 쓰지 않고 모은 돈이 온 것이다. 부부가 돈을 모은 처음 의도는 시골교회 건물을 짓는 것이었다. 그러나 어느 정도 돈이 만들어져서 헌금을 하려는 시점에 코로나가 창궐하게 되었고 그로인하여 고민하며 기도하는 중에 그들은 교회 건축도 좋지만 코로나로 죽어가는 사람들을 살리는 것이 '그리스도의 도'라는 사실을 깨달았다고 하였다.

그는 '그리스도의 도!'를 깨닫고 그 도(道)를 따라서 아낌없이 긴급구호금으로 헌금하였다.

그는 그때 묵묵히 코코넛 나무를 심으며 "이해타산 없이 일하는 것이 행복하다."고 말하였던 너무 조용하여 눈에 띄지 않는 바로 그 사람이었다. 그 사람이 몽둥이가 되어서 나를 쳤다. 가끔 세상 언론에 미혹당하여 절망하며 표류하는 나에게 그는 '타인을 위한 존재'의 산 표본이 되었다.

세상이야 어쨌든 나는 끝까지 '타인을 위한 존재'들과 함께 '타인을 위한 존재'로 살기로 깊은 다짐을 한다.

때때로 하늘이 흐리다고 해서 태양이 사라진 것은 결코 아니다.

무거운 쌀이 하나님의 사랑임을 알기에

사랑하는 목사님!

보내주신 귀한 헌금 참으로 감사합니다.

우리 모두가 피신할 때 가져온 모든 것들이 바닥이 나서 불안에 빠져 있을 때 하나님께서 목사님과 한국 교회를 통하여 우리에게 일용할 양식을 보내주셨습니다. 우리가 전혀 생각하지 못했던 방법으로 하나님께서 우리의 필요를 채워주심을 보며 찬양하였습니다. 앞으로도 우리는 이렇게 하나님의 공급을 받으며 지내게 될 것임을 믿게 되었습니다.

목사님!

폭동상황은 여전히 그대로입니다.

때때로 폭도들이 위협적으로 발포를 하면 우리 방위군들도 대응 발포를 합니다. 총소리를 들으면 오금이 떨립니다. 총소리는 우리를 공포와 불안으로 몰고 갑니다.

지난 8월 31일 정부가 우리 부족 지도자들과 대화를 나누었습니다.

우리는 정부가 부족들을 위해 별도의 행정구역을 만들 수 있다고 하는 말을 들었습니다.

가까운 시일 내에 정부와 지도자들 간에 또 다른 논의가 있을 예정입니다.

목사님!

우리 교단 소속 교회로서 열두 번째로 파괴된 람펠교회의 원래 사진 과 파괴된 후 사진을 보냅니다. 광란의 폭동이 지붕을 완전히 박살내고 벽면을 부분적으로 파괴하였습니다. 21세기 광명 천지에 어떻게 이런 일이 일어날 수 있는지 아직도 이해가 되지 않습니다. 그 곳 교우들은 순식간에 흩어져 난민캠프와 정글과 이웃 아삼주와 미조람주로 피신하 였습니다. 아직도 우리는 우리가 졸지에 당한 참담한 현실을 믿기 어렵 습니다. 꿈이면 깰 것인데 꿈이 아니라 눈을 감아도 떠도 슬픕니다.

목사님!

우리는 어제 아삼 변방의 작은 시장에서 구호에 필요한 물품들을 구 입하였습니다.

지금까지 이렇게 많은 물건을 한꺼번에 사본 적이 없기 때문에 사면 서도 혹시 착각이 아닌가 싶어 여러 번 장부를 체크하였습니다. 그리고 난민으로 흩어져 사는 우리 교우들을 위하여 아래와 같이 구호 식량을 구입하였습니다.

쌀 50kg 15부대와 쌀 25kg은 22부대입니다.
양파와 소금은 양파 각각 74kg입니다.
소금은 37kg입니다.
식용유는 37리터, 설탕은 74kg입니다.
달은 74kg, 찻잎은 37kg입니다.

사서 한 자리에 놓고 보니 산더미가 되었습니다.

목사님!

정글에 살고 있는 십여 세대들에게는 쌀 두 달분을 한꺼번에 지급하였습니다. 배에 실고 가서 강변에서 내려 산지까지 나르는데 하루가 소요되었습니다. 정말 힘들었습니다. 그러나 무거운 쌀이 한국 교회를 통해서 온 하나님의 사랑임을 알기에 그냥 올라가도 힘든 고지를 아무도 불평하지 않고 감사함으로 날랐습니다. 이제 정글로 피신한 우리 교우들은 10월까지는 양식 걱정을 하지 않게 되었습니다. 그들의 양식 문제로 마음이 아팠는데 이제 조금 마음이 놓입니다.

산 아래 난민캠프에 있는 분들에게는 쌀 한 달분을 지급하였습니다. 나머지 양파와 소금, 식용유와 설탕, 달과 찻잎은 동일하게 나누어 주었습니다.

목사님!

우리 모두가 함께 "하나님은 위대하시다!", "하나님은 자비하시다!"라고 고백하였습니다. 폭동으로 집을 잃고 난민 신세가 된 우리의 입에서 신앙고백이 나왔다는 사실에 놀라며 감사의 눈물을 흘리지 않을 수 없었습니다.

폭동이 언제 끝나서 언제 고향집으로 돌아가게 될지 모르지만 우리가 하나님께서 폭동 중에서 우리의 생명을 지켜주시고 보호하신다는 확신을 가지게 되었으니 우리는 이제 광야를 지나 가나안으로 들어갈 준비가 된 것입니다.

목사님!

오늘 제가 금식기도 당번이었습니다. 가장 절망적인 순간에 사랑의 손길을 펴준 목사님과 한국 교회 그리고 비전아시아를 생각하며 기도하였습니다. 그리고 속히 폭동이 멈추길 간구하였습니다. 고향으로, 집으로 돌아가서 옛날처럼 가족들과 마을 사람들과 교우들과 함께 오순도순, 아기자기하게 살고 싶은 마음의 소원을 아뢸 때 눈물이 앞을 가렸습니다.

가족과 헤어져 산 지 벌써 4개월이 지났습니다. 난민이 되어 흩어진 교우들을 찾아다닌 지도 어느덧 4개월이 훌쩍 넘었습니다. 집에 두고 온 가축들은 다 죽었거나 폭도들이 약탈해 갔을 것입니다. 농사철에 씨앗을 파종하지 않았으니 가을에도 거둘 것이 하나도 없습니다. 인간적인 눈으로 볼 때 희망이 하나도 없습니다.

어둠 속에서 이제야 깊은 회개와 반성을 합니다.

평화로울 때는 평화에 대한 감각이 없었습니다. 행복할 때 행복이 무엇인지 몰랐습니다. 예배를 드릴 때 예배가 하나님의 선물이요, 축복인지 몰랐습니다. 가족과 마을 사람들이 함께 모여 사는 것이 특별한 하나님의 은총이요, 축복인지 몰랐습니다.

목사님!

제가 목사님을 위해 무슨 일을 할 수 있을까요?

제가 목사님과 비전아시아에 무슨 도움이 될 수 있는지를 생각해 봅니다.

시편 기자는 "여호와께서 내게 베푸신 모든 은혜를 내가 어찌 보답하리까?"라고 말합니다.

도움만 받고 있는 제가 언제 어떻게 목사님에게 도움이 될 수 있을지를 저 자신에게 질문합니다. 저와 실맛신학교 그리고 우리 교회 교우들에게 보여주신 목사님과 한국 교회의 선의와 자비에 대해 제가 어떻게 보답할 수 있을까요?

목사님!

선하신 주님께서 목사님과 한국 교회 성도님들께 청년의 건강과 무병장수와 풍성한 결실을 차고 넘치도록 부어주시길 빕니다.

폭동 속에서 오는 고요와 평화를 맛볼 수 있도록 도와주신 목사님께 깊은 감사를 드립니다.

감사합니다.

9월 상순에 사무엘 목사가 일주일에 걸쳐 보내준 카톡 편지를 정리하여 올립니다.

남편이 자위군으로 선발된
느구르떼교회 사람들

최근 인도에서 쏟아져 들어오는 사진과 동영상이 너무 끔찍하여 가슴이 아파서 앓고 있다.

사악한 인간의 폭력! 악의 절정을 보는 듯하였다.

히틀러의 아우슈비츠 가스 살해가 선하게 느껴질 정도로 동영상에서 보여주는 악이 너무 잔학무도하였다.

백주대낮에 길거리에서 크리스천 여성을 총으로 살해하는 동영상, 예배드리는 교회 안에 폭력배들이 들어가서 각목을 휘두르는 동영상, 청년 패거리들이 여성을 발가벗기고 뒤에서 사냥하듯이 몰아서 달리게 하고 있는 동영상 등이 나에게 깊은 상처를 주었다. 뿐만 아니라 마니푸르 폭동 사진을 볼 때마다 1920년 간도대학살이 떠올라서 치를 떨곤 한다.

나를 지치게 만드는 것들이 또 있다. 미얀마의 내전과 러시아와 우크라이나의 파괴적인 전쟁, 인류의 공동자원인 바다에 원자력발전소 핵 오염수를 버리겠다는 일본의 이기적인 국가주의!

이 거대한 탐욕과 폭력 앞에서 나는 바람에 날리는 겨처럼 무력하다. 울고 기도하며 고난을 나누기 위하여 발버둥을 쳐도 악하고 이기적이고 교만한 정치인들은 꿈쩍도 않는다. 모든 폭동과 내전과 전쟁과 핵 오염수

방류와 유튜브의 극단적인 거짓 비디오 유포가 사라지는 세상이 언제 올 것인가? 새 하늘과 새 땅을 바라며 눈물로 기도한다.

마니푸르 폭동 건으로 불에 탄 교회와 집들의 재건이 언제 이루어질 것인지? 폭동이 언제 끝날 것인지? 난민들이 언제 집으로 돌아갈 것인지? 등을 생각하는데 눈물이 앞을 가렸다.

1994년 방문한 이래로 면면연연이 이어진 관계가 이토록 큰 아픔이 될 줄은 몰랐던 것이다.

나로서는 할 수 있는 일이 더 이상 없다고 생각하고 있을 때 마니푸르에서 60km 떨어진 추루찬드푸르에 사는 자매님으로부터 카톡이 왔다.

아래는 자매님이 삼사일에 걸려서 보내준 카톡을 정리한 것이다.

목사님!

참으로 고맙습니다.

최전방에서 보초를 서고 있는 우리 자위군들을 배려해주시니 참으로 고맙습니다. 제가 여신도회에 목사님의 의견을 전달해서 그 금액이 튜링에 있는 자위군들 식사에 사용되도록 하겠습니다. 영수증은 회계가 가지고 있는데 내일 제가 받아서 보내겠습니다.

지금 우리 여신도회원들이 영양실조에 직면한 난민들에게 고기 식단을 제공하기 위하여 좋은 돼지를 사고자 백방으로 찾는 중에 있습니다. 아마 오늘 안으로 찾을 것으로 예상됩니다.

목사님!

그동안 우리 여신도회원들도 금식한 돈을 모아서 쌀을 샀습니다.

남편이나 아들이 자위군으로 선발되어 나간 가족들에게 쌀 50kg 한

포씩 나누어 드렸습니다.

저는 그들의 가정에 일일이 전화를 걸어서 문안을 하였습니다.

오늘 우리 여신도회원들이 가장 많은 자위군이 있는 느구르떼교회를 방문해서 쌀을 전달하고 함께 기도하며 위로하는 시간을 가졌습니다.

목사님!

남편이 지원병으로 선발된 집들은 경제적으로 어려움을 겪고 있습니다. 남편의 하루 노동이나 그의 노동으로 여러 가지 작물을 가꾸어 생계를 꾸렸던 가족들은 남편이 자위군으로 갔기 때문에 일을 하지 못하고 있고, 폭동으로 일거리도 사라졌기 때문에 수입이 사라졌습니다. 4개월 째 계속되는 폭동으로 남편을 전선으로 보낸 아내들 모두가 지쳐 있습니다. 불안과 근심에 잠겨 있습니다. 우리는 우리를 대신해서 보초를 서는 그분들의 남편이 무사히 귀환하는 날을 기도하며 함께 울었습니다.

목사님!

그동안 우리는 기도와 각종 시위, 식당 자원봉사에 힘을 쏟았습니다. 그러나 이제 물가가 폭동하고 물자가 달리는 것을 보면서 두려움에 빠집니다. 폭동이 평화적으로 잘 해결되고 우리 소수부족민들의 존엄과 권리가 침해당하지 않으며 우리의 일상이 회복될 때까지 죽지 않고 살아나야겠습니다. 병들지 않고 영양실조에 걸리지 않고 건강하게 살아남아야겠습니다. 폭동으로 고난을 당하고 있는 어린이들과 청소년들의 건강을 챙기고 지켜야겠습니다.

목사님!

우리보다 먼저 우리 문제를 아시고 깨닫게 해주셔서 감사합니다.

용기와 힘을 주셔서 감사합니다.

아래 추가된 글은 추르찬드푸르에 사는 자매님이 보내준 카톡 글을 읽는 중에 떠오르는 느구르떼교회 이야기입니다. 저는 교회 건축 일로 여러 차례 그 지역을 방문하였습니다.

느구르떼에는 우리가 후원해서 세운 교회가 있습니다.

그리고 목사와 선교사가 되겠다고 서원한 아이들 16명이 있습니다.

저는 작은 산 아래 있는 그 마을을 좋아합니다.

추르찬드푸르에서 논길을 따라 북쪽으로 40분 정도 지프를 타고 달리면 조금 큰 개천이 흐르고 개천의 다리를 넘어 길을 따라서 올라가면 경사가 완만한 언덕길이 나옵니다.

언덕길 양쪽에는 빨간 히비스커스 꽃과 포인세티아가 반겨주고 파파야와 망고 등의 열대과일이 익어가고 있습니다.

첫 사거리에서 우회전해서 조금 걸어가면 시골마을 교회답지 않게 빨간 벽돌로 잘 지어진 교회가 있습니다. 교회 마당 구석에는 창고가 하나 있는데 그것이 3칸으로 나뉘어 있습니다. 3칸으로 된 나락 창고입니다. 나락 창고는 여신도회 창고, 남신도회 창고, 어린이와 학생들의 창고로 나뉘어 있습니다. 나를 감동시킨 것은 어린이와 학생들의 나락 창고입니다. 어린이와 학생들이 가을에 이삭을 주어서 창고를 가득 채웁니다. 나락이 창고에 가득 채워지면 정미소에 보내 쌀을 만듭니다. 아이들은 쌀을 판매한 돈으로 도시 빈민가에서 사역하고 있는 어려운 선교사에게 후원금으로 보냅니다. 나락이 없는 계절에는 어린이들이 주일에 교회에 오면서 쌀 한 주먹씩 가지고 와서 모읍니다. 그 쌀 역시 팔아서 빈민가의 어린이 집에 보냅니다.

아이들에게 너희들도 살기 어려운데 왜 나누냐고 물었을 때 모두들 이구동성으로 대답했습니다.

하나님께서 주신 것을 나누는 것이라고!

이웃을 사랑하는 것이라고!

함께 살아야 하는 것이라고!

착하게 사는 것이라고!

이삭을 줍는 것은 힘들지 않다고!

이삭줍기는 마음과 정성으로 하는 것이라고!

이삭을 줍는 것으로 하나님의 일에 참여하는 것이라고!

수줍은 목소리로 대답하는 아이들이 다 천사로 보였습니다.

작은 것으로 큰일을 하는 아이들 모두가 각자 십자가를 지고 있었습니다.

아이들의 티 없이 밝은 대답을 들으면서 속울음 울었습니다.

감동으로 벅차서 하나님께 무한 감사를 드렸습니다.

그들은 실로 하나님께서 산골짜기 숨겨둔 보배요, 천사들이었습니다.

벌써 10년의 세월이 흘렀으니 그 아이들이 지금쯤 이십 세 전후가 되었을 것입니다.

그 아름다운 아이들이 폭동으로 상처를 입지 않기를 빕니다.

그들이 그 땅의 평화를 잘 일구어 가길 기도합니다.

폭동의 와중에 있는 자매님의 카톡을 읽으며 느구르떼의 나락 창고와 어린이들을 생각하였습니다.

다시 그 아이들을 생각하며 새로운 감동에 사로잡혔습니다.

그리고 그 천사들을 위하여,

지원병으로 최전선에 간 천사들의 아버지를 위하여,

지원병으로 간 청년 천사들을 위하여,

악의 기운에 눌리지 않고 일어서기로 하였습니다.

폭동이 종식되면 그들을 보러 느구르떼 마을에 가야겠습니다.

그의 메시지에 눈물이 흐른다

친족 난민 지도자의 한 사람인 테흐로는 지난 5일에 마라 기독청년들의 도움을 받아서 우리가 보낸 41차 미얀마 난민과의 사랑의 쌀 나눔을 끝마쳤다. 그는 재정 보고서 끝에 "하나님께서 우리 난민들과 다른 고난받는 사람들을 위하여 당신과 한국 교회를 더욱 더 축복하시기를 간절히 빕니다."라는 말로 41차 나눔에 대한 감사를 표하며 그 다음 사랑의 쌀 나눔에 대한 희망의 메시지를 보내 왔다.

우리는 후원자들과 인도에서 대신 송금해주는 사람들의 형편과 상황대로 움직이기 때문에 사전에 어떤 약속도 할 수가 없다. 나의 침묵이 길어지면 테흐로는 조급한 마음으로 양식을 기다리는 난민 캠프 명단과 사람의 숫자를 적어 보낸다. 그러나 나는 그의 메시지에 아무런 대꾸도 하지 않고 묵묵부답한다. 모금도 송금도 내 뜻대로 할 수 있는 것이 아니기 때문이기도 하고 답답한 상황과 사정을 영어로 섬세하게 표현할 능력이 없어서도 그렇다. 그러나 때때로 그의 메시지에 눈물이 흐르는 것을 본다. 그때 나는 울컥하는 마음에 짤막하게 대답을 한다.

"하나님의 시간에!"(IN HIS TIME!)

아무리 너와 내가 서둘러도 일이 우리의 계획대로 되지 않고 하나님의 시간에 일이 진행되니 그리 알고 너무 답답해하거나 조급해하지 말고 기다리라. 하나님께서 일하시니 걱정하지 말라는 뜻이다.

그러면 그는 "아멘"이라고 대답하고 나처럼 침묵에 들어간다.

우리의 41차례의 난민들과의 양식 나눔은 늘 이런 식으로 진행되었다. 엄청난 감동과 감격 속에서도 때로는 모금 피로감에 빠져 '내가 무슨 죄로 남의 나라 난민까지 챙기는가?' '내가 무엇이 잘났다고 이런 일을 하며 스트레스를 받는가?' '아버지, 저처럼 못난 사람 시키지 말고 유명하고 돈 많고 지위가 높은 사람을 시키세요. 그러면 아버지도 크게 영광을 받고 좋으시잖아요.' '망할 놈들! 쿠데타는 왜 일으켜서 나까지 못살게 만들어!'라고 불평을 터뜨리며 짜증을 내게 된다. 그러면 놀랍게도 '하나님의 시간에' 꼭 필요한 금액이 왔다. 그리고 하나님께서 '모금은 네가 하는 것이 아니라 내가 하는 것인데 네가 왜 힘들어 하느냐'고 야단치거나 꾸짖지 아니하시고 '가만히 서서 지켜보라'고 하신다.

지난번 41회 후원금을 기다리고 있을 때 한 분이 마음에 감동이 왔다며 삼백만 원을 보내주었다. 그리고 이어서 매월 난민들을 위해 매월 한 가족 후원금을 보내주시는 분이 백만 원과 함께 "우리는 모두 주님 안에서 형제입니다. 주님의 사랑과 축복이 선생님의 손길을 통해 역사하십니다."라는 메시지를 보내주었다. 하나님은 그의 시간에 감동 감화된 자녀들을 통하여 굶주림을 비롯해서 모든 위험에 노출된 난민 자녀들에게 필요한 양식을 멋지게 공급하신다. 금번 사백만 원은 제로포인트마을, 시아틀라이마을, 아미피마을, 코파이마을, 라키마을 등 5개 마을의 백사십팔 세대, 육백여 명의 사람들에게 일용할 양식이 되었다.

아래는 테흐로가 구호를 마치고 보내준 편지를 정리한 것이다.

목사님!

이번에는 다섯 개 마을의 148세대와 사랑의 쌀을 나누었습니다.

모든 가정에 쌀 25kg. 기름 작은 병 1개, 설탕 1kg, 홍차 1kg씩 공급하였습니다.

라키마을은 이번이 4번째 나눔이므로 대부분의 난민들의 얼굴을 압니다. 그들은 저를 친구처럼, 가족처럼 대합니다.

라키마을 난민위원회 위원 중의 한 분이 "여러 NGO단체의 발걸음이 뚝 끊겨서 식사할 때마다 난민들에게 미안한 마음이 듭니다."라고 말하였습니다. 그는 저에게 자기 마을의 난민들에게 지속적인 관심을 가져 자기들을 양심의 가책에서 구원해주라고 거듭 당부하였습니다. 마을 주민들은 우리가 난민들에게 양식을 주는 것이 자기들을 돕는 일이라고 말합니다. 그들은 목사님과 한국교회 그리고 시아하와 미조람주와 인도로 도망 온 난민들의 건강과 평안을 위해 날마다 기도한다고 합니다.

난민 지도자인 라이모 포우 씨와 인터뷰를 하였습니다.

"전쟁이 우리의 삶을 짓밟아 버렸습니다. 그런데 우리에게는 이 지긋지긋한 전쟁을 끝낼 힘이 없습니다. 고향으로 돌아가고 싶어도 돌아가지 못하고 밥벌이를 하기 위해 일하고 싶어도 일자리가 없는 하루하루 생활이 너무 힘듭니다. 날마다 먹는 밥을 사람들의 자비에 의지한다는 것이 참으로 슬프고 괴롭습니다. 그러나 하나님께서 우리를 불쌍히 여겨 양식이 떨어질 때마다 양식을 보내주셨습니다. 우리를 잊지 않고 양식을 보내주시는 목사님과 한국교회 교우님들께 깊은 감사를 드립니다.

앞으로 얼마나 더 우리가 한국 교우님들에게 양식을 의존해야 되는지 몰라 송구하기 그지없습니다. 목사님과 한국교회에 하나님의 축복이 충만하길 빕니다."

그는 인터뷰 중에도 울먹거리며 말을 제대로 잇지 못하였습니다.

목사님!

라키마을 난민캠프의 사람들 주에 우기가 끝나면 피난살이를 끝내고 돌아가겠다고 하는 분들이 계십니다. 그러나 마음뿐이고 실제로는 미얀마의 정치 상황에 따라 달라질 것입니다. 대부분의 사람들이 성탄절까지는 이곳에 머물 것 같습니다.

목사님,

라키마을 난민캠프에 도착해서 쌀 나눔이 끝날 때까지 비가 멈추었습니다. 저희가 나눔을 마치고 출발하자마자 비가 억수로 쏟아졌고 시아하 타운에 도착할 때까지 비가 계속 내렸습니다.

목사님!

난민 구호를 시작한 것이 햇수로는 벌써 3년째입니다.

한 차례 구호가 끝이 나면 그 다음을 기다리면서 기아에 직면하게 되는 난민들 때문에 마음에 조바심이 일어나고 눈물이 납니다. 그래서 목사님의 모금과 송금 작업이 어려운 줄 알면서도 계속 편지를 쓰게 됩니다. 그런 저를 참아 주시고 묵묵히 사역을 수행하시는 목사님과 비전아시아와 한국교회에 깊은 감사를 드립니다.

저희 난민들을 사랑하고 응원해주시는 목사님께 진심으로 감사드립니다. 하나님께서 우리 난민들과 다른 고난 받는 사람들을 위하여 당신과 비전아시아와 한국교회를 더욱 더 축복하시기를 간절히 빕니다. 감사합니다.

7월 7일 금요일 밤에 테흐로가 보낸 보고서를 정리하여 올립니다.

오빠 몫까지 살기로

오빠의 사망 소식을 들었을 때 믿지 않았다. 오빠의 차가운 몸을 만지면서도 울부짖었다. 하나님께 살려주시라고 빌면서 "오빠 일어나! 그만 일어나! 빨리 일어나!"라고 애원하였다. 그러나 오빠는 야속하게 나의 절규를 외면하고 한 줌의 재로 세상을 떠났다.

오빠의 죽음이 인정되지 않아 오랫동안 오빠와 비슷한 체형이나 얼굴을 가진 사람들을 오빠로 착각하였다. 비슷한 음성이나 비슷한 옷을 입은 사람만 보아도 달려가서 확인을 하곤 하였다. 오빠와 함께 나눈 이야기가 때로는 시냇물처럼, 때로는 바람처럼 들려왔다. 오빠와 함께 걸었던 논길, 강둑길, 도시의 골목길을 걷노라면 눈물이 앞섰다. 함께 바라보았던 보름달, 함께 만들었던 눈사람, 함께 날렸던 연들, 함께 따먹었던 고드름, 함께 읽었던 만화책, 동화책 등 모든 것들이 나를 오빠와 함께 지냈던 옛 시절로 인도하였다. 혼자 길을 걸으면서 혼자 차를 마시면서 오빠와 많은 대화를 나누었다. 그리고 나는 서서히 오빠의 빈자리가 주는 상실의 고통과 비애를 극복하였다.

오랜 시간이 흐른 지금, 오빠가 일구어준 풍성한 삶에 대하여 깊은 감사를 드린다.

오빠를 너무 좋아하였던 나는 오빠를 그냥 보내드릴 수가 없었다. 그래서 마음속으로 오빠 몫까지 살기로 작정하였다. 그런데 어떻게 산 사람이 죽은 사람의 몫을 살아낼 수 있단 말인가!

그러나 나는 무조건 살아내기로 하였다. 그래서 결심한 것이 이웃을 돕는 일에 항상 오빠의 몫을 내기로 하였다. 나누고 섬기고 베푸는 일을 두 사람 몫으로 하기로 작정한 것이다. 그리고 오빠가 놓고 간 물건을 팔아서 그것을 종잣돈으로 하여 조금씩 불려서 몇 십 년 후에 장학재단을 만들고 기념이 될 만한 건물을 짓기로 다짐한 것이다.

결심대로 교회 절기 헌금이나 특별헌금을 오빠 몫까지 하였다.

가난하고 병든 사람들, 수해민이나 기타 어려운 이웃을 위한 나눔도 오빠 몫까지 하였다.

어디에 가서 어떤 노동봉사를 하든지 무슨 일을 하든지 간에 오빠 몫까지 열심히 하였다.

나의 천직이 사람을 살피고 섬기고 이야기를 들어주는 것이었지만 그것조차도 오빠 몫까지 한다는 심정으로 몰입해서 최선을 다하였다.

지극히 작은 자들을 위하여 몸으로, 돈으로, 시간으로, 마음으로 하는 모든 일에 오빠 몫까지 살아내는 일은 쉽지 않았지만 하나님께 늘
두 몫을 살 수 있게 해달라고 기도하였다.
두 몫을 살 수 있도록 건강 주시라고 기도하였다.
두 몫을 살 수 있도록 시간 주시라고 기도하였다.
두 몫을 살 수 있도록 사람들에게 집중하며 몰입할 수 있게 해달라고 기도하였다.

두 몫을 살 수 있도록 사람들을 사랑할 마음과 능력과 의지를 주시라고 기도하였다.

두 몫을 살 수 있도록 지혜와 지식을 주시라고 기도하였다.

두 몫을 살 수 있도록 언제나 부지런하며 강인하게 해달라고 기도하였다.

그리고 아낌없이 나누며 베풀며 살 수 있도록 물질도 주시라고 빌었다.

오빠 몫까지 열심히 실행하며 살고 있는데 나의 과로를 염려하며 내가 하는 많은 일들을 성실하게 뒷바라지 해주던 분이 갑자기 돌아가셨다는 연락이 왔다. 너무 기가 막혀서 전신의 맥이 탁 풀렸다. 나는 그의 죽음의 문제를 가지고 씨름한 끝에 그냥 그분의 몫까지 같이 살기로 하였다. 그리하여 나는 세 사람의 몫을 살게 되었다. 헌금이나, 나눔이나, 봉사나, 무슨 일에든지 나는 세 사람의 몫으로 살고자 하였다.

한 사람이 어떻게 세 사람의 몫을 살 수 있을까? 그것이 가능한 일인가? 그것이 무슨 의미가 있는가? 거의 사십 년에 이르도록 이런 의문을 한 번도 가지지 않고 세 사람의 몫을 사는 것이 운명이며 나를 향하신 하나님의 뜻이라고 믿었다. 그러므로 세 사람을 살아내기 위해서 시간과 건강 그리고 마음을 잘 사용해야 했다.

한 사람이 세 사람을 살아 내려고 하니 무엇보다 많은 삼가와 절제, 영감과 통찰, 에너지가 필요하였다.

무엇보다 먼저 그분들이 살아 있으면 하고자 했을 선한 일에 대한 분별을 해야 하였다.

세상의 모든 선하고 의로운 일을 다 할 수 있는 것이 아니며 다 할 필요도 없는 것이므로 나는 많은 일들 중에서 우리 세 사람이 기꺼이 함께 할 수 있는 것을 선택해야 했다. 그래서 항상 생명의 위협을 겪는 작은 자들, 고아와 과부들의 일에 우선순위를 두게 되었다.

둘째로 가능한 많이 나누기 위해서 단순한 삶을 지향하였다.

의식주 모든 생활을 조촐하고 소박하게 하였고 취미생활이나 여가생활도 주변의 산과 들을 즐기는 것이 되었다. 그러다보니 단순이 나의 최고 아름다운 것이 되고 최고 가치가 되었다.

셋째로 시간을 절약하기 위해 시간을 잘 사용하는 훈련을 하였다.

집중해서 일하여 시간을 줄였고 일하는 방법에 도가 터서 동시에 여러 가지 일을 하는 훈련이 되었다. 뿐만 아니라 TV시청이나 유튜브 등을 보는 일로 시간을 죽이지 않았고, 할일없이 빈들거리는 일이 없어서 시간이 모자라지 않았다. 시간을 질적으로 잘 사용하기 위해서 몰입하다 보니 마음이 분산되지 않아 기억력도, 이해력도, 아이디어도 좋아졌다. 뿐만 아니라 창작력, 통찰력, 영감도 번득인다.

넷째로 하나님께 세 사람 몫의 축복과 공급을 받으며 살았다.

세 사람으로 나누고, 돕고, 봉사하고 싶어도 힘이 약하고 부치고 모자라고 지칠 때마다 하나님께 세 사람을 살 수 있도록 세 사람의 에너지, 기쁨과 평화, 지식과 지혜. 능력과 의지. 집념과 열정을 주시라고 기도하였다. 그리고 생기와 지혜, 능력과 권세를 차고 넘치도록 받아서 절망과 슬럼프를 극복하며 살았다. 지금도 기도를 통해서 하나님의 에너지를 공급받아 살고 있다.

다섯째로 세상을 떠난 분들의 몫을 사노라니 세상의 것들에 대한 탐욕과 집착이 사라졌다.

그분들이 빈손으로 돌아가는 것을 보았으며 세상에서 공로나 업적이나 누렸던 것으로가 아니라 하나님의 은혜로 안식하는 것을 보았다. 먼저 세상을 떠난 그분들이 나에게 살아 있는 인간이 받는 인생의 최대 축복과 추구할 수 있는 최고의 가치는 그리스도의 십자가, 사랑의 십자가를 지는 것이라고 말해 주었다.

혼자 그러나 셋이 함께 사는 삶이 스콜처럼 장쾌하기도 하고 메마른 광야를 걷는 것처럼 힘들 때도 있었지만 혼자 기도하여도 세 사람의 기도이기 때문에 언제나 간절하고 절박하였다. 그래서인지 응답도 빨랐고 결실도 많았다.

그런데 2005년 여름에 사랑하는 한신교회 이 목사님께서 갑작스레 돌아가셨다. 그분은 살 만큼 사셨고 많은 나눔과 섬김을 하신 분이기에 굳이 그분의 몫을 살지 않아도 되는 분이었다. 그런데 소천 소식을 듣는 순간 눈물이 쏟아지고 가슴이 화산처럼 타올라서 그 몫도 살기로 다짐하였다.

사인이각으로 살아온 삶이 어느덧 14년이 흘렀다. 그때부터 나의 일이 급물살을 타서 무엇이든지 생각하면 생각하는 대로 잘 되었고 결과가 늘 기대 이상으로 나왔다.

코로나 팬데믹으로 모든 것이 정지된 시간에 혼자 네 사람의 몫을 일한다는 것이 불가능하게 보였는데 그게 아니었다. 그들은 그들의 몫을 훌륭하게 감당하였다.

오직 정치인들만이 세상을 치료하며 살리는 영웅처럼 인식이 되고 나머지 사람들은 그들이 정해주는 규칙에 순종하는 일 외는 아무것도 할 수가 없는 상황 속에서 기도가 유일한 나의 놀이이자 작업이었다. 사람들을 만나는 것과 교회를 방문하는 것 자체가 금기가 되니 족쇄를 차고 있는 느낌이 들었다. 족쇄를 차고서 돌아앉은 세상은 들을 수 없는 기도, 그러나 창조주 하나님께서 들어주시는 기도를 바치는 것이 나의 유일한 희망이었다.

하나님은 우리의 작은 신음 소리, 기도 소리를 들어 주셨다.

비록 혼자 기도를 드렸지만 그들의 탄식과 염원이 함께하여서 우리는 작년과 올해에 이어 대대적인 코로나 긴급구호를 수차례 반복할 수 있는 공급을 받았다. 인도와 네팔의 받는 쪽에서 긴급구호를 하지 않아도 된다고 할 때까지 지원을 계속 하였다. 올해만 해도 아홉 곳에 세 차례의 긴급구호로 수천 세대를 구호하였다. 현재는 홍수 이재민 삼백여 세대 천이백여 명을 긴급구호 하고 있고 매일 백오십여 명의 사람들에게 거리 급식을 하고 있으며, 여성들의 자립을 위해 올해 오십여 마리의 돼지를 나누었고 팔십여 명의 학생들에게 장학금을 주었다. 하나님의 은혜로 불가능할 것으로 생각하였던 고아원 신축 건물을 지었으며 세 개의 고아원 운영을 지원하고 있다.

지난 삼십여 년 동안 오빠의 차가운 몸 앞에서 결심한 대로 오빠 몫을 열심히 살았다. 지금은 오빠를 부르면 오빠가 어린 시절 추억과 함께 나를 동심의 세계로 인도한다. 오빠의 이름을 부르면 살아 있을 때와 마찬가지로 오빠는 나를 어여삐 여기며 격려해 주셨다. 아직 오빠의 이름으로 아직 장학재단을 만들지 못하였지만 인도 어느 건물에 오빠 이름의 기념실을 만들었다. 그리고 오빠 이름으로 몇 명의 가난한 아동들과 자매결연을 맺었다. 앞으로는 오빠 닮은 아이들과 장학결연을 맺어 오빠와의 약속을 지킬 것이다. 다른 두 분과는 두 분의 뜻을 받들어 두 분의 몫까지 사랑의 십자가를 지겠다고 했으니 인생 마지막 순간까지 약속을 지킬 수 있도록 하나님께서 은혜를 베풀어 주실 것을 믿는다.

자신의 삶도 살기 어려운 인생길에서 사랑으로 가슴 아파하며 고인의 몫까지도 대신 살고자 했던 결심과 마음가짐 때문에 나는 가난하고, 단순하고, 절박하고, 몰입하며 집중하는 삶을 살게 되었다. 혹자들은 이런 나의 삶의 고백을 자아도취나, 자기최면으로 치부해버릴 수도 있지만 나는 실로 세 배, 네 배의 나눔과 섬김, 노력과 노동, 인내와 이해를 하며 살았다. 오빠 몫을 살기로 다짐했던 순간부터 나는 세상에 살면서 세상을 초월하여야 하는 운명의 사람이 되었다. 그런 마음을 나에게 부어주시고 잊지 않도록 생각나게 하시며 약속을 지키며 살도록 도와주시는 성령 하나님께 무한 감사를 드린다. 오빠의 죽음 앞에서 오빠 몫을 살기로 결심한 것 자체가 내가 받은 인생의 크나큰 축복이었으며 하나님의 은혜였다.

천국에서 오빠를 만나는 날 '오빠 덕분에 열심히 살았어! 오빠는 내 마음 속에서 별처럼 빛나고 아름다웠어! 오빠! 보고싶었어.'라고 말할 것이다.

4장

인도에서 만난 현자의 죽비(竹篦)

인도에서 만난 현자의 죽비(竹篦)

나는 마치 교회 건물을 짓기 위해 인도에 온 것처럼 데칸고원에 위치한 라열라시마 지역을 두루 순회하며 많은 건물을 짓는 일에 쓰임을 받았다. 그런 중 우여곡절 끝에 첸나이에 탐바람 무디츄르에 선교 센터 빌딩을 짓게 되었다. 부지를 사는데 일 년의 세월이 걸렸으므로 가능하면 건물을 빨리 지어서 뭔가 본때를 보이고 싶었다.

설계자를 찾고 건축업자와 계약을 하고 난 뒤에 잡목과 풀을 베어내고 지하수를 개발하려고 하였다. 일꾼을 사서 부지를 정리하는 날이었다. 나는 하루아침에 부지를 깨끗이 정리하려는 생각에 일꾼을 여러 명 불렀다. 그런데 일꾼들이 두어 시간 동안 대충 님트리와 카누가, 가시덤불과 큰 돌들만 제거하고 일을 그만 두었다. 그러고도 하루 품삯을 요구하였다. 나는 그들이 내가 외국인이라고 텃세를 부린다고 생각하여 풀을 다 베어 내지 않으면 품삯을 주지 않겠다고 단호하게 말하였다. 그러나 그들은 아무도 선뜻 일하려 들지 않았다. 나는 내가 그들에게 풀을 깨끗하게 제거하는 작업의 모범을 보이면 그들이 나를 따라서 일할 것이라고 생각하고 낫으로 큰 풀을 쳐내기 시작하였다. 그런데도 그들은 멀거니 서서 나를 바라보기만 하였다. 그때 건너편 빈터에 가 건물을 짓고 있던 건축업자가 달려와서 나에게 충고를 하였다.

"마담, 이러시면 일꾼을 부릴 수 없습니다. 일이 안됩니다. 그만 나오세요."

일꾼을 잘 부리려고 본을 보여주는데 건축업자가 일꾼을 부릴 수 없게 된다고 하므로 이해가 되지 않아 일손을 멈추었다.

"부지 정리를 하루에 마치려고 일꾼을 배나 불렀는데 겨우 잡목만 베고 일을 다 끝냈다고 하니 말이 되냐고요?"

"마담, 이것은 관행이어요. 새 땅에 건물을 지을 때 부지 정리를 한꺼번에 하지 않는 것이 시골 사람들의 관행이니 그대로 따르는 수밖에요."

"관행이라고요? 무슨 이 따위 관행이 있어요!"하면서 나는 건축업자의 말에 콧방귀를 뀌었다.

"뭐 요즘은 도시에서는 그런 관행도 사라지고 있는 추세지요. 그러나 여기는 원체 변두리다 보니 아직도 관행을 따릅니다. 마담, 오늘 하루에 다 정리하고 싶으시면 품삯을 두 배로 쳐주세요. 그리고 지금은 일꾼을 쉬게 하고 오후에나 일 시키십시오."

그리고 그는 가건물 쪽으로 발길을 돌렸다. 나는 건축업자 뒷덜미에 대고 큰 소리로 말했다.

"뭐! 이따위 관행이 있어요? 내가 외국인이라고 텃세부리는 거요?"

그는 돌아서서 히죽 웃으며 "마담! 아닙니다." 하고 손을 흔들어 보였다.

건축을 시작하기도 전에 못된 일꾼들과 업자를 만났다는 생각에 화가 났다. 무엇보다 '관행'이라는 말로 일꾼들을 편들어준 건축업자가 괘씸하여 계약을 파기하고 싶은 심정이 되었다.

그때 인도 농촌 어디에서나 봄직한 허리 구부정한 노인이 "마담!" 하면서 내 곁으로 왔다. 그리고 나에게 손짓 발짓으로 뭔가를 열심히 설명하였다. 나는 속으로 '너는 또 뭐야?' 하는 태도로 위아래를 훑어보았다. 그러나 그가 나의 시선에 아랑곳하지 않고 계속 진지하게 말을 하므로 통역을 세워서 그의 이야기를 들었다. 그 노인은 나에게 천천히 '관행'의 의미를 설명해주었다.

나는 뜻밖에 이름도 모르는 현자의 죽비에 흠씬 두들겨 맞았다.

그는 우리 건축 부지는 오랫동안 공지로 두었기 때문에 나무도 풀도 무성하지만 쥐와 뱀 등 작은 동물들이 서식하고 있다고 하였다. 그러므로 아무리 땅의 주인이라 할지라도 선주(先住)하고 있는 생명들에게 땅에 큰 변고가 있음을 알리고 그들이 이주할 시간을 충분히 주어야 한다고 하였다. 그동안 그 땅에 몸 붙여 살았던 것들이 편히 떠날 수 있도록 배려하라고 하였다. "그들이 어떻게 알고 이사를 가느냐?"는 나의 질문에 그는 잡목과 큰 풀들을 쳐내면 작은 동물들이 자기 몸을 숨길 수 없으므로 위기의식을 느끼고 이동한다고 하였다. 그들이 이동하는 시간이 열흘 정도면 충분하므로 열흘 후에 다시 부지 정리를 하는데 그때는 서 있는 풀은 다 베어내고 바닥에 붙은 풀만 남긴 채 땅에 소금을 뿌리라고 하였다. 그러면 개구리나 두더지 등 작은 동물들이 감지하고 이동을 한다고 하였다. 그리고 다시 열흘 후에는 완전하게 풀들을 뽑고 벌거벗은 땅에 소금을 뿌리면 개미와 기타 작은 것들이 이동한다고 하였다. 그러나 서두르지 말고 개미 등이 이동할 수 있도록 충분한 시간을 주라고 하였다.

그의 말은 창조주 하나님의 심장에서 나오는 생명에 대한 심오한 사랑이었다.

그 관행은 다름 아닌 생명에 대한 외경심이었다.

아! 아! 얼마나 아름다운가!

아! 아! 얼마나 고귀한가!

아! 아! 얼마나 자비한가!

아! 아! 얼마나 평화로운 세상인가!

그의 말에 나의 영혼이 춤을 추었다.

일꾼들과 건축업자가 형식적이고 관습적인 관행이라고 말했던 그 관행이 살아나서 나의 뒤통수를 쳤다. 그의 메시지는 애매모호하게 가졌던 나의 땅에 대한 개념을 완전히 뒤엎었다. 땅의 진면목이 눈에 보였다. 땅은 인간의 소유와 독점 대상이 아닌 생명이 함께 공유해야 하는 모두의 집이었다. 그렇다! 땅 주인은 그 땅에 거주하고 있는 모든 생명들의 살 권리를 겸허히 존중해주어야 한다. 땅의 용도를 변경할 경우에는 그들에게 알리고 그들이 생명을 보전할 대책을 마련할 수 있도록 시간을 주어야 한다.

그 후 나는 무려 한 달에 걸려서 선주하였던 모든 생명체들에게 미안한 마음으로 인사를 하며 부지 정리를 하였다. "여기서 그동안 몸 붙여 산 여러분들에게 죄송합니다. 저희가 필요에 의하여 집을 짓게 되었으니 부디 양해하여 때에 맞게 이동해주시길 부탁드립니다. 여러분들이 살 수 있는 좋은 집을 찾아서 평화롭게 살기를 빌겠습니다."라고 땅을 향하여 건축 계획을 알렸다. 그런 긴 과정을 통해서 부지 정리를 하여서일까? 그 집에 거주하고 있는 동안 개미를 비롯하여 땅에서 기는 벌레들이나 작은 짐승들이 일체 집에 들어오지 않았다.

챈나이 탐바람 무디츄르에 '희망발전소'를 세우면서 나는 비로소 소유와 투자 대상으로서 땅의 개념에서 벗어나 땅을 모든 생명체의 집으로 바라보게 되었다. 계약서도 없이, 세를 받지도 않고 모든 동식물에게 넉넉하고 풍성하게 가슴을 내어주는 땅이 얼마나 아름답고 고귀한가? 너니 내니 가리지 않고 품어주는 땅의 후덕함에 모든 생명체가 빚을 지고 우리는 그 후덕함의 결과물을 먹으며 살고 있지 않은가?

오늘 고향집 뜰에서 다시 한번 생명의 집인 땅의 덕을 깊이 맛보았다.
대문 안으로 발을 내딛는 순간 나는 마당 일부만 제하고 내 키만큼 크게 자란 가막사리와 가마중. 망초꽃과 붉은서나물에 포위되어 기가 질렸다. 집을 돌보지 않은 아우에게 은근이 짜증이 나서 내심 성묘를 가지 않고 풀을 뽑기로 작정하였다.
'도대체 이게 사람 사는 집이야! 잡초 밭이 되었구먼.' 하면서 손을 뻗어서 가막사리를 뽑으려고 하였다. 그런데 가막사리가 나의 손길을 제지하였다.
'제가 당신을 괴롭혔습니까? 왜 나를 뽑으려 합니까? 장미는 되고 나는 안 되는 법이 어디에 있습니까? 국화는 되고 나는 안 되는 법이 어디에 있습니까? 땅이 저를 받아 주었습니다. 저는 마음껏 먹고 마시며 하나님의 은혜로 자랐습니다. 이제 꽃이 피었으니 곧 열매가 익을 것입니다. 땅이 제게 준 생명의 기회, 하늘에 제게 준 생명의 기쁨을 빼앗으려는 것입니까? 저의 번영이 당신에게 해가 됩니까? 제 입장에서 생각 좀 해보세요.

그러면 제가 다르게 보일 것입니다.'

나는 '이곳은 네가 서있을 자리가 아니다.' 라고 대답하려다 입을 다물었다.

세상의 땅들은 장미니 백합이니 매화니 가리지 않고 다 품어 주는데 왜 사람만이 유달리 잡초니 꽃이니 하면서 생명을 차별하느냐는 그의 하소연이 가슴을 찔러서였다.

나는 꽃을 어루만지며 '내년에는 부디 들판에서 태어나라.'고 말한 뒤 손을 떼었다.

잡초로 불리는 마당의 꽃들이 나를 보고 웃었다. 그들을 품어준 마당은 하나님의 사랑을 그대로 구현하는 위대한 사랑의 장이었다.

흙으로 돌아간 내 몸이 개미와 구더기의 집이 되고 기생초나 개망초 꽃을 피울 것을 생각할 때 우주가 핑그르르 돌았다. 생명에 대한 경외감으로 가슴이 울렁거렸다.

영적인 사람들의 메시지

지난 4월 인도와 네팔 코로나 창궐로 거리폐쇄가 일어나 하루아침에 실직자가 된 거리의 사람들과 기아에 직면한 형제들을 위하여 모금하면서 성자들과 영적으로 성숙한 사람들을 많이 만났다. 그들에게는 남다른 점이 있었다.

그들은 최선을 다해 헌금을 하면서 '적어서 미안하다'고 '부족하다'고 말하였다.

그들은 고통과 불행을 당한 사람들의 절망과 슬픔을 가슴으로 느끼고 아파하며 기도하였다.

그들은 나의 모금 활동을 내 개인의 사적인 일이 아니라 모두의 일, 하나님의 일로 생각하며 '고통을 나누는 일에 참여하게 되어 기쁘다'고 하였다. '함께 쓰임을 받아 감사하다'고 하였다.

그들은 자기뿐만 아니라 주변의 지인과 친구들을 권면하여 참여시켰다. 내가 그분들에게 '저를 모르는 분들에게 후원을 요청하여 사람들에게 스트레스 주지 마세요'라고 말하면 그들은 한술 더 떠서 '사랑을 실천할 기회를 주는 것이니 오히려 감사드려야 합니다.'라고 대답하였다. 그들은 후원금을 모금하는 자의 절박한 마음과 고통과 고뇌를 이해하였다.

영적인 사람들의 도움으로 네팔과 인도에서 거리 배식과 양식 나눔, 산소통과 의약품을 현장이 요구하는 대로 최선을 다하여 지원할 수 있었다. 그리하여 나의 봄과 여름은 코로나 긴급구호와 함께 훌쩍 지나가버렸다. 코로나 구호가 끝났다는 안도감으로 긴장을 풀고 있는데 인도에서 홍수 소식이 득달하였다.

인도에 살면서 여러 번 끔찍한 인도 홍수를 체험하였으므로 곧 바로 긴급모금을 하기로 결정하였다. 그러나 지난봄과 여름에 코로나 긴급모금을 하였기 때문에 모금을 다시 시작하려니 심신이 몹시 고달파졌다. 사람들에게 부담을 너무 준다는 생각과 거부당할 때 오는 아픔 등에 미리 부대꼈다. 그러나 용기를 짜내며 하나님께 말씀을 드렸다. '제가 사람들에게 도움을 호소하는 글을 보낼 터이니 나머지는 하나님께서 알아서 해주세요. 그리고 저는 주시는 만큼만 일합니다. 하나님! 그런데 긴급모금을 연거푸 하자니 왠지 날강도 같은 심정이 듭니다. 부디 저를 불쌍히 여겨주십시오.'

한 사람 한 사람에게 간절한 사연과 사진을 카톡으로 보내며 기도하노라니 한 사람에게 후원 요청 글을 보내는 시간이 평균 십여 분 정도 걸렸다. 한 밤중에 기도하며 우선 선정한 다섯 사람에게 보냈는데 바로 응답이 왔다. 그 밤에 일곱 명의 귀한 분들이 소나기를 쏟아 붓듯이 부어주었다. 그리하여 용기를 내어 백오십여 명에게 사연과 사진을 발송하였다. 그리고 하나님께 '제가 할 일은 다하였습니다. 나머지 일은 하나님께서 행하여 주십시오.'라고 말씀을 드렸다.

도움을 호소하며 노심초사하다 보면 위산이 역류하여 가슴이 쓰리고 아프다. 위장이 무겁고 무엇인가 막힌 것 같은 느낌도 든다. 그럼에도 불구하고 모금을 계속할 수 있는 것은 고통 속에 있는 현장을 돌보아야 한다는 절박한 마음과 헌금에 참여하시는 분들의 위로와 기도 때문이다. 아직도 모금을 계속하는 중이지만 나에게 힘과 위로를 준 메시지들이 있다. 나는 단순하고 소박한 그들의 메시지에 위로를 받으며 계속 작업을 하게 된다.

"목사님! 마음이 너무 아파요. 제가 할 수 있는 것이 너무 적어서 죄송합니다. 그분들에게 사랑한다고 전해주세요. 목사님 위해서 계속 기도합니다."

"나의 나눔이 너무 빈약해서 하나님께 부끄럽다. 그들을 위해서 기도할게."

"배급되어질 쌀과 구호물자들, 홍수에 잠겨있는 집들과 사람들을 보니 마음이 너무 아프다."

"너무 작아 미안해요. 돈은 금액은 적지만 마음은 그 곳으로 갑니다."

"안녕하세요. 보내주신 계좌로 입금했습니다. 전에 다녀왔던 곳이 홍수로 고통을 당한다니 마음이 아프네요. 작은 도움이 그곳에서 쓸모가 있었으면 해요."

"힘든 사역에 많은 도움이 되지 못해 죄송합니다. 기도로 함께하겠습니다."

"제가 본 적이 없는 인도사람들이지만 목사님의 기도가 이루어지도록 기도하겠습니다. 목사님 덕분에 나눌 수 있다는 것이 큰 기쁨입니다. 건강하십시오."

"하나님의 사랑의 통로가 되시는 목사님, 항상 영육이 강건하시길 기도합니다. 우리 아들과 함께 참여하게 되어 기쁩니다."

"그래 기도할게. 어려운데 또 이런 일이 연달아 있어서 어떻게 해. 마음이 아프다."

"항상 감사드립니다. 더 많이 도와드리지 못해서 죄송합니다. 건강을 빕니다."

"할렐루야! 하나님의 역사를 위해 기도하겠습니다. 참여할 수 있는 기회를 주셔서 감사합니다."

"감사합니다. 너무 수고가 많으십니다. 하나님께서 목사님을 사용하셔서 하나님의 은혜와 축복이 인도와 그 주변 나라로 흘러가게 되기를 기도합니다."

"참 좋으신 하나님! 저희들을 돌보시는 하나님! 저희를 써주시는 하나님께 감사드립니다. 영광을 받으소서."

"인생 여정 중에 목사님과 함께 밟았던 땅들과 시간들이 참 소중합니다. 인도 선교가 저를 바꾸는 계기가 되었습니다. 건강을 빌며 다시 좋은 시간이 주어지길 소망합니다."

"첸나이에서 홍수로 어려움을 겪고 있는 분들을 생각하며 작은 돈을 보탬이 되었으면 하는 마음으로 보냈습니다. 늘 감사드립니다."

"주변의 관심을 가질 만한 사람들에게 두루 알릴게. 나는 먼저 송금한다. 구호금이 많이 들어오길 바란다."

"하나님의 큰 위로하심이 첸나이 수재민들과 목사님과 함께하시길 기도합니다."

"목사님, 무엇이 제일 급한 것인지 알려주세요. 일단 구호품을 구입할 수 있도록 송금하겠습니다. 혹시 더 필요하시면 알려주셔요!"

"어쩌면 마음 아픈 일들이 점점 더 많아질 수 있다는 생각에 마음이 더 안타깝고 아프네요. 주님의 손길로 사랑의 마음 모아져 그 곳이 속히 회복되기를 기도드립니다. 부족한 저에게 섬김의 기회를 주셔서 감사드립니다. 부디 건강 챙기시길 빕니다."

"오늘 조금이라도 도움이 될까 싶어서 조금 보냈어. 제발 힘없고 불쌍한 그분들에게 더 이상 시련과 고난이 없기를 하느님께 부탁드려야겠다. 제발 시험에 들지 말게 하옵소서."

"그냥 내 마음이 편하고 싶어서- 눈에 그분들의 불행과 힘들어함이 다 보이고 선한데 조금이라도 도움이 되겠지 싶어서. 그래야 맘이 편할 거 같아. 자꾸 갚을 길이 없다는 소리 안하기! 네 소임이잖아. 알려서 그분들을 살리는데 많은 도움을 받아야지. 하느님의 일이니 편하게 생각해."

얼마나 따스한가!

얼마나 아름다운가!

얼마나 선량한가!

얼마나 순수한가!

얼마나 겸허한가!

얼마나 진지한가!

얼마나 희망찬가!

영적인 사람들의 따스하고 부드러운 메시지는 참으로 하나님의 말씀처럼 힘이 있어서 용기를 북돋워주며 심신을 치료해준다.

할렐루야!

영적인 사람들의 메시지가 힘이 되어 나를 지지하며 선한 역사를 이루어 가고 있다.

모금은 결코 쉬운 일이 아니다. 불행에 빠진 사람들의 마음을 가슴 깊이 느끼지 못하면 할 수 없는 일이다. 그들의 절망과 분노, 상처와 비애가 느껴져야 절박하게 기도할 수 있고 집념을 가지고 절박한 마음으로 모금에 임할 수 있다. 그러므로 모금을 하다보면 아주 예민해져서 위장이 무겁고 위산이 역류해서 가슴이 쓰리는 일이 왕왕 발생한다. 거기다가 부정적인 말이나 냉소적인 말을 들으면 위축이 되어서 자신감을 잃게 되므로 모금을 두려워하게 된다. 때로는 모금에 대한 저항감으로 우울해지기도 한다.

금번에는 인도 교우들의 상황이 절박하므로 하나님께서 만사를 제쳐 놓고 모금에 몰입할 수 있도록 처음부터 천사들을 보내주었다. 천사들이 전후좌우에서 힘들어하는 나를 격려하며 지친 나를 붙잡아주었다.

세상에 수많은 문제가 있지만 답이 있다. 영적인 사람이 그 답이다.

영적인 사람이 있는 곳에서는 고통의 문제가 사람들을 오래 괴롭히지 못한다.

인생 굽이굽이에 수많은 영적인 사람을 보내 주신 하나님께 감사와 영광과 찬미를 돌린다.

영적인 사람을 만날 수 있는 고난의 삶의 자리를 주신 하나님께 깊은 감사를 드린다.

한 번 내려놓음으로

1982년에 생각한 인도여행을 1994년에 14박 15일로 다녀오게 되었다. 인도여행은 단순한 호기심으로 기획한 것이 아니었다.

1980년대에 초에 크리슈나무르티와 라즈니쉬, 바바하리 다스 등의 책이 무더기로 번역되면서 한국사회에 개방적이며 초월적이며 자유롭게 보이는 힌두교와 요가에 대한 선망과 동경의 바람이 불었다. 갓 신학교를 졸업한 나는 그런 힌두교에 대하여 묘한 열등감과 경쟁의식이 있어서 힌두 철학이니 하는 것들을 알기 위하여 힌두교의 정체를 알기로 결심하고 틈틈이 책들을 찾아 읽었다.

거의 모든 책들이 초월, 금욕, 자유, 수용, 명상, 고요, 신과의 일치를 말하고 있어서 인도 사회가 이상적인 사회처럼 느껴지면서 힌두교의에 대한 묘한 동경심이 생겼다.

사람들, 심지어는 크리스천마저도 기독교를 폐쇄적이며 배타적이라고 말하며 힌두교와 요가의 자유로움을 말할 때 나는 그 사회의 성숙함과 그 종교의 진면목을 가서 두 눈으로 확인하리라 다짐하였다. 인도여행을 놓고 오랜 시간 기도하며 실상을 바르게 볼 수 있기를 간구하였다.

십여 년 세월이 흘러 인도여행을 떠나게 되었을 때 기장여신도회 전국연합회로부터 중부 인도에 있는 나그뿌르에 병원에 건축 후원금을 전달해달라는 부탁을 받았다.

우리의 처음 계획은 북인도를 돌아보고 네팔 포카라에 가서 히말라야 트레킹을 하는 것이었으나 우리 여신도회의 일이기 때문에 나그뿌르행을 차마 거절하지 못하였다. 그런데 운 좋게 뉴델리에서 몇 년 동안 사신 같은 교단 소속의 대 선배이신 선교사님 댁에 머물게 되었고 그분이 가이드를 잘해 주셔서 시간과 돈이 많이 절약되어 우리는 네팔 여행이 수월하게 될 것으로 기대하였다.

하루는 선교사님께서 자기가 일하는 현장이 뉴델리에서 두 시간 정도 걸리는데 같이 방문했으면 좋겠다는 뜻을 내비쳤다. 뉴델리에서 하루 일정을 빼고 선교사님의 부탁을 들어주려면 반나절 아니면 하루 정도를 할애하면 될 것 같아서 룸메이트랑 상의하였다. 우리는 선교사님께 신세를 진 것 때문에 네팔에서 하루일정을 줄이고 선교현장에 따라가기로 합의를 하였다.

그런데 다음 날 선교사님께서 현장이 두 시간 비행기를 타고 가서 다시 차로 여섯 시간 정도 더 가야한다고 하였다. 또한 인도비자로는 갈 수 없는 곳이어서 방문 비자를 따로 받아야 한다고 하였다. 순간 너무 당황해서 할 말이 없었다. 그 자리에서 아무 대답도 하지 않고 룸메이트인 친구와 몇 시간 동안 머리를 맞대고 연구를 하였다.

선교사님의 뜻을 따르지 않으면 우리는 나그뿌르에 가서 선교비를 전달하고 거기서 비행기를 타고 네팔로 들어가면 되었다. 그러나 선교사님의 뜻을 거스르면 상당 기간 동안 그분께 미안한 마음을 가지게 될 것이고 마음이 영 불편할 것 같았다.

그렇다고 선교사님의 뜻을 따르면 여행의 절반을 포기하는 것이 되므로 우리의 기분이 유쾌하지 않을 것이 분명하였다.

양쪽이 다 만족할 수 있도록 선교 현장에도 가고 네팔 여행을 하는 것을 계산하여 보았다. 그러나 아무리 비행기를 타고 이동을 한다고 해도 시간이 부족하였다. 또한 경비도 모자랐다.

어느 쪽으로 결정하여도 안타까운 상황이었다. 처음부터 그분의 신세를 지지 않았으면 이런 일이 없었을 것이라고 후회했지만 그분의 호의를 이미 다 받았기 때문에 속 편하게 우리 좋을 대로만 일을 정할 수가 없었다. 우리는 기도하면서 무엇이 우리 모두에게 유익할 것인가? 무엇이 서로에게 좋을 것 인가? 하나님께서 우리에게 무엇을 원하실까? 등을 물으며 이야기를 나누었다. 기도하며 고민한 끝에 우리는 네팔 포카라 트레킹을 포기하고 내려놓았다.

첫째는 불편과 고통을 감수하며 선교사로 일하시는 어르신에게 힘이 되어주고 싶어서였다.

둘째는 우리 계획대로 포카라 트레킹을 해도 이미 선교사님의 부탁을 뿌리치고 왔기 때문에 여행이 즐겁지 않을 것 같은 예감 때문이었다.

셋째는 인도 비자로 안 되고 또 한 번의 비자를 받을 정도의 깡 시골이면 무언가 순수한 것이 있을 것이라는 느낌이 있어서였다.

넷째는 우리가 알지 못하지만 무언가 하나님의 뜻이 있을 것이라는 막연한 생각이 들었다.

내려놓으니 한 편으로는 서운하고 한 편으로는 안도감이 들었다.

우리는 다음에 함께 포카라 트레킹을 하자고 약속을 하고 선교사님을 따라서 동북인도 오지 여행에 나섰다. 내려놓음으로 여행 일정이 바뀌었고 하지 않아도 될 고생을 많이 하게 되었다. 나그뿌르에서 캘커타까지 가는 비행기가 없어서 기차표를 구하려고 했는데 끝내 구하지 못했다. 나그뿌르역에서 표를 사기 위해서 대기하고 있는 시간에 인도에 대하여 품고 있었던 모든 환상이 훨훨 날아갔다.

굶주림, 구걸, 싸움, 훔침, 사기, 협잡, 폭력, 소외, 무관심, 배타, 폐쇄, 독선, 교만, 우월, 더러움, 구더기, 똥, 파리, 온갖 벌레들이 역 안에 가득하였다.

초월, 금욕, 자유, 개방, 명상, 침묵, 수용, 평화, 조화, 자비 등의 말들이 해체되어서 하늘로 사라졌다. 인도라는 거대한 사기, 인간의 영혼을 호리고 기만하는 그 정체가 보였다.

추르찬드푸르에 들어갔을 때 우리가 인도 독립 이후 처음으로 들어온 외국 여성이라는 말을 들었다. 영혼이 맑은 사람들, 심령이 가난한 사람들을 보았다. 신에 들려서 무아지경에 빠진 사람들도 보았다. 그분들의 말과 행동에서 풀 냄새가 났고 웃으면 들꽃이 하얗게 핀 것처럼 보였다. 사람들이 마치 100년 전 우리 조상들처럼 친근하게 느껴졌다. 그분들과 지내는 며칠 사이에 머릿속이 청소되었다.

포카라 트레킹을 내려놓은 지 26년의 세월이 흘렀다.

26년 전에 우연히 내려놓은 내려놓음으로 인하여 내려놓음의 축복을 차고 넘치도록 받았다.

그동안 네팔에 십여 차례 다녀왔다. 그리고 그렇게 하고자 소망하였던 포카라 트레킹을 푼힐까지 3차례, 담프스까지 한 차례, 사랑고뜨까지 두 차례 그리고 대망하였던 안나푸르나 베이스캠프까지 두 차례 다녀왔다. 한 번의 내려놓음으로 이렇게 많은 포카라 트레킹을 선물로 받게 될 줄이랴!

그 한 번의 내려놓음으로 여러 차례 트레킹 하는 축복을 받았을 뿐만 아니라 나의 인생길이 놀랍게 바뀌었다. 삶의 질과 차원이 달라졌다. 결과적으로 하늘 기쁨으로 순례자의 자유를 맛보며 산다. 그러기에 아무리 긴 시간 동안 진지하게 열심히 준비한 것이라 할지라도 내려놓음이 요구될 때 바로 내려놓는다. 내려놓음이 사람의 일이면서 하나님의 일임을 깨달았기 때문이다.

상대방의 기쁨과 유익은 구하는 내려놓음은 육을 가진 인간으로서는 어렵고 성령님의 은혜로서 가능하다. 성령님의 도움으로 내려놓는 자는 하나님의 마음속에 거하며 하나님과 동행하며 하나님의 뜻을 이루어간다.

내려놓음은 기적이고 신비이며 성령의 은사이며 열매이다.

3천 원과 클레로노미아

우리의 인생, 존재와 재능이 누군가가 클레로노미아, '제비를 뽑아서 준 것'이라고 하면 천재들이나 각종 분야의 세계적인 전문가들은 순전히 자신들의 힘과 노력으로 상아탑을 쌓고 형설지공을 이루었다고 주장할지 모르지만 나는 나의 모든 것들이 '하나님이 뽑아 준 것'이라고 생각한다.

신약성서(벧전14, 마21:38, 눅 12:13, 히9:15)에 나오는 '클레르오'는 '제비 뽑다', '노미아'는 분배된 것이라는 뜻을 가지고 있으며 흔히 '소유', '기업', '재산'으로 번역된다. 그리고 하나님의 '클레로노미아'를 맡은 자들에게는 주신 분께 대한 충성이 요구된다.

우리가 제비를 뽑은 것도 아니고 우리가 선택을 한 것도 아니지만 우리는 그분에게 저마다 생명과 능력, 성품과 건강을 다르게 받아 가지고 태어났다. '클레로노미아'가 크든지 작든지, 좋든지 형편없든지, 마음에 들든 안 들든 간에 우리는 하나님께서 자신에게 맡겨준 '기업'과 '재능'에 감사하며 맡겨주신 분께 충성해야 할 권리와 의무가 있다.

만약에 그렇다고 하면 누가 우리를 대신해서 제비를 뽑은 것인가?
천사들인가?

첫 사람인 아담인가?

하나님께서 창조 이전에 먼저 모든 것을 예정하고 뽑으신 것인가?

우리의 두뇌로는 도무지 알 수가 없다.

분명한 것은 나 자신이 뽑지 않았다는 것이다.

그럼에도 불구하고 인생의 굽이굽이에서 적재적소에서 '여호와 이레'의 선물인 '클레로노미아'가 나를 기다리고 있었다.

하늘과 땅을 비롯하여 사람의 모든 것이 하나님께로부터 공급되었다. 하나님의 것으로 공급받아서 살고 먹고 마시며 섬기면서 내가 했다고 자랑하고 교만을 피울 일이 없다. 과거에는 모든 열매와 결과를 나의 노력과 희생, 수고와 기도가 만든 것으로 착각하여 나팔을 불며 자랑하였다. 그러나 이제는 그렇지 않다. 나의 생명도 내 것이 아닌데 나의 것이 어디 있는가 말이다.

나는 영어 실력도 부족하고 후원회도 없고 사람들의 눈길을 끌 만한 재능도 없고 가난하고 외모도 초라하여서 인도 광야에서 도무지 견뎌낼 재간이 없었다. 그런데 하나님께서 무능하고 무익한 종에게 '클레로노미아'를 넘치도록 부어 주셔서 부족과 수치를 덮어 주시고 많은 열매를 맺도록 축복하셨다.

하나님께서 여기저기에 내가 받아서 사용해야 할 '클레로노미아'를 많이 안배해주셔서 인도에서 많은 기적들을 보았다. 그중에 '장학금' 나눔이 있다. 2003년 2월 같은 경우에는 장학금 후원금이 전혀 없어서 2월 마지막 날까지 기도만 하고 있었다. 그런데 뜻밖에 우리 현장을 방문한 독일인들이 5, 6백만 원 정도의 헌금을 모아 주며 긴급한 일에 쓰라고 하였다. 그들의 말을 듣는 순간 필요를 정확하게 채우시는 하나님의 교묘한 공급하심에 경악하여 비명을 질렀다.

지난 사십 여 년 동안 장학금을 위해서 내가 바친 돈은 3천 원뿐이다.

1974년 봄, 한 달 시내버스 교통비로 받은 3천 원을 고스란히 장학금으로 헌금하였다.

당시 우리 시골교회 전도사님이 자기 후배가 학비가 없어 신학을 중단하려 한다며 '십시일반으로 학생을 돕자'고 광고하셨다. 전도사님의 호소가 가슴을 울렸다.

나는 자신에게 이렇게 말했다.

'아무개야~ 네가 아침저녁으로 한 달만 걸어 다니면 그 신학생이 마음 편히 공부를 계속할 수 있어. 어때? 한 달 걸어 다닐 수 있겠지.'

나는 자신에게 다짐하고 3천 원을 바로 장학금으로 바쳤다. 그리고 한 달 동안 시오리가 되는 거리를 밤낮으로 걸어 다녔다.

세월이 흘러 3천 원 장학금을 바친 지 20년 째 되는 해에, 인도 어느 시골에서 가뭄으로 학업을 중단하려는 3명의 청년을 만났다. 나는 그 청년들에게 공부를 계속하기 원하면 장학금을 주겠다고 약속하였다. 그리고 한국에 돌아와서 장학금 모금을 하는데 순식간에 100만 원이 모였다. 그 때부터 지금까지 그 시골 신학생들의 장학금 뒷바라지를 하고 있다.

2000년 봄에 남인도교단 본부를 방문하였는데 청년 한 명이 건물 현관계단에 앉아 고개를 폭 숙이고 울고 있었다. 아침부터 무슨 일인가 싶어 교단 총무에게 물었더니 청년이 마지막 학기 등록금을 교단으로부터 대출받으러 왔는데 그런 예산이 없다고 하니 돌아가지도 않고 울고 있다는 것이었다. 교단본부에 학자금 대출을 받으러 밤 새워 기차를 타고 달려온 청년의 절망과 희망이 나의 폐부를 찔렀다. 장학금에 대한 강렬한 열망이 일어났다. 나는 청년의 희망과 꿈을 사기로 하고 부리나케 숙소로 돌아와 가지고 있는 현금을 다 모았다. 그리고 한국에 긴급 타전을 하였다. 놀랍게 예비된 장학금 수백만 원이 동시에 왔다. 처음에 나는 단지 한 청년에게만 장학금을 주려고 하였는데 이로 인하여 수십 명의 청년들에게도 장학금을 주게 되었다. 현관에서 만난 그 청년 때문에 그 해부터 달리트 장학금을 모금하게 되었고 몇 년 후에는 아예 장학금 결연제도를 만들어서 학생과 후원자를 매칭하였다.

놀라운 것은 장학금이 필요한 학생이 나오면 후원하실 분이 대기하고 있었던 것처럼 바로 나오는 것이었다. 그리하여 다양한 꿈과 희망을 가진 청소년, 청년들과 함께 하나님의 '클레로노미아'를 나눌 수 있었다. 그래서 혹자들은 내가 장학재단을 가지고 있는 것으로 생각하기도 하는데 전혀 그렇지 않다.

나는 단지 천지를 만드신 하나님께서 창세전에 수혜 받아야 할 학생들을 위해 어딘가에 '클레로노미아'를 예비해 두셨다고 믿으며 예비된 후원금을 찾기 위해 백방으로 돌아다니는 것뿐이다. 마치 우리가 소풍을 가서 보물찾기를 하는 것처럼 말이다.

올해는 3개국의 70명 학생들과 하나님께서 준비해주신 '클레로노미아'

를 나누고 있는 중이다.

혹자는 70명이라는 숫자를 시시하게 생각할 수도 있을 것이다. 세상에 내놓고 자랑할 만한 많은 수는 아니다. 그러나 그들 대부분이 고아와 과부의 자녀들이라는 사실과 성적보다는 학생들의 이웃에 대한 태도와 봉사 그리고 그들의 외로운 꿈에 대한 지지라는 사실에 자부심을 가진다.

현재 코로나와 군부독재로 말미암아 송금이 막힌 나라도 있지만 하나님께서 작은 틈새를 열어 주셔서 장학금이 계속 흘러가고 있어서 '여호와 이레'의 환성을 지르게 된다.

이십여 년 전에 꿈을 꾸었다. 꿈속에서 내 옷이 강변에 떨어져 물에 젖었기로 단체로 소풍 와서 놀고 있는 독일인에게 옷 세탁비를 요청하였다. 그랬더니 그들이 기다렸다는 듯이 열심히 돈을 모아서 5만 마르크를 주었다. 나는 그 액수가 너무 커서 돈의 일부를 돌려주었다. 그러자 대표되는 분이 나에게 '그 돈이 내가 다 써야 할 돈이다'라며 받지 않았다.

어느 지인이 나에게 '하나님 나라의 일을 위해서 배정받은 클레로노미아가 많다'고 하였다. 그래서 고등학교 시절에 바친 3천 원을 하나님께서 30배, 60배, 100배로 갚아주고 계시는 것을 목격하고 있는 중이라고 대답했다. 그가 내 말에 토를 달았다.

도토리 한 알 속에 거대한 도토리나무가 숨어 있듯이 그 3천 원 속에 수 백 수천 명의 장학생들이 함께 들어 있었다는 것이다. 사람의 눈은 3천 원 밖에 보지 못하지만 하나님께서는 그 돈을 받으실 때 이미 나의 동역자가 될 수만 명의 형제자매들 초청하였으며 동시에 수혜 받을 수많은 학생들을 초청하였다는 것이다. 그리고 이미 예정하신 그 일을 내가 세상을 떠날 때까지 하나님께서 성취하실 것이라고 하였다. 그의 그럴 듯한 상상력에 감탄하며 박수를 보내자 그는 내가 3천 원을 바치고 아침저녁으로 걸어 다니려고 한 그 마음조차도 하나님께 받은 '클레로노미아'이며 인간의 생각에서 나온 것이 아니라고 하였다.

나는 그의 해석을 선교의 활동은 물론이고 우리네 인생의 모든 것이 하나님의 클레로노미아로 가능한 것이니 감사하며 겸손하라는 말로 받으며 옷깃을 여몄다.

우리의 인생살이에 필요한 모든 것이 하나님에게서 온 것이며 빌려 쓰는 것이다. 내 것이라고 생각하는 몸도 마음도, 물질과 정신도, 지혜와 지식도, 함께 길가는 친구들도, 순례자들도 다 '클레로노미아'이다. 하나님의 것으로 인생을 살면서 우리가 자랑할 것이 무엇인가? 하나님의 것으로 하나님의 일에 쓰임을 받으면서 영적 교만과 우월감에 빠질 일이 있는가?

나의 남은 여정에 준비해놓으신 하나님의 '클레로노미아'를 기대하며 코로나로 불확실한 세계 속에서 하나님에 대한 무한한 신뢰와 무한한 감사로 가난한 사람들과 가난한 학생들이 있는 곳으로 힘차게 떠날 날을 기다린다.

주님의 식탁, 밥 나눔 사역!

아래는 카트만두 거리 배식에 함께 협력하는 조 선교사님께서 작년에 보내주신 카톡의 내용입니다. 우리는 카트만두의 거리 배식이 중단되지 않도록, 주님의 식탁이 계속 차려지도록 최선을 다해 후원하였습니다.

"목사님, 현재 저희는 하루 백 수십 개의 도시락을 싸서 네팔 카트만두의 홈리스 피플들과 나누고 있습니다. 그 날 그 날 재료에 따라 하루 식사 준비비가 조금씩 다르지만 보통 십만 원으로 150명분의 도시락을 준비하고 있습니다.

저희의 생각은 한 끼 도시락으로 하루에 필요한 영양가를 골고루 먹게 한다는 것입니다. 대부분의 홈리스, 잡 리스 피플들이 하루 두 끼 이상의 밥을 먹기 어렵기 때문에 도시락 하나만 먹어도 영양이 부족하지 않도록 만들고 있습니다. 야채만으로 만들면 십만 원으로 이백 명 이상의 식사도 마련할 수 있으나 저희는 고기와 계란을 빼놓지 않으므로 백 수십 명분의 도시락을 만듭니다."

우리는 뉴델리와 첸나이에서는 주님의 식탁을 특별한 때와 절기에만 배설하였습니다. 그러나 난달 희망공동체에서는 날마다 배설하였습니다.

아래는 칸따 목사님이 보낸 카톡입니다.

"목사님, 저희 희망공동체에서는 주민들을 위하여 날마다 주님의 식
탁을 열고 식탁에 올 수 없는 분들을 위하여 도시락을 배달합니다. 하
루에 열다섯 분 정도가 식사를 하고 있고 여섯 세대에 점심도시락을 배
달하고 있습니다. 우리 어린이집에서는 이십여 명의 아이들에게 한 끼
식사와 두 번의 간식을 제공합니다."

우리는 동북인도 미조람 싸이하 인근의 10여 개의 미얀마 난민 캠프에
3년째 긴급구호를 하고 있습니다. 한 달에 2번씩 사랑의 쌀 나눔으로 난민
들을 주님의 식탁으로 초대합니다. 그런데 이 긴급구호가 장기화 되니 굶
주리는 생명에 대한 아픔보다 숫자를 앞세우며 나눔 자체를 나 자신의 공
로로 여기는 상투적인 매너리즘에 빠지게 됩니다. 은혜를 상실하면 나눔
을 계속할 수가 없으므로 교만한 마음을 십자가에 못 박으며 주님의 마음
으로 돌아 갑니다. 밥과 생명, 창조와 성만찬에 대하며 묵상을 합니다.

밥은 생명입니다.
무릇 살아있는 모든 생명체는 밥을 먹어야 합니다.
나무나 풀은 물과 태양을 밥으로 먹습니다.
흙속에 사는 미생물들은 토양에 있는 양분과 물을 먹습니다.
곤충도, 하늘의 새들도, 산짐승들도 다 나름대로 자신들에게 맞는 밥을
찾아 먹습니다.
바다에 사는 미생물과 해초류, 어패류들도 자신들에게 맞는 밥을 먹습

니다.

　그러나 사람들의 인간본위의 이기적인 산과 하천, 바다와 사막의 개발로 말미암아 미생물들과 야생동식물들의 밥에 문제가 생겨 지구 환경과 생태계가 엄청난 위기와 변화에 직면해 있습니다.

　그런데도 사람들은 자기들의 사는 수준을 현상대로 유지하려는 욕구를 내려놓지 못하고 개발과 파괴를 멈추지 않고 있습니다.

　하나님께서 창조하신 지구촌의 모든 생명체, 눈에 보이든, 보이지 않든 간에 생명체들은 밥으로 생명을 유지하고 있습니다. 오묘한 창조 섭리로 살아있는 것들이 서로 서로 밥이 되어주며 태초부터 21세기에 이르도록 지구 생태환경을 유지해왔습니다. 그런데 선진 강대국의 약육강식과 적자생존의 법칙을 신봉하는 자들이 발전과 진보라는 미망에 사로잡혀 지구상의 생명체는 물론이고 동종인 인류마저도 약탈하여 마구잡이로 자본을 축적해온 까닭에 온 세계가 밥의 문제로 신음하고 있습니다.

　사람이 과학과 문명이라는 그럴듯한 이름으로, 인류를 위한다는 명분으로 사업을 하며 문화와 예술, 스포츠 활동을 왕성하게 벌여 선량한 사람들조차도 자신도 모르게 약탈자가 됩니다. 또한 수용자, 이용자, 대상자들이 자신도 모르게 피 약탈자가 되기도 하고 약탈자가 되기도 합니다.

　소위 자본주의 강대국들은 전쟁과 테러, 다국적 기업과 다국적 은행, 다국적 언론과 방송, 전문적 지식과 문화자원, 천연자원 채취, 원료 기지와 시장개방, 환율 등으로 가난한 나라의 가난한 사람들을 더욱 빈곤하게 만듭니다. 그러기 때문에 우리는 세상의 기아와 살인적인 빈곤에 대하여 부끄러워하지 않고 책임감도 죄의식도 없습니다. 자신들이 축적하고 있는 부 때문에 가난한 나라, 가난한 국민들이 밥상을 빼앗기고 있다는 사실도 모릅니다. 그래서 지구촌 인구의 1/3이 충분하게 먹지 못하고 십 퍼센트 이상의 사람들이 상습적으로 기아에 노출되어 죽어가도 강대국의 지도자, 온갖 영웅들, 지식인들, 문화인들, 기업인들은 자기 부귀영화와 성공의 성에 갇혀서 자신들의 천국 확장과 정책과 프로젝트에 늘 쫓깁니다. 그들은 권력과 재물, 재능으로 자신들의 정책과 환율과 문화라는 이름의 약탈로 빈곤한 나라의 수없이 많은 사람들이 굶주리고 있다는 사실을 인정하지 않습니다. 자기들의 한 끼 식사비이면 한 가족이 한 달을 살 수 있는 뼈아픈 현실을 알려고도 하지 않습니다. 밥! 가족의 식탁을 빼앗는 것이 얼마나 큰 죄인지 사람들은 모릅니다.

주님은 '부자와 거지 나사로'의 비유에서 부자가 산해진미를 먹으면서 거지 나사로가 부스러기조차 먹지 못하게 한 죄가 얼마나 큰가를 보여줍니다. 주님께서 거지 나사로는 죽어서 아브라함의 품으로 갔으나 부자는 불타는 지옥으로 갔다고 단호하게 말씀하십니다.

주님은 '양과 염소의 비유'에서 지극히 가난한 사람들에게 밥을 먹이고 옷을 입히고 물을 주고 병문안 가고, 떠돌이들을 받아서 잠을 재워주고 옥살이하는 억울한 이웃을 찾아가는 것이 곧 바로 자신에게 한 것이라고 하였습니다. 그리고 가난한 자들에게 하지 않은 것이 자기에게 하지 않은 것이라고 선포하였습니다. 주님은 가난한 자와 자신을 동일시하였습니다.

20여 년 동안 해외에서 떠돌이 하며 가장 힘들었던 것은 굶주리는 사람들을 만나는 것이었습니다. 스스로 끼니를 해결할 수 없는 배고픈 사람들을 만날 때마다 "주님! 제 몸을 팔아서 저들에게 밥을 주십시오."라고 기도드리곤 하였습니다. 그러면서 '오병이어'의 기적을 베푸신 주님의 마음을 이해하였고 마지막 제자들과의 식사에서 자신의 살을 주는 심정으로 빵을 나누고 자신의 피를 주는 마음으로 포도주를 나누신 주님의 마음을 깨달았습니다. 그리고 끝내 십자가에서 몸 찢기고 피 흘려서 인류의 영원한 밥이 되신 예수님을 가슴 절절하게 만났습니다.

예수님의 피와 살을 먹고 사는 사람으로서 어디를 가든지 밥이 되고자 노력을 하였습니다. 밥이 되려는 열망으로 2007년에 남인도지역 데칸고원의 작은 소도시에서 어린이집을 열었습니다. 그리고 점심식사와 간식 2회를 주면서 아이들을 보살폈습니다.

1998년, 2005년, 2009년에 문을 연 세 곳의 고아원 개원을 처음부터 지원하였고 오늘까지도 협력하고 있습니다. 다른 이유가 없습니다. 부모 없는 아이들을 잘 입히고 잘 먹이기 위해서 지원하는 것입니다. 2017년에도 네팔에 있는 고아원 운영 책임을 떠맡았습니다. 다른 이유가 없습니다. 아이들을 먹이기 위해서입니다. 고아들의 생명이 귀하고 소중하기 때문에 먹이는 것입니다.

우리는 코로나로 파탄에 이른 뉴델리 빈민가에서 매씨 목사님이 하는 밥 나눔 사역에 협력을 하였습니다. 처음에는 자기들 끼리 시작하였지만 경제적으로 어려워지자 도움을 요청하였습니다. 우리는 두 말 하지 않고 협조하여 거리 배식이 계속되도록 힘이 되어 주었습니다. 밥을 굶주리는 사람들, 밥을 기다리고 있는 사람들의 배고픈 심정과 슬픈 마음을 생각하면 도저히 중단되게 버려둘 수가 없습니다. 그래서 계속 지원하고 또 지원하는 것입니다. 그분들이 스스로 노동해서 밥을 먹을 수 있게 될 때까지는 누군가가 그분들에게 밥이 되어주어야 합니다.

밥 나눔 사역을 지원하다 보면 밥을 기다리는 분들이 바로 십자가에 달리신 예수님이라는 사실을 깨닫게 됩니다. 그분들 속에서 밥을 굶주리고 계신 주님을 만납니다. 너무 황송하고 죄송합니다. 부끄럽습니다. 주님께서는 거리에서 홈리스 피플의 친구로 사시는데 우리는 주님의 은혜로 산다고 입으로는 말하면서 실제로는 돈으로 천년만년을 살고자 고대광실 큰집, 큰 아파트, 멋진 농장이나 별장에 투자하며 살고 있습니다.

저 또한 떠돌이와 10년의 센터 생활로 많이 힘들었고 지쳤기 때문에 은퇴 후에 조용히 혼자 살 궁리를 해보았습니다. 그런데 인도와 네팔 코로나 확산 때문에 긴급구호를 하는 동안 한국인들이 자랑스럽게 말하는 '선진국 한국'의 죄를 많이 보았습니다. 선진국을 선망하며 좋아하더니 선진국의 행태를 고스란히 닮아가면서 선진국의 죄를 그대로 짓는 것입니다.

대부분의 선진국이 카인의 도시문명과 라멕의 강력한 보복정신과 하나님께 도전하는 바벨탑 정신으로 전쟁과 약탈, 경제 전쟁과 환율, 지식과 문화로 세계의 주권을 찬탈하고 지배하였습니다. 주도하는 세력은 부흥과 성공과 영광이지만 당하는 세계는 패배와 좌절과 빈곤 지옥입니다. 한국 또한 강대국 옆에 서면서 같은 행보를 하고 있습니다.

한국의 죄를 참회하는 마음으로 불편하게 살며 끝까지 저의 십자가를 지기로 다짐하였습니다. 아무리 구차해도 우리 이웃의 굶주림이 사라질 때까지 주님의 식탁을 열어 밥 나눔 사역을 계속하기로 하였습니다. 그리고 은퇴를 해도 허락이 된다면 밥 나눔 사역을 하는 공동체 일원으로 살고 싶습니다.

주님의 식탁, 밥 나눔 사역은 일시적인 동정으로 시작한 것이 아닙니다. 굶주리는 사람의 소중한 생명과 인격에 대한 인정과 사랑입니다. 그리고 십자가에서 생명을 주신 주님의 생명을 나누기 위함입니다. 또한 한국의 죄를 참회하는 마음도 있습니다.

우리가 가장 원하는 이상은 기아와 빈곤이 세상에서 완전히 사라지는 것입니다.

세상 모든 분들이 사랑하는 가족들과 함께 주님의 식탁에서 행복한 밥상을 대하는 것입니다. 그러나 그 이상이 실현될 때까지는 굶주리는 슬픔과 죄악이 세상을 지배하지 않도록 주님의 식탁, 밥 나눔 사역을 계속해야 합니다.

선한 일도 다 때가 있다

미얀마 피난민 긴급구호를 시작한 지 어느 덧 8개월이 지났다.

언제 끝날지 모르는 전쟁 난민과 기아 난민을 돕는 것은 국가 차원 또는 유엔 차원으로 할 일이지 개인이나 작은 단체가 할 일이 아니라는 것을 익히 체험하였기 때문에 미얀마 난민 긴급구호 요청이 들어왔을 때 몹시 망설였다. 아픈 마음과 연민 때문에 눈물을 흘리며 구호를 시작하지만 아무리 힘들어도 도중에 끝내기가 몹시 어렵다는 것을 이미 체험하였기 때문이다. 게다가 코로나시대라서 후원금 모금과 전달과 나눔이 불확실하기 때문에 더더욱 망설여졌다. 그러나 성탄절을 맞이하여 집에서 태어나지 못하고 외양간에서 태어난 예수 그리스도를 묵상하는 가운데 전쟁으로 집에서 고향에서 일터에서 쫓겨난 난민들의 아픔이 가슴을 찔러서 딱 한번만 긴급구호로 '사랑의 쌀'을 나누기로 하였다.

그런데 딱 한번으로 시작한 난민구호가 오늘까지 계속되고 있다.

배고프고 서러운 난민들의 시정을 알기에 나누고자 하는 마음이 간절하였고 더하여서 미얀마 난민 지도자의 강청을 뿌리칠 수가 없어서 하다 보니 계속하게 된 것이다. 그렇다고 될 수 있는 일은 아니었고 세 가지가 합력해서 선을 이루었기 때문에 가능하였다. 선한 일이 가능하도록 세 박자가 맞아 떨어진 것이었다.

첫째는 성령님의 감동감화로 벗님들과 교회들의 적극적인 참여가 있었기 때문이고

둘째는 인도 뉴델리에 우리를 대신해서 인도국경도시에서 활동하는 미얀마 지도자들에게 긴급구호비를 송금해줄 수 있는 한국 분들이 있고

셋째는 구호를 시작할 당시 기후가 건기여서 구호활동에 어려움이 없었기 때문이었다.

6월까지는 전쟁 난민들을 위하는 상황과 환경들이 좋았다. 그래서 계속해서 이십 차례의 송금이 가능하였다. 그러나 7월 이후로 상황이 많이 달라졌다.

전쟁 난민을 긴급 구호하는 일은 생명을 살리는 선한 일이고, 주님으로부터 위임받은 '네 이웃을 네 몸처럼 사랑하라'는 지상의 명령임에도 불구하고 원하는 대로 뜻대로 되지 않았다.

첫째 한국 TV에서 미얀마 내전 이야기가 일체 보도되지 않기 때문에 많은 사람들이 내전이 끝난 것으로 생각하고 있는 것 때문에 모금이 힘들어졌다.

둘째 인도가 우기에 들어가서 사랑의 쌀 나눔이 지연되는 되는 데다 책임자 가정에 어려운 사정이 발생하여 전달이 어려워졌다.

셋째는 한국 돈의 환율이 낮아져서 인도에서 우리를 대신해서 한화를 루피로 환전해서 송금해주려는 한국 형제들이 바로 바로 나타나지 않았다.

인도에 있는 한국인 형제가 도와주지 않는 한 단 돈 1원도 구호비를 보낼 수가 없으므로 구호작업에서 이 문제가 가장 중요하다고 보아도 과언이 아닌데 돕겠다는 사람이 나타나지 않으니 안타깝기 그지 없었다. 사람

의 문제가 아니고 한국 돈의 가치 저하의 문제, 환율의 문제라서 누구도 강제할 수 없는 현실이 야속하였다.

이 세 가지가 7월부터 시작되어 현재는 절정에 이른 느낌이다. 그러므로 아무리 선한 일을 하는 것도 때가 있다는 사실을 인정하지 않을 수가 없었다.

아무리 선한 일도 영원히 계속할 수 있는 것이 아니고 그만두어야 할 때가 온다.

날씨가 받쳐주어야 한다. 가족이 받쳐주어야 한다. 사회가 받쳐주어야 한다. 하늘이 받쳐주어야 한다. 상황과 후원자들이 받쳐주어야 한다.

이곳의 속사정을 모르는 미얀마 난민 캠프에서는 계속해서 긴급도움이 필요한 마을과 사람들에 대한 소식을 보내오고 있다. 그 소식을 받을 때마다 마음이 아프면서도 은근히 속이 상한다. 그런 내 속을 모르는 난민 지도자들이 가끔 자기들이 신세를 지고 있는 인도마을들을 위한 엉뚱한 주문을 해온다. 양식의 문제가 아니라 인도 시골마을의 저수탑 시설 개선, 시골학교의 시설 확장, 개인의 학비와 입원비 등의 것들을 요구한다. 참으로 가슴이 아프고 답답해지는 대목이다.

지난 성탄절 이래로 그들이 겪고 있는 상실감, 분노, 절망이 계속 나를 따라다니고 있다.

그들의 위태로운 생명, 그들의 고달픈 삶이라는 것이 결국은 세상 모든 인간들의 권력투쟁과 과욕의 산물이므로 내 능력으로 해결할 수 없는 요원한 문제 앞에서 상심하였다. 그러나 결코 악의 세력에 굴복하지 않을 것이다. 나라는 작은 사람이 할 수 있는 쌀 한줌을 나누며 밥 한 그릇을 나누는 일을 몸이 허락하는 마지막 날까지 혼신을 다하기로 다짐한다.

지금까지 "No!"를 해서 후회한 적이 거의 없고 "Yes!"를 해서 실수한 적이 거의 없다.

그러나 한번 "No!"라고 대답한 일로 후회하는 일이 하나 있다.

2018년 가을 어느 단체로부터 두만강역 부근의 어느 탁아소를 지원해 주라는 부탁을 받았다. 당시 우리는 남북의 수교가 곧 이루어질 것 같은 장밋빛 환상에 젖어 있었기 때문에 그리고 북한 형제들에 대한 막연한 동경과 그리운 마음으로 기꺼이 동참하려고 하였다. 그런데 갑자기 불안한 마음이 들었다.

북쪽 땅의 일인지라 누구와도 상의를 할 수 없다는 것이 가장 마음에 걸렸다. 또한 새로운 후원자가 전무한 상태에서 월 백만 원이 훨씬 넘는 금액을 정기적으로 후원해야 한다는 사실이 버겁게 느껴졌다. 후원자를 찾는 일이 어려워 마음이 안 되는 쪽으로 기울었다. 셋째로 고민되는 것은 후원금을 보내도 그쪽에서 사진이나 활동 내용을 전혀 보고받지 못할 것인데 후원자나 선교회에 무어라고 보고할 것인가의 문제였다. 끝으로 만약의 경우 이 일로 말미암아 어려움을 겪게 되거나 다른 사역들을 중단하게 되는 사건이 발생할 수도 있다는 불안에 사로잡혀 고민하다보니 2개월이 훌쩍 지나갔다.

무엇하나 확신이 서지 않고 불확실하고 불안한데 그래도 민족적인 양심이 발동하여 하자는 쪽으로 생각을 돌려서 처음 연락을 주었던 분에게 맡겠다는 의견을 피력하였다. 그랬더니 그분이 "대답이 없어서 다른 곳에

넘겼습니다."고 하는 것이 아닌가! 그리고 대신에 작은 탁아소 2개를 맡아서 지원하라고 하였다. 순간 자존심이 상하고 기분이 나빠졌다. 백여 명의 아이들에게 밥을 먹이는 엄청난 일을 결정하는데 치열하게 기도하며 고민할 시간을 충분히 주지 않는 것이 이해가 되지 않았다. 가타부타 말없이 돌아온 후, 며칠 고민 끝에 "NO"라고 대답하였다.

그 후 안타깝게도 하노이회담이 결렬되었다.

남북의 화해무드에 어두운 그림자가 드리워지며 나의 "No!"가 큰 그림을 보지 못하고 작은 그림에 집착한 나의 근시안적이고 이념적이며 이기적이었다는 사실을 깨달았다. "No!"라는 대답이 참으로 부끄럽고 후회스러웠다. 놓쳐버린 나눔과 섬김의 기회를 다시 열고자 하는 마음으로 그를 찾아가서 새 탁아소로 연결시켜주라고 부탁하였다. 그러나 하노이 결렬로 말미암아 연결이 지연되었다. 그 후 코로나 팬데믹으로 전 세계 국경이 폐쇄되었다.

그리고 가슴 아프게도 2022년 현재 남북은 첨예하게 대립각을 세우고 있다.

2018년 남북대화 무드가 한반도를 휩쓸고 있을 때 우리가 원할 때면 언제든지 그곳의 아이들을 돌볼 수 있을 것이라고 생각하였다. 최소한 코로나 팬데믹 전에도 그래도 나누고 섬길 수 있는 길이 있다고 믿었다. 그리고 길을 찾아 전후좌우를 헤매며 몇 사람들과 함께할 수 있는 조그만 샛길을 만들었다. 그러나 지금은 앞뒤로 길이 다 막혀버렸다. 기도 외에는 길이 없어서 하나님의 역사를 기다리며 기도하고 있다.

일은 사람을 기다려 주지 않는다. 때도 사람을 기다려 주지 않는다.

선한 일도 때가 있다. 그때 그 일을 시작했어야 한다.

꽃이 아름답다고 계속 필 수 없는 것처럼,

과실이 좋다고 계속 열릴 수 없는 것처럼 선한 일도 언제나 할 수 있는 것

이 결코 아니다.

때가 왔을 때 주저하지 말고 선한 일에 참여해야 한다.

선한 일도 다 때가 있다!

정말로 절박한 일!

지난 8월에 마음에 감동이 와서 예산에도 계획에도 없는 일을 저질렀다.

하나는 마니푸르 폭동 때문에 건자재 가격도 오르고 교회가 불타고 집들 또한 불에 타서 모금은커녕 난민 구호를 해야 되는 입장이 된 신학교가 3층 건물의 건축을 중단할 수밖에 없다는 보고서를 보내왔을 때 나는 두 말도 하지 않고 건축비를 보냈다.

다른 하나는 난민캠프에서의 생활이 길어지면서 아이들과 노인들이 영양실조와 병에 걸린다는 말을 듣고 구호를 실행할 수 있는 3곳을 선정하여 돼지 13마리 값을 보냈다.

밥은 한 번 먹는 것으로 끝나는 문제가 아니므로 한 번 시작하면 문제가 끝날 때까지 보내야 구호의 의미가 있는 것이어서 식량구호는 처음 시작이 쉽지 않다. 그러나 이번에는 그런 고민조차 하지 않고 서너 살짜리 아이들의 발육과 건강을 생각하면서 바로 비상식량 구호비를 보냈다. 그리고 난 뒤에 하나님께 '한 번 시작한 일이니 폭동이 끝날 때까지 공급해 주어야 합니다.'라고 말씀을 드렸다.

일을 시작하면서 호소문을 십여 분에게 보냈는데 놀랍게도 여덟 분이 응답을 해주었다. 어떤 분은 호소문을 보내지 않았는데 동북인도에서 보내온 편지 글을 읽고 가슴이 아파서 후원금을 보냈다고 하였다. 처음에는 사람들의 귀한 동참에 가슴이 뛰었으나 적은 금액으로는 멀리를 내다 볼 수가 없어 하나님께 확실한 사인을 요청하였다. 이것이 내가 너에게 맡긴 일이니 걱정하지 말고 실행하라는 하나님의 사인을 …

며칠이 무더위와 함께 지나갔다. 아무리 좋은 일이라 해도 하나님의 사인이 없으면 시작을 하지 않는 습관이 있는 나로서는 이미 저지른 일에 대하여 조바심이 났다. 하나님께서 나에게 맡긴 일이 아니면 한 번 하는 것으로 족해야지 하면서 하나님의 응답이 오기를 간절히 기다렸다.

며칠 후 전화가 왔다. 그분은 내가 보낸 호소문을 읽었다고 하였다. 그는 난민 어린이들의 영양실조 문제를 가슴아파하였다. 어린 시절에 굶주린 기억 때문에 '죄 없는 아이들의 굶주림이 자기 일 같다'고 하였다. 그는 몸이 아프고 힘들어서 몇 번이나 사업을 접고자 하였는데 자기가 조금만 고생하면 가난하고 병든 사람들에게 꿈과 용기를 줄 수 있으므로 마음을 고쳐먹고 사업을 계속하게 된다고 하였다. 난민 아동들의 영양실조 이야기를 읽을 때 감동이 와서 하나님께서 자기에게 맡겨준 일인지 확인하고 싶었다고 하였다. 호소문에서 하나님의 음성을 들은 그분의 전화로 말미암아 나 또한 그 일이 나에게 맡겨준 일임을 확인하였다.

할렐루야!

예산에 없는 신학교 건축비를 송금했으니 건축비를 모금해서 채워야 하였다. 그런데 전혀 걱정이 되지 않았다. 하나님께서 준비해 놓았을 것이라는 확신이 들었을 뿐만 아니라 하나님께서 그보다 더 큰 일도 하실 것이라는 어떤 느낌에 사로잡혔기 때문이다.

갑자기 폭동으로 소실된 인도 독립교단의 교회들의 건축이 내가 해야 할 마지막 일인 것 같은 기분이 들었다. 폭동이 언제 끝날지 모르지만 불에 탄 교회들과 교우들의 집을 재건함으로 형제 교회와 교우들이 당한 고난에 참여하자는 생각이 계시처럼 다가왔다. 한국이나 한국교회의 상황, 특별히 나를 둘러싸고 있는 상황이 지금 외국 교회 건축에 관심을 가질 때가 아니라는 것을 알고 있지만 하나님께서 원하고 계시다는 생각이 들었다. 하나님께서 도구로 써주실 것을 믿고 독립교단의 목회자님에게 불에 탄 교회 사진과 이름을 부탁하였다. 그분에게 독립교회가 겪고 있는 고난을 널리 알리고 함께 기도하기 위해서라고 말하였다. 사진을 보면서 소실되거나 파괴된 교회 이름을 부르기 시작하였다. 그리고 다시 교회가 세워지고 마을이 회복되며 사자와 어린 양이 뛰노는 환상을 그려 보았다. 원수가 된 부족들이 서로 화해를 하고 평화롭게 사는 마니푸르를 상상하였다. 그리고 그렇게 되길 축복하였다. 어쨌든 교회가 회복되고 가정이 회복되는 꿈을 꾸면서 건축 후원금을 모금하기로 마음을 먹었다. 소실된 교회 건축을 위하여 가옥을 위하여 책도 써서 팔기로 하였다. 그리고 나 혼자 상상 속에서 교회와 집들을 재건축하며 폭동을 향하여 "사탄아 물러가라!"고 명령하였다.

혼자 머릿속으로 모금하며 집을 짓고 있는데 어느 권사님께서 전화를 주셨다.

"목사님, 기도할 때마다 얼굴이 어른거리는데 무슨 절박한 일이 있어요?"
권사님께서 안부도 묻지 않고 다짜고짜 용건을 말씀하였다.

"권사님, 절박한 일이 있지요."

"그게 무언데요?"

"우리 신학교가 건물을 짓다가 폭동 때문에 중단했어요. 건축비를 모금해야 되요."

"무슨 건물이요? 꼭 필요한 건물이요?"

"예. 필요한 건물이어요. 3층 건물을 짓고 있는데 그 중에서 3층만 맡으려고 해요."

"3층은 용도가 무엇인데요?"

"개인 기도실과 회의실이요."

"목사님의 말을 들으니 그 일이 내가 할 일이네요. 요즈음 도움을 요청하는 편지를 많이 받았는데 마음이 끌리지 않고 자꾸 목사님이 떠올라요. 혹시 목사님께서 하나님께서 기뻐하시는 일을 하고 계신가 싶어서 전화 걸었어요. 혹시 건축보다 더 요긴하고 절박한 일이 없나요? 하나님을 감동시키는 그런 일 말여요?"

"예? 하나님을 감동시키는 절박한 일요? 현재 가장 절박한 일은 마니푸르 폭동으로 난민된 사람들에게 쌀과 고기를 보내는 일이어요. 그리고 저 혼자 속으로만 생각하고 있는 것은 불탄 교회와 집들을 다시 건축하는 일인데요. 아무한테도 말하지 않고 혼자 속으로 기도하고 있어요."

"목사님께서 절박한 일을 하고 계실 것이라고 감을 잡았는데 정말 그러시네요. 밥 먹이는 일이 얼마나 귀한 일인데요. 오죽하면 예수님께서 밥을 먹이고 나그네를 자기 집에 영접하는 사람들을 자기를 먹이고 영접한 사람이라고 했을까요? 그러니 하나님께서 나를 감동시켰나 봅니다. 하나님께서 그 일에 함께 쓰시려고 저를 감동시켰나 봅니다. 난민들을 함께 섬기라고요!"

머리끝에서 발끝까지 전기가 흘렀다. 학교 건축비를 보낸 것이나 돼지 13마리를 보낸 것은 이미 액션을 취한 것이지만 불 탄 교회와 가옥 건은 장차에 하려고 생각하며 기도만 할 뿐 아무런 행위도 하지 않았는데 하나님께서 이미 열납(悅納)하셨다니 가슴이 막혔다. 신학교 건축이야 어찌어찌 노력해서 할 수도 있는 일이지만 불에 탄 집들과 교회 재건은 애시당초부터 나만의 노력으로는 감당할 수 없는 일이다. 그래서 감히 그 일을 하려고 생각하지 않았다. 그러나 마니푸르 소식을 계속 접하며 폭동으로 집을 잃은 사람들의 불행이 무겁게 느껴지며 이들이 나를 대신해서 불행을 겪고 있다는 생각이 들었다. 그래서 교회를 세우는 심정으로 폭동에 가옥을 잃은 사람들을 위하여 뭔가 행동을 취하기로 마음먹었는데 구체적인 활동에 들어가기도 전에 하나님께서 권사님을 감동시켜서 함께 일하도록 부르신 것이었다.

할렐루야!

인간의 언어와 지식, 의식과 경험으로 알 수 없는 하나님의 부르심, 하나님과의 소통, 하나님의 교류하심에 고무된 영혼이 환희에 빠졌다. 사랑만이 하늘과 땅, 땅과 땅의 소통의 열쇠라는 사실을 가르쳐 주시는 성령님께 무한 감사를 드린다. 하나님의 신비한 임재에 위로 받으며 역사의 어둠을 향해 뚜벅뚜벅 걸어간다.

폭동이 끝나면 사랑하는 사람들과 함께 불에 탄 교회와 집들을 재건(再建)할 것이다.

맘! 오늘의 기쁨을 영원히 기억할 것입니다!

"맘! 오늘의 기쁨을 영원히 기억할 것입니다!"
수바가 벅찬 감동의 말들을 텔레그램에 쏟아내고 있었다.

"맘이 베풀어준 푸레쉬의 생일 파티에 우리 모두가 흥분하였습니다."
벵까도 한껏 고조된 기쁨을 감추지 않고 감동을 쏟아냈다.
푸레쉬의 생일 축하를 위하여 흩어진 샨띠홈의 아이들이 한 자리에 모여서 생일 케이크를 자르며 환호하는 사진이 왔다.

순식간에 지난 일들이 주마등처럼 스쳐 지나갔다.
나의 인도 부재로 말미암아 샨띠홈 에이즈 고아들이 코로나 팬데믹을 시점으로 해서 흩어져 버렸다. 어렴풋이 샨띠홈이 사라졌다는 낌새는 차리고 있었지만 설마 했는데 과연 그러하였다. 나의 방문을 기회로 아이들이 모였지만 그들이 다시 모여서 살 수 있도록 샨띠홈을 재개원할 상황이 못 되었다. 그로 인한 상처 때문에 나는 병원 책임자에게 말 한마디 벙긋하지 않고 바보처럼 허리를 굽히다 돌아왔다. 비참한 심정을 말로 표현할 수가 없었다.
아이들에게 "안녕!"이라고 말할 때 눈물이 터져 나왔다.

다행스럽게도 돌아 나오는 나의 손에 벵까와 수바의 전화번호가 있어 아이들과 완전히 단절되는 것을 면했다는 안도감이 들었다.

한국으로 돌아오자마자 벵까와 수바에게 말하여 아이들의 현재 상황을 조사하고 연락처를 확보하였다. 그리고 샨띠홈에서 나가서 연락이 끊긴 아이들을 찾아내라고 하였다. 그들은 가우탐을 찾아냈지만 강가 라주와 베이비 가야뜨리, 큰 가야뜨리와 스프리나 등은 찾아내지 못하였다. 그리고 아이들의 희망과 꿈을 위하여 무슨 일을 할 것인가를 고민하다 우선 아이들에게 생일 선물을 하고 파티를 열어주기로 하였다.

송금이 가장 큰 문제였지만 인도에 있는 한국 분이 도움을 준다고 하였다.

그 다음 가장 큰 문제는 돈을 받는 벵까가 내 뜻대로 속임이 없이 바르게 돈을 사용할 것인가의 문제였다. 그래서 그에게 생일을 맞이한 당사자에게 현금을 전달할 때 영수증을 꼭 받을 것과 전달식의 사진을 찍어 보내줄 것을 요청하였다. 그리고 생일 파티 사진을 골고루 찍어서 보낼 것을 주문하였다. 벵까의 정직한 태도와 성실성에 따라 생일 선물과 파티가 계속될 수도 있고 멈출 수도 있으므로 이것은 도박이었다. 나는 우리의 신뢰가 깨지지 않기를 기도하며 돈을 송금하였다. 그리고 벵까에게 내가 말한 대로 집행해 줄 것을 요청하였다.

다행히 푸레쉬에게 현금을 선물로 전달하는 사진이 왔고 푸레쉬의 감사의 인사말이 동영상으로 왔다. 그러나 모두가 모여서 축제로 지내기로 한 생일잔치에 대한 언급이 없어서 고개가 갸우뚱해졌다. 그러나 참고 기다리기로 하였다.

1월 31일은 푸레쉬의 생일이었다. 그런데도 아무런 연락이 오지 않았다. 나쁜 생각이 떠오르는 것을 누르며 벵까가 너무 바쁘거나 잊어버려서 사진을 못보내는 것으로 마음을 정리하였다.

아뿔싸! 벵까에 대하여 실망하여 마음을 추스르고 있는 그 순간에 생일잔치 사진과 사진에 대한 설명이 들어왔다.

수바는 내가 찾아내라고 한 강가 라주를 찾았고 그가 파티에 참석을 했다고 아우성이었다. 그리고 그의 전신사진을 찍어 보냈다. 눈이 크고 조용하고 말이 없던 소년이 어느덧 청년으로 성장하였다. 그럼에도 불구하고 아이의 수줍은 표정이 조금 남아 있었다. 수바를 통해서 강가의 인사를 받았고 "너를 다시 보게 되어서 기쁘다!"고 하였다. 수바는 2012년 가을에 집으로 돌아간 다라니 사진도 보냈다. 다라니는 동영상으로 인사를 해주었다.

다라니를 보니 첸나이 투어 시 함께 가방을 들고 다니거나 어린 아이들의 손을 붙잡고 다녔던 큰 가야뜨리의 얼굴이 떠올랐다. 그는 왼팔이 화상을 입어 보기가 흉하였으며 평범한 얼굴에 성실한 아이로 명랑하였지만 어느 날 친척이 와서 강제로 데리고 갔다. 그 뒤로 소식이 끊겨버렸다. 앞으로 그 아이의 형편도 파악하기를 기대하며 수바가 보낸 여러 사진과 아이들의 이름을 확인하며 신이 났다.

사진이 막 올라왔다.
푸레쉬 이름이 적힌 생일케이크가 올라왔다.

생일케이크 앞에 서있는 푸레쉬의 사진, 생일 축하 노래를 부르며 케이크를 커팅하는 동영상, 케이크를 아이들과 푸레쉬가 서로 먹여주는 사진, 잔치 음식인 비리야니를 먹는 사진, 탁자에 둘러앉아 차를 마시는 사진, 멀리서 전체를 찍은 사진, 부분만 찍은 사진, 전원이 일어서서 환호하며 찍은 사진 등이 수십 장이 앞서거니 뒤서거니 밀려왔다.

아이들은 음식을 먹는 것이 아니었다.

그들은 기쁨을 나누고 행복을 먹으며 자유를 마시고 있었다.

밝게 웃는 그들의 영혼이 환희로 비명을 지르고 있었다.

그들은 코로나 팬데믹으로 흩어진 이후로 처음으로 자유롭게 만났던 것이다. 그것도 감히 가려고 생각해 본적이 없는 레스토랑에서 친구의 생일을 축하하기 위해 사방에서 모여든 것이었다.

태어나면서부터 HIV 바이러스에 감염된 그들은 출생 자체가 저주였다. 그래서 천덕꾸러기요, 처음부터 버림받은 아이들이었다. 그러나 우리 산띠홈은 죽은 '존 밥'이 말한 것처럼 에이즈 환자이기에 더욱 사랑받으며 보살핌을 받는 피난처였고 안식처였다. 그러나 코로나 기간에 보금자리를 잃어버린 그들은 상처받은 외로운 영혼이었고 살아 있음에도 삶이 인정되지 않는 존재들이었다.

그런데 오늘 아이들은 생일 케이크를 나누면서 다시 소생하여 형제자매로 태어났다.

아이들은 생일 음식을 나누면서 주님의 성찬에 참여를 하였다.

아이들은 짜이를 마시면서 가슴이 뜨거워졌고 부활의 은혜를 체험하였다.

아이들은 일곱 시간 동안이나 함께 먹고 마시며 이야기를 나누었다.

벵까가 이렇게 말하였다.

"오늘 우리는 기쁨으로 충만하였습니다. 엄마의 사랑 때문입니다. 엄마, 우리는 함께 먹고 함께 거리를 쏘다니며 즐거움으로 시간이 가는 줄을 몰랐습니다. 우리 모두가 기쁨으로 엄마에게 감사 인사를 하고자 합니다. 특별히 라주가 너무 행복해서 어쩔 줄 몰라 했습니다. 세상에 태어나서 처음으로 생일 케이크를 잘랐고 생일잔치 상을 받았다고 합니다. 엄마가, 우리가 얼마나 행복에 잠겼는지를 직접 보았으면 더욱 좋았을 텐데요. 아마 오늘 하늘에 계신 하나님 아버지도 우리가 신명이 나서 떠드는 것을 보고 무척 기뻐하셨을 겁니다. 엄마! 오늘 엄마가 우리에게 한 일이 얼마나 위대한지를 모를 겁니다. 엄마! 고맙습니다. 사랑합니다."

벵까의 글을 새겨 읽으며 수바에게 부탁하였다.
"수바야, 벵까가 너희들의 맏형이다. 그를 하나님께서 너희에게 주신 맏형으로 예우하고 그를 중심으로 자주 모여라. 그리고 형제자매들의 소식을 자주 전해다오."

수바에게서 답신이 왔다.

"엄마! 그는 하나님께서 주신 저의 맏형입니다. 저는 그를 일찍부터 맏형으로 대하였습니다.
앞으로는 더 잘 따르며 함께하는 일에 협력을 하겠습니다."

뜨거운 눈물이 계속 솟구쳤고 하나님의 일하심이 느껴졌다.

나는 아이들이 보내주는 사진을 보며 행복한 비명을 지르며 하나님께 감사와 찬미를 바쳤다. 하나님께서 나와 아무런 상의 없이 샨띠홈의 문을 닫아버린 병원 책임자와 아이들에게 전혀 관심이 없었던 그 쪽 지역 교회 지도자들에게 받은 나의 상처를 깨끗하게 씻어주시며 그들과 희로애락을 나누며 살길을 열어 주셨다! 할렐루야!

하나님께서 우리 아이들이 매달 한 번씩 생일잔치로 모이며 삶의 아픔과 슬픔을 나눌 수 있도록 길을 터주신 것이다.

할렐루야! 그럴만한 이유가 있었던 것이다.

하나님께서는 보호와 안전이라는 이름으로 아이들의 자유와 감정, 꿈과 희망을 질식시키는 힘의 구조와 조직 속에서 아이들을 해방시키고 싶었던 것이다. 그리하여 그들은 우산도 없이 폭우가 쏟아지는 거리로 쫓겨났다.

그때 아이들의 불안과 공포가 얼마나 컸을 것인?

분노와 상처가 얼마나 컸을 것인가?

그러나 그들은 그런 위기 속에서 친척과 이웃들 속에서 자비로운 사람들을 만났다. 어떤 아이들은 직업훈련원으로 갔고 어떤 아이들은 전문대학교로 갔고 어떤 아이는 대학교로 갔고 어떤 아이들은 상점에 취업을 하였다. 그리고 지금 자신의 운명을 개척하며 용감하게 살고 있다.

할렐루야!

하나님은 내가 생각하며 기획한 생활공동체보다 아이들의 꿈과 희망, 자유와 감정의 나눔이 우선이라고 생각하셔서 아이들의 집, 샨띠홈을 허무셨다. 사람으로서 헤아릴 수 없는 하나님의 뜻과 계획에 감탄하며 그 다음 단계로 나와 아이들을 어떻게 인도하실 것인가를 묵상하고 있는데 푸레쉬가 텔레그램으로 나를 초청하였다.

기적이 일어난 것이다!

푸레쉬는 영어를 잘하지 못하고 수줍어서 그가 텔레그램으로 나를 초청할 거라는 생각을 한 번도 해본 적이 없다. 그런데 그가 나를 초청한 것이다.

그는 짧은 영어로 인사를 하였다.

"엄마! 저 푸레쉬여요. 오늘 저는 너무 행복합니다. 엄마의 사랑으로!"

하나님께서 샨띠홈을 허물고 새 일을 시작하셨다.

내가 할 일은 하나님의 일이 진행되는 것을 지켜보며 아이들과 함께 찬양하며 감사하는 것 밖에 없을 것이다.

5장

영원한 순례자!
영원한 혁명가 아브라함!

친로마파 삭개오의 변화

사순절 다섯째 주간이다. 3일 후면 주님께서 예루살렘으로 입성하신다.

2천여 년 전 오늘쯤, 주님은 여리고 도상에서 뽕나무에 올라간 세관장 난쟁이 삭개오를 만났을 것이다. 그 날 주님은 서둘러 베다니로 가지 아니 하시고 세관장으로 악명이 높은 삭개오 집에 머물면서 그의 정성어린 환대를 받았다. 당연히 사람들은 누구보다도 세리와 창기를 멀리하고 꾸짖어야 하는 주님이 로마의 앞잡이 민족의 반역자의 집에 들어갔다고 수군거렸다. 그때 삭개오는 주님의 공생애에 걸쳐서 한번도 일어난 적이 없었던 공개적인 회개를 한다. 그리고 자발적으로 약탈과 횡포의 죄를 고백하고 자기 소유의 재물을 빼앗은 자들에게 환원시키겠다고 약속하였다.

"주여 보시옵소서 내 소유의 절반을 가난한 자들에게 주겠사오며 만일 누구의 것을 속여 빼앗은 일이 있으며 네 갑절로 갚겠나이다." 삭개오의 가슴에서 나온 회개의 고백을 들은 주님께서 용서를 선포하셨다.

"오늘 구원이 이 집에 이르렀으니 이 사람도 아브라함의 자손임이로다. 인자가 온 것은 잃어버린 자를 찾아 구원하여 함이니라."

누가 복음서가 보여주는 여리고의 세관장 삭개오의 변화는 가히 혁명적이다.

성서는 그가 키가 작으며 세리장, 부자, 죄인이라고 말하고 있다.

삭개오 이야기는 열등감, 탐욕, 권력욕에 빠져 가렴주구(苛斂誅求)하며 민족의 반역자로 살아온 죄 많은 자가 주님께 용서받고 거듭나는 영적 혁명에 관한 것이다.

삭개오의 가장 큰 변화는 키가 작은 열등감으로부터 자유로워진 것이다.

남자의 키가 작다는 것은 외모적으로 열등하다는 뜻이다. 삭개오의 추레한 외모 때문에 사람들은 그를 얕보며 무시하였다. 그가 인고의 세월을 거쳐서 세관장이 되었을 때 그는 보복하기 위하여 세금과 돈으로 사람들을 괴롭혔고 사람들은 그를 경멸하며 무시함으로 그에게 복수하였다. 그는 지위를 이용하여 계속 동족에게 세금 폭탄으로 통쾌하게 보복하기를 반복하며 자신의 힘을 과시하였다. 그리고는 동족과의 단절과 소외 속에서 인정에 목말랐고 외로움에 시달렸다.

어느 날 노상에서 예수님의 부름과 방문을 받은 그는 주님이 여느 사람들과 다르게 자신을 바라보는 온화한 시선을 느꼈다. 난쟁이도 아니고 죄인도 아니고 그냥 사람으로 존중받고 사랑받으며 수용되는 자신을 보았다. 예수님의 따스한 눈빛 속에서 그의 차가운 가슴이 따뜻해졌다. 증오, 원한, 분노가 사라지며 그 안에 사랑과 자비심이 가득 채워졌다. 열등감으로 상처받은 인간이 죽고 복수심에 불타던 폭군이 사라지고 원한에 시달리던 옛사람이 죽었다. 그는 평화를 맛보며 자유로워진 자신을 대면하였다. 그는 너무 기쁜 나머지 큰 소리로 외쳤다. "주여 보시옵소서!"

삭개오의 두 번째 변화는 세관장이라는 권력으로부터 자유로워진 것이다.

로마제국의 통치하에서 유대의 세관장들은 로마제국을 대신하여 세금을 거두었고 그런 과정에서 자연스럽게 동족의 피를 빨아 먹었다. 당시 세관장의 자리는 권력과 부의 상징이었지만 정통 유대인들에게 멸시와 기피를 당하였다. 그러나 삭개오는 자기 존재를 과시하며 자신을 보호할 수 있는 힘 있는 자리를 원하였다. 그는 그런 권력과 힘에의 집착으로 여리고 세관장이 되었다. 세관장이 된 그는 자기를 괴롭히는 동족들에게 세금을 거두며 통쾌감을 맛보았다. 로마에 세금 내기를 거부하는 자들에 대해서는 제국의 상급관청에 보고하며 자기 힘을 과시하였다. 그리고 그는 머리를 굴려서 온갖 부정한 방법으로 부를 축적하였다.

그러나 그는 유대인 동족과는 단절되었고 로마인들과는 업무상으로 만나지만 인간적으로 마음과 뜻이 통하는 친구가 없었다. 외로웠다. 그는 늘 자신이 유대인이면서 유대인으로 살지 못하고 로마인이 아니면서 로마인으로 사는 정체성의 혼란을 겪고 있었다. 그러나 아무도 그의 갈등과 고뇌를 알지 못하였다. 그는 여리고 유대인들이 자기 앞에서는 쩔쩔매다가도 뒤돌아서면 곧 바로 자신을 반역자, 친 로마파로 매도하며 욕한다는 사실도 잘 알고 있었다. 그러나 그는 자신의 피로 로마인이 될 수 없다는 사실 또한 잘 알고 있었다.

어느 날 예수님께서 그의 이름을 불렀다. 아무도 불러주지 않는 더러운 자신의 이름을 다정하게 불러주시는 예수님 앞에서 그는 자신이 이방인이 아닌 아브라함의 자녀임을 확인하였다. 그는 자신을 매국노, 친로마파, 민족의 반역자라고 정죄하지 않고 심판하지 않으시는 주님 앞에서 그 자신의 모든 것이 수용되고 용서되었다는 사실에 놀라며 자신 안에 흐르는 아브라함의 피를 느꼈다. 그는 세관장의 자리에서 동족을 괴롭힌 자신의 죄악을 친히 고백하였다. "만일 누구의 것을 속여 빼앗은 일이 있으면 네 갑절이나 갚겠나이다."

예수님을 만난 그는 여리고 세관장이라는 권력으로부터 자유로워졌다.

삭개오의 세 번째 변화는 소유로부터 자유로워진 것이다.

삭개오는 자신을 무시하는 사람들과 사회로부터 자신을 지키기 위한 수단으로 권력과 부를 추구하였다. 그리하여 세관장이 되어 사회적으로 출세하고 성공하였지만 사람들로부터 존경받지 못하였다. 그는 자신의 성공을 인정하지 않는 배타적이고 교만한 동족들에게 좋은 사람, 착한 사람이라는 말을 듣고자 자선 따위의 선을 일체 베풀지 않았다. 그는 친로 마파와 죄인이라는 말에 개의치 않았다.

어느 날 주님께서 그의 집에 와서 먹고 마셨다. 그는 주님과 그 제자들이 정죄함이 없이 자기를 따스한 사랑과 다정한 눈빛으로 대하여 줌에 놀랐다. 그는 자신을 사람으로 대해주는 주님 앞에 자신의 탐욕, 허영, 권력을 내려놓았다. 그는 주님의 사랑이 자신을 새롭게 빚고 계심을 느꼈다. 그는 벅찬 감동으로 주님께 아뢰었다. "내 소유의 절반을 가난한 자들에게 주겠사오며"

소유의 절반을 가난한 자에게 나누어 주고 속여 빼앗은 것을 네 갑절로 갚으면 그의 재산은 거덜이 날 수밖에 없을 것이다. 그럼에도 불구하고 그가 그렇게 주님께 맹세를 한 것은 그가 소유로부터 자유로워졌기 때문이요, 주님으로 그 존재가 충만해졌기 때문이다.

예수님을 만난 그는 탐욕으로부터, 소유로부터 자유로워졌다.

삭개오의 네 번째 변화는 죄로부터 자유로워진 것이다.

그는 부자가 되기 위해서 많은 사람들의 것을 속여 빼앗았다. 폭탄세금으로 부자들을 괴롭히며 부를 쌓았다. 뿐만 아니라 가난한 자들도 불법으로 괴롭히며 짓밟았다. 정통 유대인들이 볼 때 그는 용서받을 수 없는 죄인이었다. 그는 누가 봐도 율법이 명시한 죄인이었고 실제로 그의 마음은 죄악으로 늘 어둡고 무거웠다. 사람들이 보는 것과 다르게 그는 영적으로 죽었으나 아주 죽지는 않아서 자신의 죄에 시달리며 씨름하였다. 그는 자신이 추구한 부와 권력에도 만족과 기쁨을 얻지 못하였다. 불안과 어둠에 쫓기며 방황하였다. 그는 세리와 죄인의 친구인 예수가 온다는 소식을 듣고 부지불식간에 도로변에 있는 뽕나무 위에 올라갔다. 그가 권위와 명예를 생각하지 않고 뽕나무 위에 올라간 일로 말미암아 주님의 눈에 띄었다. 주님은 그를 불러서 죄의 무게에 눌려 있는 그를 죄로부터 해방시켰다.

"오늘 구원이 이집에 이르렀으니 이 사람도 아브라함의 자손임이로다. 인자가 온 것은 잃어버린 자를 찾아 구원하려 함이니라."

그는 주님의 용서 선포로 새 사람이 되었다. 새 사람으로 다시 태어난 삭개오는 주님께 인정받은 기쁨으로 가슴이 벅찼다. 죄의 굴레에서 벗어난 자유, 해방감으로 하늘을 날았다.

　주님은 갈릴리에서 예루살렘으로 오고 가실 때마다 여리고를 지나다녔다. 그는 여리고 사람들에게 악명 높은 세관장 삭개오에 대한 욕과 비난 그리고 저주와 증오의 말을 들었다. 그는 소문으로 이미 삭개오에 대하여 감을 잡고 있었다. 예수님은 상처 받은 내면의 삭개오를 보았다. 그리고 삭개오의 상처와 아픔, 분노와 증오, 비참과 외로움을 이해하였다. 예수님은 예루살렘으로 올라가는 마지막 길에 삭개오를 만나길 기대하였다. 그리고 뽕나무 올라간 난쟁이, 진리와 사랑에 목말라하는 삭개오를 찾아 그의 아픔과 상처를 치유하고 그를 종말론적인 삶을 살아내는 위대한 새 사람으로 빚으셨다.

　오늘날 대부분의 현대인들은 삭개오처럼 살고 있다.
　자신을 있는 그대로 긍정하지 못하고 늘 이웃과 비교하며 상처와 열등감에 빠진다.
　힘으로 자신을 과시하며 위엄을 부리고자 수단과 방법을 다 동원해서 권력을 얻고자 한다.
　물질로 자신의 성공과 행복을 과시하며 수단과 방법을 다하여 더 많은 부를 향유하려고 한다.
　사람뿐만 아니라 피조물의 생명을 경시하고 학대하며, 이웃을 속이는 투기와 사기의 죄를 아무렇지도 않게 생각하며 저지른다.
　그러므로 현대인에게 평화가 없다. 기쁨도 없다. 감사도 없다. 삶을 프로젝트로 만들어 버린 현대인들은 계산적이고 투쟁적이고 전략적인 삶을 산다. 만족이 없는 피곤한 삶을 기계처럼 반복한다. 권력과 물질 중독, 불만과 죄악으로 반복되는 현대인들의 비참하고 공허하고 무의미한 삶을 주님께서 불쌍히 여기시고 삭개오를 터치하셨듯이 터치해주시길 간절히 소망한다.

사순절 다섯째 주간에 피 흘림 없는 영적 혁명의 대역사, 현대판 삭개오들의 회개와 구원의 역사가 전 세계 나라와 민족 속에서 일어나길 간절히 빈다.

카인과 카인의 문화

히브리어로 '창', '작살', '획득'을 의미하는 카인(Cain, 가인)은 구약성서에 나오는 인류 최초의 살인자이다.

그는 하나님께서 땅의 소산물로 바친 자기의 제물을 받지 아니하시고 양의 첫 새끼와 기름을 바친 동생의 제물을 받으시는 것에 화를 내며 안색을 바꾸었다. 하나님께서 그의 안색이 변함을 보고 "네가 선을 행하면 어찌 낯을 들지 못하겠느냐 선을 행하지 아니하면 죄가 문에 엎드려 있느니라 죄가 너를 원하나 너는 죄를 다스릴지니라."라고 간곡히 충고하셨다. 그러나 그는 분노와 증오를 다스리지 못하고 둘이 함께 들에 있을 때 기회를 틈타서 아우를 쳐 죽였다.

창세기 4장 1~8절에 나오는 위의 말씀에서 카인의 폭력 살인의 이유를 생각해 본다. 성서는 카인의 직접적인 살해 동기를 보여주지 않는다. 아벨 또한 형에게 살해를 당해야 할 만큼의 그 어떤 이유도 없었다. 그럼에도 불구하고 살인사건이 일어났다. 감히 성서 본문을 통해서 카인의 살해를 유추해 본다.

첫째 카인에게 동생에 대한 피해의식이 컸다. 그는 맏이로 부모의 사랑을 독차지하였다. 그러나 둘째가 태어나 부모의 사랑과 관심이 그에게 쏠리게 되자 그는 부모의 관심을 빼앗아 간 동생에 대한 미움과 피해의식에 사로잡히게 되었다.

동생 때문에 많은 일에 제재당하며 양보해야 할 뿐만 아니라 때로는 부모를 대신해서 동생을 보살펴야 되고 잘못 보살폈을 때는 부모로부터 야단을 맞으며 꾸지람을 들어야 했다. 카인은 동생을 과잉보호하는 부모의 태도를 자신에 대한 무관심과 동생에 대한 편애로 인식하며 급기야는 부모의 사랑을 의심하며 스스로 관계를 단절하였다. 물론 동생 아벨과의 관계도 단절하였다. 가족과 관계가 단절된 그는 하나님과의 관계도 단절되었다.

둘째 카인은 장자로서 일찍이 땅을 소유하였다. 그가 농사를 지었다는 것은 그가 땅의 소유자이며 그가 일찍부터 욕심을 가지고 부모의 땅을 이어받았다는 뜻이다. 그는 행여 동생이 땅에 대한 소유권을 행사하지 못하도록 일찍이 양을 몰고 목초지를 찾아다니는 목자로 만들었다. 그는 아버지에게 물려받은 땅을 동생과 함께 경작해야 할 장자임에도 불구하고 동생을 전혀 배려하지 않고 땅을 독차지 하였다. 일반적으로 어느 집에서든지 장자가 어렵고 힘든 일을 하고 동생들은 형의 보조자로 그의 일에 협력하는 것이 대부분이다. 그러나 카인은 동생이 자기를 도와서 함께 일하는 것조차 용납하지 않았다.

셋째 카인은 하나님을 경외하지 않았다. 아담과 이브가 에덴동산에서 쫓겨나 가시와 엉겅퀴의 땅을 개간, 개척하느라 지쳐서 맏이인 카인을 신앙적으로 지도하지 못했을 수도 있다. 하나님의 개입으로 에덴동산에서 실패한 사탄이 카인이 가지고 있는 피해의식을 통해서 하나님에 대한 불신을 조장했을지도 모른다. 어쨌든 카인과 아벨의 제사과정을 보면 두 사람의 하나님에 대한 사랑과 경외심이 하늘과 땅 차이인 것을 알 수 있다. 아벨은 처음부터 하나님께 최고의 것을 바치려고 양의 첫 새끼를 구별하였다. 카인은 제물을 구분하거나 성별하지 아니하였다. 아벨은 제물을 드릴 양, 첫 새끼가 태어나는 날을 기다렸고 태어난 뒤에 성별하였다. 그리고 생명이 하나님의 것임을 고백하며 감사하는 마음으로 마치 자신의 생명을 드리는 것처럼 겸허히 잡아 바쳤다. 그러나 카인에게는 정성스런 준비 과정이 전혀 없었다. 그에게는 생명에 대한 감사도 추수에 대한 감격도 없었다. 모든 것을 당연한 권리로 생각하는 카인은 가족이 마음 모아 정성껏 드리는 제사에 별로 관심이 없었다. 그는 건성이었고 제사 드리는 것으로 자신의 의무를 다했다고 생각하였을지도 모른다.

넷째 카인은 자기를 제어하지 못하는 다혈질이었다. 그는 하나님께서 동생 아벨의 제물을 열납하자 제사 중임에도 불구하고 분노와 증오를 드러냈다. 그는 하나님의 간절한 충고대로 자기반성을 하지 않고 오히려 동생을 경쟁자, 사랑을 가로채는 자, 빼앗는 자, 자기 인생의 장애물로 단정하고 그를 죽이기로 하였다. 그는 다혈질의 사람으로 생각한 것을 그대로 행하는 과격하고 난폭한 사람이어서 하나님의 간곡한 권면에도 불구하고 끝내 동생을 살해하였다.

카인은 동생을 죽이고도 아무런 가책을 느끼지 못하였다. 죄의식이 전혀 없었다. 그는 동생을 살해한 일로 부모님과 하나님 앞에서 전혀 불안해하거나 두려워하지 아니했다. 아마 부모님께는 동생이 이번에는 아주 먼 곳으로 양을 몰고 갔기 때문에 좀 늦게 돌아올 것이라고 말했을 것이다. 그러나 하나님께서 그의 양심을 촉구하였다.

"네 아우 아벨이 어디에 있느냐?"

마음이 죽어버린, 영이 죽어버린 그는 하나님의 질문을 가볍게 여기고 "내가 알지 못하나이다. 내가 내 아우를 지키는 자니이까?"라고 퉁명스럽게 대답하였다.

하나님은 그의 목덜미를 잡고 "네가 무엇을 하였느냐? 네 아우의 핏소리가 땅에서부터 내게 호소하느니라. 땅이 그 입을 벌려 네 손에서부터 네 아우의 피를 받았은즉 네가 땅에서 저주를 받으리니 네가 밭을 갈아도 땅이 다시는 그 효력을 네게 주지 아니할 것이요 너는 땅에서 피하며 유리하는 자가 되리라."고 그의 죄를 드러내고 죄의 대가를 말해 주었다.

독점욕으로 가득 차 있는 카인은 죄를 회개하는 것이 아니라 살인 때문에 땅의 효력이 상실되고 자신이 도망자가 될 거라는 하나님의 말씀에 비로소 정신을 차린다. 그는 두려움에 빠져서 하나님께 벌이 너무 무겁다고 잉잉거린다.

"내 죄벌이 지기가 너무 무거우니이다. 주께서 오늘 이 지면에서 나를 쫓아내시온즉 내가 주의 낯을 뵈옵지 못하리니 내가 땅에서 피하며 유리하는 자가 될 지라 무릇 나를 만나는 자마다 나를 죽이겠나이다."

위의 내용을 자세히 살펴보면 카인의 호소는 결코 죄의 회개가 아니다. 자기가 살인의 대가로 치르게 되는 고통이 너무 크므로 자신이 땅에서 떠돌 때 사람들이 자기를 죽일지도 모르니 선처해달라는 탄원이다. 그럼에도 불구하고 카인을 잘 아시는 하나님께서 그를 불쌍히 여겨 그의 간구를 들어주신다. 하나님께서 카인에게 표를 주어서 죽임을 면하게 하실 뿐만 아니라 카인을 죽이는 자는 벌을 칠 배나 받을 것이라고 선언하여 살인자의 생명이 살인당하지 않도록 막아 주셨다.

하나님은 살인의 일상화, 살인을 빌미로 하는 연쇄 살인으로부터 존엄한 생명을 지키셔야 했다. 그러나 하나님께서 주신 표를 가지고 에덴동쪽 놋 땅에 거주한 그가 그 곳에서 가장 먼저 한 일이 성을 쌓는 일이었다. 그는 하나님께서 주신 표로 안심할 수가 없어서 자기 스스로를 지키기 위하여 성을 쌓았다. 살인을 범한 자는 평화로울 때조차도 불안과 공포에 빠진다. 자기 죄에 스스로 쫓기어 자기 둘레에 성을 쌓는다. 그리하여 카인은 도성의 문화를 낳았다.

카인의 문화는 첫째 도성의 문화이며 도시 문화이다.

카인의 도성은 죽음에 대한 두려움에서 형성된 것으로 타인에 대한 불신이며 자연과의 분리이다. 또한 하나님의 표를 가지고 있으면서도 그를 믿지 못하는 불신의 문화요, 다른 종족을 이단시하는 배타와 독선의 문화이다. 닫힌 문화이며 자연 약탈의 문화이며 소비문화이며 쓰레기 양산 문화이다.

둘째로 카인의 문화는 그의 후손 가축치기인 유발을 통해서 육식의 문화, 도살의 문화로 발전되었다. 육식의 일상화는 인간의 체형과 기질, 성품을 바꾸었으며 기후와 환경변화를 가져왔다. 인간의 육식 문화로 말미암아 피조물이 하나님의 아들을 기다리는 탄식을 하기에 이르렀다.

셋째로 카인의 문화는 후손인 유발을 통하여 향락문화를 형성하였다. 카인의 후손들은 노동과 작업을 기피하며 노래와 춤, 연극과 연주, 영화, 스포츠 등으로 지나치게 쾌락을 추구한 나머지 향락에 중독되었다.

넷째로 카인의 문화는 두발가인을 통해서 금속문화를 형성하였다. 금속문화는 생활에 편리한 도구를 만들 뿐만 아니라 생명을 살해하는 무기를 만들어서 세상을 전쟁터로 만드는 데 큰 기여를 하였다. 그리하여 인간은 평화를 위한다는 명목으로 무기를 만들어서 대량 살상하는 모순과 부조리에 빠졌다. 이율배반적인 인간의 이중성은 생명을 창조하신 하나님과 생명을 파괴하는 인간의 문화를 동시에 숭배하며 하나님의 뜻을 농락한다.

다섯째로 카인의 문화는 라멕을 통하여 폭력의 문화를 만들었다. 이에는 이, 눈에는 눈이라는 보복의 원칙을 강화하여 폭력을 폭력으로 되갚는 것을 정당화, 합리화시켜서 강자의 문화가 정착하게 되었다. 강자의 질서, 강자의 폭력으로 세계 질서가 편성되며 강자들의 폭력과 보복 게임 속에서 약자들이 희생당하는 구조이다.

카인의 문화는 그대로 현대문화이다.
성서는 카인의 문화를 죽음의 문화로 규정하고 있으며 이를 극복할 문화로 아브라함의 문화를 제시하고 있다.
아브라함이 본토와 친척과 아비의 집을 떠나서 형성한 문화는 순종의 문화, 사막의 문화, 자연의 문화, 평화의 문화, 용서의 문화, 방어의 문화,

생명의 문화이다.

카인의 문화는 재미있고 스릴이 있고 화려하며 장쾌하고 자극적이며 감성적이며 흥미로우며 멋지게 보인다. 그러나 아브라함의 문화는 담백하며 조용하고 잔잔하고 평화롭고 침착하고 느릿하고 여리고 흐리게 보이나 치유와 회복, 평화와 자유, 구원과 해방의 역사가 나타난다.

어느 문화를 선택할 것인가?

선택은 인간의 몫이다.

그러나 결과는 하늘과 땅의 차이다.

코로나 팬데믹과 아브라함의 탈출

코로나 팬데믹, 벌써 2년이 다 되어 간다.

그동안 코로나 팬데믹이 빨리 끝이 나서 옛 생활로 속히 돌아가기 위해 기도한 적이 없다. 코로나 팬데믹 속에서도 여전한, 지난한 인류의 행보를 보며 자비를 베풀어 주시라고, 불쌍히 여겨주시라고, 돌이켜 회개하게 해 주시라고 기도하였을 뿐이다.

코로나 팬데믹이 자국 중심의 애국이라는 폭력에 익숙한 강대국들과 우주를 비롯한 온갖 자연 약탈과 파괴를 통하여 최고의 수익과 편리를 추구하는 과학문명과 대기업의 합작품이므로 강대국들의 지도자들과 특별히 과학 우상에 빠진 자들과 자본주의 첨단에 서있는 투기 자본가들의 회개가 있길 간절히 기도하였다. 또한 평범한 민초 인류가 기업과 정부가 제시하는 정치경제적인 삶의 방향과 목적에 대하여 반성하며 성찰할 수 있기를 간구하였다. 그러나 코로나 팬데믹이 시작되고 2년이 다 되어 가는 지금의 시점에서 볼 때 강대국의 정치 지도자들과 과학자, 다국적 기업의 자본가들은 회개할 기미가 없고 달라질 것 같지 않다.

정치인들은 여전히 권력을 움켜잡기 위해 코로나 상황을 정치적으로 이용하는 데 급급하고, 과학자들은 일확천금을 꿈꾸며 인류를 질병의 공포로부터 구원한다는 명예를 얻기 위하여 코로나바이러스 백신과 치료약을 만드는 데 생명을 걸고 있고, 기업인들은 코로나 방역에 필요한 약과 물건을 만드는 것으로 수익 창출에 집중하고, 일반인들은 억울하게 개죽음을 당하지 않으려고 국가적인 세계적인 통제에 적응하며 불안과 공포에 떨고 있는 것이 코로나 팬데믹에 직면한 80억 인류의 실상이다.

인류가 공동으로 직면한 코로나의 위기 앞에서 아무것도 변화되지 않았다. 사회도, 국가도, 세계 어느 나라도, 국제기구도 달라지지 않았다. 세계 어디나 탐욕과 투자는 여전히 기승을 부리고 권력 다툼과 음모는 계속 춤을 추고 있다. 소위 강대국들의 국제정치 게임, 독재자들의 폭력과 살인, 민족 간의 갈등과 대립, 잡다한 폭력과 테러, 사기와 약탈도 멈추지 않았다. 다양한 매체를 통해서 전달되는 주가 상승과 하강, 집값 상승, 정치인들의 이합집산, 당리당략 차원의 사탕발림의 정책과 발언, 여전한 부패와 권력다툼은 예나 지금이나 변함이 없다.

지구촌 국가들의 하드웨어도, 소프트웨어도 여전히 그대로이나 그런 와중에서 안타깝고 가슴 아픈 두 가지 현실적인 변화가 진행되고 있다. 록다운으로 이전보다 더 많은 중산층의 사람들이 하층으로 몰락하는 것과 이전보다 더 많은 하층 사람들이 거리로 내몰려서 굶주림과 질병으로 비참하게 죽어가는 것이다.

나의 기도제목은 코로나 팬데믹의 출현을 가져온 세계의 병든 약탈 문명과 잘못된 가치관을 소위 세계 지도자로 자처하는 국내외 정치인들이나 지식인들, 기업인들이 바르게 현실과 사태를 직시하는 것이었다. 그리고 병든 사회와 병든 세계에 대한 자신들의 책임과 죄악을 인정하고 회개하는 것이었다. 그 다음은 겸손하고 진지하게 새로운 문명과 가치관으로 방향 전환을 모색하는 것이었다. 거기에는 물론 가난한 나라, 가난한 사람들이 억울하게 당하고 있는 희생에 대한 가치 부여와 고통 분담이 뒤따라야 하는 것이다.

나의 기도의 핵심은 인류가 비록 자신들이 문제를 만들었지만 자신들의 힘으로 해결할 수 없는 사태와 상황을 인식하고 회개하며 하나님께 돌아와서 새 출발을 하는 것이었다.

그러나 내가 기억하는 한 지금까지 어느 나라와 정부, 어느 기업과 연구소, 어느 종교와 대학교, 어느 지도자와 학자, 어느 기업인과 언론인도 코로나 팬데믹이 자신들의 잘못된 가치관과 생활 습관, 자신들의 죄악과 탐욕의 산물임을 고백하며 회개하지 않았다. 어느 누구도 공생과 공존으로 가야 하는 지구촌의 삶의 변화를 진정으로 바라지 않는다.

성서는 역사의 시원에서 회개하지 않는 인간들의 완악한 모습을 말해 주고 있다.

그때에 온 땅이 하나님 앞에 부패하여 포악함이 땅에 가득한지라
하나님이 보신즉 땅이 부패하였으니 이는 땅에서 모든 혈육이 있는 자의 행위가 부패함이었더라
하나님이 노아에게 이르시되 모든 혈육 있는 자의 포악함이 땅에 가득하므로 그 끝날이 내 앞에 이르렀으니 내가 그들을 땅과 함께 멸하리라 (창세기 6 : 11~13)

사람이 땅에서 번성하기 시작할 때에 하나님께서 사람의 죄악이 세상에 가득함과 그의 마음으로 생각하는 모든 계획이 항상 악할 뿐임을 보시고 사람으로 인하여 근심하시고 탄식하였다. 그러나 노아를 보시고 어여삐 여겨 그에게 심판을 피할 수 있는 길을 가르쳐 주셨다.

하나님은 결코 인류를 멸망시키고 싶지 않으셨다. 그래서 노아에게 거대한 방주를 짓게 만들었다. 하나님은 노아가 고페르 나무로 방주를 짓는 동안에 사람들이 회개하고 죄악에서 돌이키기를 원하셨다. 그러나 사람들은 산위에서 배를 만드는 노아를 비웃고 조소하였을 뿐 회개하지 않았다. 그들은 멸망할 때까지 거인 중심의 폭력적인 사회 구조와 문명을 결코 돌이키지 않았다.

세계 언론은 코로나로 인한 불안을 과장하며 떠벌이지만 속으로는 될대로 되라는 식이다. 아무도 탐욕의 끈을 내려놓지 않는다. 모두 다 자기는 계속 살아온 그대로 살고 누군가 다른 사람이 탐욕을 내려놓아 문제를 해결하길 바란다. 학교 교육과 가정과 사회는 여전히 정상, 최고, 일등, 일류, 성공, 최대, 경쟁을 찬양하며 우주와 대자연과 기후를 병들게 만든 옛 가치관과 문명을 끈질기게 포옹하고 있다.

사람들은 자기들을 지배하고 있는 황금우상, 권력우상, 과학우상, 향락우상, 이념우상, 언론우상 등에서 자유로워지는 것을 원하지 않으며 그들의 시녀가 되어 사는 사치와 허영에 만족한다. 악하고, 이기적인 행태와 생활을 유지하면서 코로나 팬데믹을 과학의 힘과 정치적인 통제로 해결하려고 하는 모든 국가들의 노력이 참으로 공허하다. 아프다. 자기이성과 지식의 우상에 경도된 인간 존재의 무지와 교만을 본다. 근원을 무시하고,

본질을 외면하면서 자기의 때만 지나가면 된다는 식으로 일처리를 하는 정치인들과 지식인들의 공명심과 경박함이 인류를 파멸의 길로 인도하고 있지만 아무도 미래를 예측하지 못하기 때문에 큰 소리로 "문제다!", "위기다!", "잘못 되었다!"고 말하지 않는다.

지금까지의 일을 돌아보면 코로나 팬데믹은 초기에는 불안과 공포에 빠진 인간들로 하여금 서로 교류하며 협력하게 만들었으나 성서가 말하는 자기 우상에 빠진 인간을 근본적으로 회개시키지 못하였다. 이는 코로나의 무능이 아니라 인간의 완악한 죄성 때문이다.

그동안 코로나로 인한 인간의 탐욕과 경쟁심, 공명심, 이기심에 변화가 올 것을 기대하며 바쳤던 낭만적인 기도와 낙관적인 태도를 내려놓았다. 코로나와 기후변화로 인류가 자멸할 수 있는 절박한 상황이므로 인류 문명과 가치관의 대대적인 전환이 이루어질 것이라고 믿었던 나의 생각이 너무 순진하고 낙천적이었다. 지난 1년 반 동안 응답이 어려운, 아니 영원히 불가능할지도 모르는 기도를 포기하였다. 그리고 다시 옛날처럼 무식하게 하나님의 살아계심과 일하심과 주님의 재림에 희망을 두었다. 더 이상 세상의 정책과 정치에 따라 일희일비하지 않기로 하고 하나님의 은혜를 힘입어 가능한 일에만 몰입하기로 하였다.

작년 5월 이래로 인도와 네팔에서 거리 배식을 하며 사랑의 쌀 나눔을 계속하였다. 사람들이 '가난 구제는 나라도 못 한다'며 '밑도 끝도 없는 일을 어떻게 할 것이냐'고 닦달해서 '하나님께서 주시는 대로 주시는 만큼 할 것'이라고 대답하였다. 그러나 사람들의 우려와 다르게 1년이 넘도록 하나님께서 계속 공급해주셨다. 고아원 건축도 기대 이상으로 잘 진행되었다. 네팔에 거주하는 파키스탄 난민들을 섬기는 일도 그럭저럭 진행되었다. 코로나 긴급구호를 하며 한쪽 문이 닫히면 다른 한쪽 문을 열어주시는 하나님의 섬세한 손길을 느끼며 감동과 감격에 빠지곤 하였다.

그런데 내면에서 '떠나야 한다.', '떠나자'라는 생각이 계속 일어났다. 그러나 '떠남'이 공간적인 떠남인지, 정신적인 떠남인지에 대한 감도 잡히지 않았고 아무런 대책도 방법도 떠오르지 않았다. '떠나자'는 생각을 붙잡고 아브라함의 소명, '떠남'을 계속 묵상하였다.

아브라함의 소명인 '우르 탈출'을 생각하며 하나님께 질문하였다.

"하나님, 왜 아브라함에게 떠나라고 하셨어요? 우르에 살면서 부패한 우르의 왕들과 관리들과 투쟁하여 우상을 타파하고 우르 사회를 전복시켜 새 나라를 세우고 백성들의 의식을 개혁하여 새로운 세상을 만들라고 하시지 않고 왜 떠나라고 하셨어요?"

"하나님, 왜 모세에게 60만 이스라엘 백성과 함께 일치 단합하여 바로를 쳐서 없애고 그 자리에 우상의 제국이 아닌 이스라엘을 세우라고 하시지 않고 왜 떠나라고 하셨어요?"

"하나님! 떠나지 않고는 새 나라, 새 문명, 새 역사는 불가능한가요?"

"하나님! 아브라함과 모세는 떠날 곳이 있었지만 저에게는 떠날 곳도 없고 함께 떠날 신앙의 동지들도 없습니다. 그런데 어디로 어떻게 떠나라고요? 그러나 계속 떠나라는 표지를 주시면 미련 없이 떠나겠습니다."

"하나님! 이제 정신적인 '떠남'의 의미는 감을 잡았습니다. 그러나 공간적 의미의 떠남은 아직도 감을 잡지 못하고 있으니 향방을 보여주십시오.

용감무쌍하게 떠나겠습니다."

나는 코로나 팬데믹이 지구를 얼어붙게 하는 동안에 내내 떠남을 갈망하며 하나님의 사인을 기다렸다.

아브라함은 존재의 의미와 가치를 물으며 떠났다.

그는 하나님과 동행하는 그리하여 철저하게 하나님께 의존되는 평화로운 삶을 살고자 떠났다.

그는 최종 정착지인 사막의 입구 브엘세바에서 생명 중심의 가치관으로 치열하게 살았다. 그리고 그는 실로 땅의 모든 족속에게 성서가 말하는 복의 의미가 되었다.

그는 이익을 극도로 도모할 수 있는 안정된 자산인 땅을 구입하지 않았다. 그는 토지 소유 문화가 아닌 존재 중심의 문화를 만들었다.

그는 혈연으로 승계되며 혼인으로 강화되는 지주 가문, 권력자 가문을 형성하지 않았다. 그는 종들을 사서 해방시키며 할례를 통하여 공동체를 만들었다.

그에게는 집에서 양육되고 훈련된 자 318명이 있었지만 인접부족을 약탈하는 전쟁을 일으키지 않았다. 그는 수많은 살상으로 인간의 제국을 세우는 것을 원하지 않았다.

그는 애굽 왕 바로나 아비멜렉의 폭력에 폭력으로 대항하지 않았다. 그는 자신의 복수를 위하여 사람들을 선동하거나 원한을 확대 재생산하며 인생을 낭비하지 않았다. 그는 원수들을 하나님의 손길에 맡겼다.

그는 노비나 종들의 인권을 유린하지 않았다. 그들을 도구나 물건으로 취급하지 않았다. 그는 그들과 함께한 하나님을 믿었으며 한 가지로 신앙고백을 하였다.

"그 집의 모든 남자 곧 집에서 태어난 자와 돈으로 이방 사람에게 사온 자가 다 그와 함께 할례를 받았더라."

그는 우르의 일상화된 반(反)하나님 적이고 반생명적이고 반평화적이고 비인간적인 정치와 사회의 모순과 악을 자각하였으나 자유롭지 못하였다. 그는 오랜 머뭇거림 끝에 질식한 영혼의 자유와 해방을 위하여 탈출을 결심하였다. 우르가 아닌 광야, 노상, 새로운 공간에서 고민하며 묵상하며 실천하며 새로운 가치관과 문명을 창출해야 할 자신의 소명을 깨달았다. 그는 하나님의 형상으로 지음 받은 인간이 다함께 생육하고 번성하며 땅에 충만하게 사는 창조섭리를 구현하는 문명, 생명 중심의 문명을 생각하며 고독하고 고통스러운 순례의 길을 나섰다. 그는 이미 운명적 빈곤과 기아, 불평등과 계급차별, 학대와 수탈, 폭력과 테러, 우상숭배와 인신제사, 성적 방종과 퇴폐에 빠진 우르 사회에서 새로운 가치와 문명을 낳을 수 없다는 사실을 뼈저리게 체험하였다. 그는 우르 사회를 대치할 대안과 비전을 찾으며 하나님의 음성을 들었다.

"너는 너의 고향과 친척과 아버지의 집을 떠나 내가 보여줄 땅으로 가라 내가 너로 큰 민족을 이루고 네게 복을 주어 네 이름을 창대하게 하리니 너는 복이 될지라 너를 축복하는 자에게는 내가 복을 내리고 너를 저주하는 자에게는 내가 저주하리니 땅의 모든 족속이 너로 말미암아 복을 얻을 것이라 하신지라"(창세기 12: 1, 2)

아브라함은 하나님을 믿고 그냥 떠났다.

거대한 마스터 플랜이나 로드맵을 가지고 있지 않았다. 돈을 의지하지 않았다. 사람들을 선동하지 않았다. 그저 하나님께서 인도해주시는 대로 발걸음을 옮겼다. 그리고 가는 곳에서 제단을 쌓았다. 그런 아브라함을 통해서 하나님은 새 공동체, 새 민족을 이루셨고 예수 그리스도를 보내셔서 인류 구원의 역사를 주도하셨다.

코로나 상황에서 새 가치관, 새 문명, 새로운 공동체를 고민하며 기도하는 모든 분들에게 아브라함의 떠남, 우르 탈출은 엄청난 격려의 메시지이다. 그러나 아브라함이 우르에서 젖은 옛 관습과 의식을 버리는 데 수십 년 세월이 걸렸다는 사실이 우리로 하여금 떠나기도 전에 실패할 것이라는 두려움에 빠지게 만든다. 그러나 두려워할 필요가 없다. 아브라함을 인도하신 하나님께서 현대 인간이 우상의 제단을 떠나 하나님 당신에게로 돌아오는 것을 기뻐하시며 동행하시지 않겠는가 말이다!

하나님은 코로나 문제 해결을 위해 우리에게 "떠나라!"고 하는데 우리는 지금 귀를 막고 듣지 않고 있는 것이 아닌가!

코로나 팬데믹이 나이가 들어 적당히 안주하고자 하는 나에게 기어코 '떠남'의 메시지가 되었다. 몸과 마음을 수리하며 '떠남'을 준비한다.

코로나 이후 한국교회가
지향해야 할 영적혁명

코로나 이후 교회와 기독교계는 뼈를 깎는 노력으로 영적혁명을 이루어 내야 한다.

검증과 과학적 사실에 근거한 사실의 엄정하고 공평한 보도보다 감성을 자극하며 자기 논리와 주장을 펴기 위하여 사건의 일정한 부분만 잘라서 왜곡하는 선동적인 보도가 대세인 언론 난장, 난파의 시대에 누군가가 교회를 표적으로 삼고 있다는 느낌이 든다.

기독교계와 교회를 표적 삼아 저격하는 언론은 130여 년 동안 기독교계와 교회가 나라와 민족을 섬기며 고난의 세월을 살아 온 역사에 대해서는 철저하게 침묵한다. 그러나 코로나를 통과하는 1년 동안 기독교 이단 집단들과 몇몇 보수 교회들이 코로나 방역수칙을 어긴 것을 대대적으로 보도하여 기독교계와 온 교회가 마치 반민족인 집단, 반사회적인 집단인 것처럼 매도하고 있다. 이는 교회에 대한 심각한 음해이며 모욕이며 이간질이다. 이는 교회에만 타격을 주는 것이 아니라 나라와 민족의 앞날 또한 어둡게 만드는 행위다. 그러나 그러한 정치적인 언론, 권력화된 대중적인 눈먼 냄비 근성의 언론과 맞서 시시비비를 가리는 것으로 해결될 문제가 아니기에 뼈를 깎는 자성을 하며 개혁을 도모하고자 한다. 뿐만 아니라 아무리 시대의 경향과 흐름을 업고 기고만장한 언론일지라도 사필귀정의 역사에서 계속해서 진실을 덮을 수는 없으리라고 믿기에 교회 내부 개혁을 위해 묵묵히 기도한다.

　교회와 기독교계는 사회가 표적삼아 저격하는 타락과 부패, 불의와 구조악의 문제를 폐부 깊숙이 인식하며 회개는 물론 개혁의 대역사를 반드시 이루어내야 한다. 교회는 물질숭배, 권력과 야합, 자본주의와 야합, 언론과 야합, 물량주의, 교회의 계급화, 신앙의 프로그램화, 교회 활동의 프로젝트화 등에서 탈출해야 한다.

　1517년 독일에서 시작된 종교개혁처럼 교회의 갱신과 개혁 작업이 요원의 불길처럼 타올라서 한국교회가 초대 예루살렘교회, 초대 로마교회처럼 보편적인 교회로 종말론적인 교회로 하나님과 역사와 사람들 앞에 서야 한다.

　해 아래 새 것은 없다.
　영적 혁명을 이루어낸 교회의 모습 또한 새로운 것은 아니지만 감히 새로운 교회 공동체의 모습을 그려본다.

첫째 교회는 말씀의 신앙공동체로 회복되어야 한다.
　하나님을 천지의 창조주로 고백하고 예수 그리스도를 구세주로 고백하는 신앙공동체. 하나님의 말씀을 회복하고 말씀 중심으로 개혁되어야 한다.

교회는 일시적으로 있다가 사라지는 NGO 민간단체가 아니다. 교회는 우리가 사는 세상에 관심을 가져야 하고 부정부패 척결과 사회 정의를 부르짖을 수 있다. 그러나 교회는 그게 다가 아니다. 민간단체는 자신들의 정관으로 존재하지만 교회는 예배와 말씀으로 존재한다. 그런데 오늘날 교회가 말씀과 예배를 부끄러워하면서 NGO단체처럼 사회 개혁과 정치 투쟁과 복지 차원의 봉사를 앞세우는 일을 왕왕 볼 수 있다. 이는 교회를 선한 일을 하는 단체로 생각하기 때문인데 이는 교회의 본질에 대한 커다란 오해다. 교회가 민간단체와 달리 거룩한 단체가 되는 것은 교회에 하나님의 자녀들이 세상 사람들과 다르게 살도록 주어진 하나님의 말씀이 있기 때문이다. 이제 NGO 단체를 흉내 내는 수준에서 벗어나 말씀의 본질로 세상 속에서 승부를 해야 한다.

교회는 기후문제, 환경오염 문제, 농약문제, 농가 부채 문제로 고민하며 신앙고백을 할 수 있고 시위도 할 수 있다. 그러나 환경단체가 아니다.

교회는 민족의 안전과 생명과 직결된 통일과 평화문제에 지속적으로 관여하고 행동할 수 있다. 그러나 교회는 평화통일 단체가 아니다.

교회는 가난의 문제, 기아의 문제, 빈익빈부익부 등 경제 정의 문제에 관심을 가지고 건강한 법을 제정하고 나누고 섬기며 행동해야 한다. 그렇다고 교회가 식량문제 해결기구나 기아대책본부는 아니다.

교회는 불우한 이웃은 물론 전 세계 재난과 전쟁으로 고통을 당하는 이웃과 나누고 섬기는 일을 지속적으로 해야 한다. 그렇다고 교회가 봉사단체는 아니다.

교회가 신앙공동체라는 정체성을 잃으면 일개 사회단체로 전락한다. 교회가 정체성을 잃게 될 때 일반 NGO, 민간단체, 투쟁단체처럼 되어 영적으로 피폐해지고 파당과 분열이 생길 수밖에 없다. 교회는 신앙공동체로서 반듯하게 서있으면서 주님의 말씀대로, 사랑으로 소금과 빛이 되려는 각 분야에서 활동하는 교우들을 지지해주고 격려해주고 품어주면서 함께 영적 성숙과 개혁과 혁명을 이루어가야 한다.

교회는 말씀의 터이며 뿌리다.

나무는 뿌리가 깊고 든든해야 줄기와 가지가 잘 자라고, 줄기와 가지가 잘 자라야 잎이 무성하며 꽃이 피고 아름다운 열매를 맺는다. 뿌리가 꽃이나 잎새처럼 가볍게 행동해서는 안 된다. 줄기나 가지처럼 가시적인 행동을 해도 안 된다. 뿌리는 보이지 않는 땅 속으로 깊이 뿌리를 내려 나무 전체를 위해서 원활하게 수분을 공급해주어 나무를 나무로 지탱시켜야 한다.

교회는 나무의 뿌리처럼 성도들이 각 분야에서 가지, 몸통, 줄기, 꽃, 잎, 열매가 될 수 있도록 영적 자원, 말씀, 진리와 정의, 평화, 사랑과 용서, 치유와 화해의 말씀을 부단히 공급해야 한다. 만약에 교회가 나무의 꽃이 되거나, 열매가 되려고 하면 교회는 사회적 단체로 전락하여 어느 한 집단의 이해타산을 목표로 존재하게 되면서 영적으로 피폐해져서 쇠퇴할 수밖에 없다. 살아남아 있다 해도 정치화된 집단, 권력화한 집단으로 십자가의 길이 아닌 십자가를 이용해서 권력을 지향하는 교회로 형태만 유지할 뿐이지 결코 주님의 몸된 교회라고 보기 어려울 것이다.

둘째 교회가 돈이 있어야 세상을 섬길 수 있다고 생각하는 맘몬이즘, 물질주의에서 벗어나야 한다.

교회는 돈을 쌓아두어서는 안 된다. 교회는 물질 축적을 목적과 목표로 추구해서는 안 된다. 교회는 돈과 하나님을 동시에 섬길 수 없다. 생명이 고통을 당하는 곳, 신음하는 곳, 필요한 곳에 즉시 내려놓아야 한다. 로마 카타콤무덤교회는 종말론적인 사랑과 나눔의 실천으로 로마제국을 심판하였다. 예수 그리스도는 돈으로 일하지 않고 사랑으로 뜨거운 가슴과 마음으로 일하셨다. 그리고 그는 근심하는 제자들에게 먼저 그의 나라와 의를 추구하면 나머지 모든 것은 더하여 주신다고 약속하셨다. 대부분의 교회들이 돈이 있어야 교회가 세상을 사랑하며 섬길 수 있다고 하는 물질의 함정, 자본주의 논리에 세뇌되어 있어 교회의 물화와 세속화가 가속화 되었다.

셋째 권력과 힘이 있어야 일할 수 있다고 생각하며 권력을 지향하는 대형교회, 제국주의 사고에서 벗어나야 한다.

예수님은 낮은 자리, 힘이 없는 자리로 오셨고 힘이 없는 자로 사셨고, 힘이 없는 자로 십자가에서 죽으셨다. 그는 광야에서 사탄이 자기를 숭배하면 천하만국을 주겠다, 힘을 주겠다고 했을 때 단호히 그의 제안과 유혹을 거부하셨다. 하나님은 세상을 힘으로 창조하신 것이 아니라 당신의 사랑으로 창조하셨다. 우주만물은 사랑과 평화, 질서와 조화로 우주 운동을 벌인다. 힘이 없다고 약하다고 탄식하지 말고 자신이 선 자리에서 가능한 것부터 섬기면 된다. 하나님께서 교회에게 무리한 요구를 하지 않는다. 가능한 일부터 하면 된다. 예수 그리스도는 황제의 자리가 아니라 종의 자리에서 오직 사랑으로 갈릴리와 사마리아와 유대지경을 몸소 걸어다니며 병들고 가난하고 귀신 들리고 마음이 약한 자들을 섬겼다.

넷째 하나님의 형상으로 지음 받은 모든 인간은 하나님 앞에서 평등하다. 오늘날 알게 모르게 계급화된 교회는 수평구조를 지향하며 회복해야 한다.

오늘날 교회가 사람들의 직업, 지식, 외모, 지위, 소유의 유무에 따라 계급화 되고 서열화 되었다. 교회뿐만 아니라 노회, 총회를 비롯하여 각종 기독교 단체들마저도 수직구조화 되었다.

하나님께서 우리 교회에 수평구조와 수직구조를 다 주셨는데 문제는 우리 교회가 이를 정반대로 이용하고 있는 것이다.

건강한 교회에는 수직구조와 수평구조가 있다. 수직구조는 보이지 않는 영적 관계로 하나님과 자녀, 주님과 양, 성령님과 주의 종, 주의 종과 양의 관계이다. 이는 은혜와 축복, 하강과 용서, 소명과 인도, 헌신과 회개로 맺어지는 관계다.

수평구조는 사회적, 인간적 관계로 목회자와 목회자, 성도와 성도, 목자와 성도, 교회와 세상의 관계로 말씀 안에서 서로 존중하며 배려하며 섬겨야 하는 관계이다. 장로, 집사, 권사는 결코 수직적, 종속적 관계가 아니다. 주어진 은사대로 섬기는 기능과 역할의 차이일 뿐인데 오늘날 한국교회는 교회 직분을 정치화, 계급화시켜서 교회를 회사와 종교사업소로 만들어 버렸다.

교회의 모든 직분은 영적 직분이다. 서로 존중하며 섬기며 서로 종이 되는 직분이다. 서로 돌보며 십자가를 지고 함께 동행하는 영적 직분이다. 그러므로 서로 들으며 존귀하게 여겨야 한다. 하나님 앞에서 모두가 평등한 자녀님을 내세워 소명자와 직분자들을 함부로 대하며 무시하거나 업신여겨서도 안된다.

교우들은 서로 사랑하며 섬기며 함께 기도하는 형제자매로서 하나님 앞에서 동등하다.

다섯째 교회는 프로젝트로 신앙생활, 교회활동을 비즈니스화, 형식화, 외식화시키지 말아야 한다.

특별 나눔과 섬김, 특별행사, 특별성경공부, 특별전도, 특별기도 등으로 교우들을 강박해서는 안 된다. 교회의 기도, 전도, 성경공부, 예배, 나눔과 섬김은 크리스천이 매일 주님과 동행하며 자유롭게 자연스럽게 자발적으로 행하는 거룩한 행위이다. 교회의 예배와 가르침은 크리스천의 삶의 목적이고, 방향이며 내용이다. 그러나 교회가 특별을 붙이고 강제하므로 교우들로 하여금 그 기간에만 하고 나머지 시간에는 하지 않아도 되는 것으로 착각하게 만든다. 뿐만 아니라 복음의 실천에 비자발적이고, 위선적이고, 형식적이고, 기만적이고 외식하게 만든다. 프로젝트가 일상화된 교회에서 교우들은 자신의 영적성장과 신앙고백을 위해서 참여하는 것이 아니고 목사님의 얼굴을 생각해서, 장로, 권사, 구역장, 부장으로서 체면 때문에 참여하는 일이 왕왕 발생하게 된다.

그렇다고 프로젝트를 하지 말라는 말은 아니다. 참회와 영적 쇄신을 위해서 필요하다고 판단되면 해야 된다. 그러나 과시를 위한 행사로서, 경쟁을 위한 행사로서, 종교 비즈니스로 습관적으로 행하는 것은 사라져야 하고 경계되어야 한다.

여섯째 일방적인 소통구조, 다수결에 의한 의사결정구조에 대하여 고민해야 한다.

대부분의 교우들이 주일과 수요일 등 제한된 시간 속에서 만나고, 제한된 시간 속에서 의사 결정을 해야 하기 때문에 어쩔 수 없는 일방 통행적인 구조와 소통으로 불만이 쌓이고 막혀서 교회가 동맥경화에 빠지게 되기 쉽다. 또한 교회가 새 목회자와 장로를 세우고 새로운 정책을 정할 때 최선의 방법으로 민주주의 방식인 다수결 표결에 의한 결정을 하면서 많은 곤란에 직면한다. 그리하여 투표 후에 많은 교우들이 시험에 빠져 교인 상호간의 갈등과 충돌로 홍역을 치루거나 성도들의 교회 이탈과 분립이라는 아픔을 겪는 일이 다반사가 된 것을 본다.

교회는 많은 연구와 노력으로 쌍방 소통, 다각 소통으로 성도들 사이에 마음의 장벽을 허물어야 한다. 또한 최후 결정을 위한 다수결 투표 이전에 우리 교회를 향한 하나님의 뜻을 물어야 한다. 하나님의 뜻을 분별하기 위한 영적인 작업을 통해서 통찰과 지혜를 얻어야 한다. 교회는 결코 세속의 단체가 아니기 때문에 민주주의 방식으로 다수결 투표를 했으니 우리는 문제가 없다는 방식으로 안일하게 대처해서는 안 된다. 교회는 영적인 신앙단체이기 때문에 세상의 정치 방식으로 처리하거나 치리하기 전에 하나님의 사랑 방정식, 예수님의 십자가 방식 앞에서 고민하며 기도해야 한다. 그리고 세상의 법칙이나 방식을 뛰어 넘는 열린 소통, 열린 결정을 하면서 성령님의 인도와 지도를 받아야 한다. 교회가 어느 한 쪽을 악으로 규정하고 그쪽을 내모는 것은 쉽다. 그러나 그 후에 오는 영적인 피폐와 어둠 때문에 교회가 본질에서 벗어나기 너무 쉽다. 그러므로 건강한 교회는 하늘과의 소통, 땅과의 소통에 늘 열려 있어야 한다.

한국의 모든 교회가 다함께 성숙해서 교회를 질타하는 세상을 향하여

로마 카타콤 지하무덤교회처럼 무서운 칼!

거룩한 양심!

사랑의 품이 되어

물질과 권력 중독에 빠진 세상이

찔림을 받으며 부끄러움을 느끼며

하나님 앞에서 옷깃을 여미며

함께 새 하늘 새 땅으로 들어가게 되길 바라마지 않는다.

영원한 순례자!
영원한 혁명가 아브라함!

유대교, 기독교 그리고 회교의 성조로 비정(比定)된 아브라함은 물질과 물량 중독증 환자인 현대인의 시각으로 보면 그야말로 평범하고 보잘 것이 없는 사람이다. 초라한 그가 세 개의 유일신교에서 성조와 예언자로 추앙되고 있으며 이스라엘과 아랍의 조상으로 숭배되고 있다는 사실이 현대인들에게는 쉽게 이해되지 않을 것이다.

그는 결코 역사 교과서에 나오는 대왕, 대부호, 대발명가, 대장군, 대재상, 대석학, 위대한 예술가의 부류에 속하지 않는다. 그는 애굽의 바로나 함무라비왕처럼 나라를 세웠거나 왕족으로서 나라를 다스린 적도 없는 보통사람으로 현대인들이 추구해 마지않는 부귀영화, 출세와는 거리가 멀다. 그럼에도 불구하고 성서는 그를 '하나님과 동행한 자', '믿음의 조상', '복의 근원'으로 기록하고 있다.

대부분의 크리스천들이 아브라함이 받은 축복을 부러워한다. 하나님께서 그를 불러 본토와 친척과 아비의 집을 떠나라고 권하시며 약속한 말씀에 나오는 '큰 민족', '이름의 창대' 등과 롯이 떠난 후에 그가 받은 약속, '동서남북의 보이는 땅을 받음'과 '자손의 번성', 할례 시 받은 약속, '여러 민족의 아버지 됨'과 '후손들이 왕이 됨' 등이 바로 그것 때문이다.

하나님께서 아브라함에게 떠나라고 하면서 약속하신 내용을 언뜻 살펴보면 하나님께서 아브라함에게 약속한 축복이 세상의 복과 다르지 않다. 하나님께서 아브라함에게 약속한 축복이 땅을 많이 소유하고, 권력을 잡고 자손을 많이 낳아서 권력과 재산을 후손에게 물려주어 자손대대로 부귀영화를 누리는 것으로 보이기 때문이다.

정말로 하나님께서 아브라함을 우르와 하란에서 불러낸 이유가 아브라함이라는 특정한 인물과 그 후손들에게 부귀영화를 몰아주고 싶어서였을까? 만약 그렇다고 하면 그 하나님은 세속적인 인간과 다름없는 하나님이다. 희랍신화에 나오는 제우스 같은 하나님일 것이다. 전혀 상상이 되지 않는다. 그런 하나님께서 육신을 입고 세상에 내려와 십자가를 질 리가 없기 때문이다.

아브라함 백 년의 히스토리

창세기 12장에서 25장 11절까지에 믿음의 조상 아브라함의 백 년 히스토리가 간략하게 적혀 있다.

아브라함이 아버지 데라를 따라 갈대아 우르에서 나와 한동안 머물렀던 하란은 기후도 좋고 철 따라 비가 내려서 땅이 참으로 비옥하다. 그런데 하나님께서 무슨 생각으로 그럭저럭 잘 살고 있는 아브라함에게 다시 하란을 떠나라고 하신 것인지? 사람의 눈으로 볼 때 하란이 더 젖과 꿀이 흐르는 땅이고 자손이 번성할 수 있는 곳이며 열 왕이 나올 수 있는 땅이다. 더 기가 막힌 것은 하나님께서 아브라함을 하란보다 더 살기 좋은 비옥한 서쪽 땅, 유럽으로 인도하지 않고 바위와 가시덤불의 가나안 땅으로 인도하신 것이다. 만약에 하나님께서 가나안 땅에서도 비교적 살기 좋은 갈릴리호수 또는 요단강 지역으로 아브라함을 인도하였다면 현대인인 우리들이 하나님의 축복을 이해하기 쉬웠을 것이다. 그러나 하나님은 우리의 생각과는 달리 그를 생존 자체를 위해 허덕여야 하는 사막의 입구로 인도하셨다. 그런데 놀랍게도 당사자인 아브라함은 하나님께 저항하거나 이의를 제기하지 않고 따라가며 제단을 쌓고 기도하며 순종하였다.

창세기 13장 2절에 의하면 아브라함은 가축과 은과 금이 풍부한 부자였지만 그 돈으로 땅을 사지 않았다. 땅 투기처럼 안전한 투기가 없는 세상에서 아브라함은 끝까지 땅을 소유하지 않았다. 그는 나그네로 살기 시작한 지 62년 만에 장례를 치르기 위해 장지를 조금 샀을 뿐이다.

그는 하나님과 동행함에도 불구하고 애굽의 바로와 그랄왕 아비멜렉에게 아내를 빼앗기는 불행과 치욕과 고통을 겪었다.

그는 도시문명에 사로잡혀서 더 이상 자기를 따르지 않는 조카 롯을 꾸짖지 않고 편히 떠나가게 해주었고 그가 전쟁 포로로 잡혀갔을 때는 생명을 걸고 구출해주었다. 또한 조카와 그의 재물을 구하고 다섯 왕이 빼앗긴 재물들과 부녀와 친척을 다 찾아왔으나 자신을 위하여 그 탈취물에 조금도 손을 대지 아니하였다.

그는 또 롯이 소돔의 죄악으로 함께 멸망당하게 될 위기에 빠졌을 때 그를 위해서 하나님께 자비를 구하며 용서를 빌었다. 또한 하나님의 요청으로 암소와 암염소, 숫양을 잡고 산비둘기와 집비둘기 새끼를 쪼개서 하나님과 언약을 맺었고 장차에 후손들에게 일어날 일과 자신의 장래에 대한 하나님의 계시를 들었다.

그는 86세에 아내의 몸종을 취하여 아들 이스마엘을 낳았으나 아내의 투기를 감당하지 못하여 냉정하게 그들 모자를 내쫓았다.

그는 99세에 하나님께서 영원한 언약의 표징으로 시행하라고 요청한 할례를 행하였다.

그는 이삭이 태어난 후에 그랄왕 아비멜렉에게 암양 새끼 일곱 마리를 주고 빼앗긴 우물을 되찾았다.

그는 약속한 아들을 25년 만에 얻었지만 15년 후에 번제로 드리기로 결심하고 모리아산에 갔고 거기서 "여호와 이레"의 하나님을 체험하였다.

그의 나이 137세에 아내 사라가 죽자 후처 그두라를 얻어 6명의 아들을 낳았다.

그는 하나님의 요청으로 본토, 친척, 아비의 집을 떠나 산 지 100년 만에 브엘세바에서 죽었다. 죽기 전에 이삭에게 유산 상속을 하였고 서자들에게도 재산을 주어 이삭이 사는 곳을 떠나 동방으로 가게 하였다. 이스마엘과 이삭이 그를 막벨라 굴에 장사하였다.

순례자, 혁명가의 원형 아브라함

성서는 짤막한 기록 속에서 악한 체제와 병든 문명에 저항하라는 하나님의 요청에의 순종과 순례자적인 유랑의 삶으로 '믿음의 조상', '복의 근원'이 된 첫 사람 아브라함을 보여주고 있으나 현대 교회는 큰 울림과 깨달음을 얻지 못하고 있다. 4천 년이나 앞 서있는 시대의 왕과 강자의 문화와 관습, 우상숭배의 상황과 경향 속에서 하나님을 의지하며 외롭게 사랑의 길, 의로운 삶, 저항의 삶을 살아온 순례자, 혁명가 아브라함의 본질을 보지 못하기 때문이다.

성서에 의하면 아브라함은 상당한 부와 힘을 가진 자였다. 그러나 그는 권력과 부를 가진 자들이 일반적으로 즐기며 탐하는 일들을 하지 않았다. 뿐만 아니라 하지 않아도 되는 일을 양심이 명하는 대로 하나님께서 주시는 감동대로 자진하여 스스로 행하였다. 그가 한 일과 하지 않은 일을 깊이 생각해보면 그가 하나님과 동행하며 순례의 삶을 산 것이 새로운 문명, 하늘의 문명, 진리의 문명, 생명의 문명의 창시였음을 깨닫게 된다. 뿐만 아니라 그는 권력과 돈의 피라미드 지배구조를 유지시키는 혈연주의와 종교체제에 저항하는 혁명가로서 우상과 거짓 신으로부터 인간 해방의 길을 보여주었다는 것을 알게 된다. 성서는 그를 순례자나 개혁자, 저항가, 혁명가라고 호칭하지 않지만 그는 순례자이자 저항하는 자로서 하나님과 동행하며 종말론적인 삶을 살아 '할례 받은 하나님 백성'이라는 새로운 민족의 시조가 되었다. 그는 해방신학자들보다 더 혁명적이었고 공산주의자들보다 더 치열하였으며 반전론자들보다 더 평화를 사랑하였다. 그는 참으로 탐욕과 죄악으로 죽음의 늪에 빠진 세상을 구원하고자 하는 모든 시대의 순례자와 혁명가의 모형으로서 '복의 근원'이며 '믿음의 조상'이다.

아브라함이 신념으로 하지 않은 일

아브라함은 부자이며 자기 휘하에 잘 훈련된 무사들을 거느리고 있는 군벌이었다.

창세기 13장 2절에 보면 가축과 은과 금이 풍부한 부자였으며 창세기 14장 14절에 의하면 집에서 양육하고 훈련시킨 318명의 무사를 거느리고 있는 지방의 세도가였다.

고대사회는 힘센 영웅들의 세계이었다. 세상 모든 사람들이 영웅, 족장,

왕을 위해서 종사하였다. 왕은 법이고 신의 아들이었으므로 무엇이든지 마음대로 할 수 있었다. 실로 영토 안에 있는 신민들은 다 그 발아래 엎드렸으며, 엎드린 자들은 다 그의 것이었다. 폭군과 야망이 큰 자들은 전쟁을 통하여 영토를 넓혀갔으며 재산과 노예를 늘렸다. 왕의 충신들은 결혼 유무와 상관없이 아름다운 여자들을 잡아다 왕에게 상납하였으며 그에게 성적 노리개를 공급하는 것으로 충성 경쟁을 하였다. 왕들은 노예를 마소처럼 부려 자기 이름을 붙인 도시를 건설하였으며 전쟁을 위해 무기를 만들고 청년들을 잡아다 군인으로 훈련시켜 전쟁터로 내보냈다.

그러나 아브라함은 당시 세상의 제왕과 족장들과는 전혀 다른 삶, 순례와 혁명의 삶을 살았다. 당시 족장들이나 제왕들은 더 큰 권력과 영토와 돈을 만들기 위해서 책사, 참모들과 함께 전략을 세우고 음모를 꾸미며 전쟁에 전력투구하였다. 그러나 그는 그런 일에 전혀 관심이 없었다.

첫째 그는 여느 부호들이나 세도가들처럼 땅을 사지 않았다.

농경사회의 부는 문자 그대로 토지였다. 그러나 그는 가나안에 거주하는 100년 동안 딱 한 번 땅을 구입하였는데 그것도 아내를 묻기 위하여 장지를 산 것 뿐이었다. 그는 성공한 자들이 흔히 위용을 과시하기 위해 짓는 고대광실 대저택도, 성채도 짓지 않았다. 뿐만 아니라 재산의 보전과 확대 재생산을 위하여, 토목공사를 벌여 도로와 수로를 건설하는 등, 자기 이름을 붙인 직속마을과 도시를 건설하지 않았다. 그는 땅을 소유하기를 거부하였으며 하나님을 기업으로 삼은 최초의 순례자이며 혁명가이다.

둘째 그는 여느 족장이나 왕들처럼 전쟁으로 영토를 확보하지 않았다.

그는 어디에서도 세력다툼을 벌이지 않았다. 그는 일단계로 먼저 작은 왕국을 세워 기틀을 다지고 기회를 엿보다가 외교와 동맹, 전쟁으로 천하를 제패하려는 무력정복의 야욕을 갖지 않았다. 그는 아내를 두 번이나 왕에게 빼앗겼을 때도 전쟁을 불사하지 않았으며 우물을 빼앗겼을 때도 다투지 않고 오히려 양을 주고 양도를 받았다. 그는 권력 다툼으로부터 자유로워진 순례자였으며 권력의 허구를 아는 혁명가였다.

셋째 그는 바로와 아비멜렉에게 아내를 빼앗겼어도 피로 보복할 생각을 하지 않았다.

뿐만 아니라 아비멜렉에게 자신들이 판 우물을 빼앗겼어도 무력을 동원해서 우물을 찾으려고 하지 않았다. 그는 문제 해결의 방법으로 전쟁과 타협 중에서 언제나 타협을 택하였다. 그런 그는 나약하고 무기력한 평화주의자 모습을 보여준다. 아내를 빼앗긴 분노와 상처가 컸을 것이고 아내의 수치를 덮어주기 위해서라도 전쟁을 택하여 자존심을 세웠어야 하지만 그는 자신과 가속들의 생명과 안전을 우선 생각하여서일까 보상을 받고 순순하게 떠나왔다.

하나님의 보복에 모든 것을 맡겨서일까? 순례자로서 모욕과 수치를 당하는 일에 익숙해서일까? 아무리 싸워도 힘으로는 백전백패일 수밖에 없다는 결론을 일찍이 내려서일까? 하나님의 인도함이 없이 인간적인 계산으로 애굽으로 내려간 자신의 행동에 대한 반성과 책임감 때문일까? 그는 무능한 평화주의자 모습으로 왔던 길을 되돌아갔고 헤브론에 이르러 여호와를 위하여 제단을 쌓았다.

넷째 그는 부유하고 힘이 있었지만 여성들을 재산이나 노리개로 취급하지 않았다.

그는 고대의 어느 부호나 왕들처럼 많은 아내와 첩을 거느리지 않았다. 그는 85세에 아내의 권유로 아내의 몸종을 첩으로 받아들였지만 그마저도 아내의 질투 때문에 함께 살지 못하고 내쫓았다. 그는 아내 사후에 그두라라는 여성을 후처로 맞이하였을 뿐이다.

다섯째 그는 거대한 신전을 건축하지 않았다.

그는 보통의 군주들처럼 정치적인 목적으로 거대한 신전을 건축하여 우상숭배를 제도화하거나 아니면 자신을 신으로 숭배하게 만드는 행위를 하지 않았다. 당시 제왕과 족장들은 신의 이름으로 하늘과 땅의 권력을 독차지하고 신민들의 생사여탈을 주장하였다. 그러나 그는 타락한 종교의 우상숭배 행위에 일체 가담하지 않았다.

그는 고대 근동에 가득한 우상숭배와 정치 협잡에 회의하고 저항하며 천지를 창조하신 참된 하나님을 찾아 오랜 시간 동안 방황하였다. 결국 그는 하란에서 우상의 제물을 기뻐하지 않으시는 하나님, 바벨탑에 계시지 않는 하나님, 전쟁과 폭력, 부정과 불의를 기뻐하시지 않는 하나님, 홍수 이전의 타락하고 부패한 병든 세상과 문명을 아파하시는 하나님의 음성을 들었다. 마침내 그는 우상과 거짓신과 차원이 다른 하나님의 인도를 따라 순례자가 되어 가나안에 들어가며 자기 삶 전체를 하나님께 의탁하였다. 그런 의미에서 그는 순종의 사람이지만 그의 순종은 철저하게 체제 저항과 혁명을 위한 것이었다.

아브라함이 신념으로 행한 일

아브라함은 당시 족장이나 왕들이 앞을 다투어 하는 일은 하지 않았고, 그들이 하지 않는 일에는 관심과 열의를 가지고 최선을 다하였다.

첫째 그는 생명의 안전이 보장되는 조상의 문화와 전통이 살아 숨 쉬는 고향을 떠났다.

그는 고향과 부족, 민족과 나라를 떠나라는 하나님의 부름을 받고 위험을 무릅쓰고 미지의 세계로 떠났다. 그의 순종은 아무리 병든 문화와 체제에 대한 저항을 위한 출발이라 할지라도 그 시대적 상황을 감안할 때 참으로 무모하고 불안하고 위험하였다.

고대인들이 고향, 부족과 나라를 떠나는 순간 그들의 생명은 아무도 보장할 수 없었다. 고대인들은 자기 가족과 부족, 민족과 나라에 속하지 않은 것을 모두 다 수상하게 여기며 경계하였다. 떠돌이, 나그네들의 금품을 빼앗으며 때로는 감금하고 고문하였다. 고대인들은 혈연절대주의에 빠져 자기들의 안전과 번영에 걸림돌이 되는 다른 부족, 민족과 나라에 대해서는 아주 강포하며 잔인하였다. 성서의 희년법조차도 이방인 노예들에게 무자비한 것을 보면 고대에 본토인과 이방인에 대한 차별과 학대가 얼마나 심했는가를 알 수 있다.

당시 지배자들은 고향과 민족을 떠나는 순간, 권력과 부를 상실할 수 있으므로 쉽게 고향과 민족을 떠나지 못하였다. 그들은 자기들의 군대가 이웃 나라를 쳐서 무찌를 수 있는 힘을 가졌다고 확신할 때 전쟁을 통하여 외국인들을 정복하며 뻗어 나갔다. 그러나 아브라함은 온갖 위험을 감수하며 기꺼이 본토와 친족을 떠나는 순례 길을 나섰다.

그는 나라와 민족의 이름으로 인류가 서로 차별하며 죽이며 짓밟는 일이 죄악이며 하나님의 뜻이 아님을 알았다. 그는 혈연과 가족 이기주의로 삶과 생명을 질식시키며 구속해버리는 본토를 떠남으로 옛 사람을 벗고 새로운 민족으로 살고자 하였다. 그는 가족 절대주의. 민족 절대주의, 국가 절대주의가 애국애족의 이름으로 세상에서 저지르는 만행, 전쟁과 학살, 포로와 노예 학대의 저주스런 역사로부터 해방되고자 하였다. 그는 세상 모든 사람들이 옛 사람에서 벗어나 새 사람으로 복의 근원이 되어 함께 살기를 염원하였다. 그는 인류의 하나됨을 희망하며 하나님의 부름을 따라 나그네 길을 떠난 최초의 순례자이며 혁명가이었다.

둘째 그는 약자를 강자의 폭력에서 구해야 할 상황에 직면하였을 때 용감하게 무력을 사용하였다.

그는 포로로 잡혀간 조카 롯을 구출하기 위해 사활을 건 위험한 추격전을 벌였다.

아내가 치욕을 당했을 때도 협상을 선택했던 비겁한 평화주의자인 그가 조카의 생명을 구하기 위해서 스스로 피비린내 나는 전쟁 속에 뛰어들었다.

그는 무례하고 교만하게 자기 곁을 떠난 조카 롯이 포로로 잡혀갔다는 소식을 듣자마자 즉시 사포대(私袍隊)를 동원하여 그를 구출해 냈다. 그와 그의 사포대가 사해 근처에서 이스라엘 최고 북부 지역에 있는 단을 지나 현재 시리아의 수도인 다마스커스 인근까지 갔으니 이는 왕복으로 500km가 족히 넘는 거리다. 그가 군대를 이끌고 그 거리를 왕래한 것은 스스로 위험과 고난을 자초하는 행위였다. 그가 롯을 위하여 구출작전을 벌이지 않았어도 그를 비난할 사람은 세상에 아무도 없었다. 그러나 그는 전쟁 참여로 자신의 생명을 잃을 수도 있었지만 사랑하는 조카의 고난과 불행을 외면할 수 없었다. 뿐만 아니라 전쟁을 도발하여 인명을 살상하며 부를 축적하여 강대국이 되고자 하는 왕들의 침략 행위에 반전의 일침을 가하며 힘을 선하고 정의롭게 사용하는 하나님의 뜻을 드러내야 하였다. 그는 실제로 전쟁을 반대하는 시대의 반전주의자이며 평화주의자이고 혁명가였다.

셋째 그는 전쟁에서 탈취한 물건들 일체를 자신의 재산으로 귀속처리 하지 않았다.

예나 지금이나 전쟁은 대사업이다. 이기면 일확천금을 벌 뿐만 아니라 역사에 길이 남는 영웅이 된다. 전쟁처럼 큰 돈벌이가 없다는 말은 동서 고금을 막론하고 두루 알려진 공공연한 사실이다. 그러나 아브라함은 전쟁의 핏값, 죄악과 어둠과 그 타락의 대가, 피 냄새가 풍기는 일체의 것들을 거부하였다.

그는 롯의 구출작전을 마치고 무사히 돌아온 후에 탈취물의 십분의 일을 자기를 맞이해준 살렘왕 멜기세덱에게 바쳤다. 뿐만 아니라 구출작전에 참여한 사포대원들이 먹은 것과 동맹자들인 아넬, 에스골, 마므레의 분 깃을 제하고 나머지 일체, 패전한 왕들의 물품들과 병사들을 소돔왕 편에 고스란히 돌려보냈다. 그는 소돔왕에게 병사와 재물을 돌려보내면서 전쟁을 통해 악마처럼 재물을 모으는 자들에게 양심선언을 하였다. 그는 자신이 사람들의 인생을 착취하지 않으며 사람들의 핏값도 취하지 않으며 하나님의 은총으로 사는 자임을 당당하게 선언하였다.

"천지의 주재이시요 지극히 높으신 하나님 여호와께 내가 손을 들어 맹세하노니 네 말이 내가 아브람으로 치부하게 하였다 할까 하여 네게 속한 것은 실 한 오라기나 들메끈 한 가닥도 내가 가지지 아니하리라."

넷째 그는 하나님과 언약을 맺는 인생 순례와 혁명의 절정을 맞이하였다.

하나님께서 마침내 그를 계약의 파트너로 선택하시고 인정해 주셨다. 황홀한 하나님 체험을 하며 그는 계약에 전적으로 동의하고 언약의 표징으로 할례를 실시하여 새로운 민족의 시조가 되었다. 세상 여느 나라와 민족의 시조들처럼 인간의 방법이 아닌 순종으로, 비움과 포기, 믿음과 사랑으로 시조가 된 그 자체가 혁명이고 하나님의 은혜요, 섭리였다.

사람이 사람과 언약을 하고 계약을 맺을 수는 있으나 인간이 존재의 차원이 다른 하나님과는 계약을 맺을 수는 없다. 감히 인간이 신의 영역으로 들어가 그의 파트너가 되어 계약을 맺었다고 믿는 그 믿음 자체가 일상적이지 않다. 예사롭지 않다. 오늘날 같으면 그의 정신 감정을 병원에 의탁할 것이다. 그러나 그의 하나님과의 계약사건은 정신세계에서 일어난 영적 사건이면서 동시에 역사적인 사건이었다. 하나님은 아브라함을 통하여 영적 혁명을 일으키고자, 새 시대와 새 문명을 열기 위하여, 창조주이신 자기의 계획과 뜻을 바르게 계시하기 위하여 그를 계약에로 초청하신 것이다. 아브라함이 하란을 떠난 순례길 24년 만에 하나님은 그와 구체적인 구속의 계약을 맺었다.

당시 대부분의 종교는 우상에게 수많은 제물을 잡아 바치는 의식을 행하거나 신이 된 왕이 여사제와 잠을 자는 의식을 치루며 자연의 선순환과 다산과 풍요를 빌었다. 그러나 아브라함은 인간을 위해 낮은 자리로 내려오신 하나님을 인격적으로 만났으며 종속적인 관계가 아닌 평등관계로 예우 받으며 인간으로서 신과 계약을 맺은 최초의 사람이 되었다.

계약을 통해서 하나님은 아브라함의 하나님이 되었으며 아브라함은 하나님의 축복대로 새 민족의 아버지가 되었다. 하나님은 아브라함을 통하여 새로운 문화와 족속을 형성하기를 원하셨다. 하나님께서 "내가 내 언약을 나와 너 및 네 대대 후손 사이에 세워서 영원한 언약을 삼고 너와 네 후손의 하나님이 되리라."고 약속하시고 집에서 난 자와 이방인들은 다 할례로 초청하여 가족 이기주의, 혈족주의의 경계를 무너뜨리셨다.

아브라함은 언약대로 99세에 포피를 베었고 이스마엘과 그 집의 모든 남자, 집에서 태어난 자와 이방에서 사온 자들이 다함께 할례를 받았다. 그리하여 그들은 할례를 통해서 하나님의 백성으로 하나가 되었다. 그리하여 할례는 가족 이기주의와 혈연 절대주의를 깨는 우주적인 혁명의 표징이 되었다.

다섯째 아브라함은 소돔 심판을 기뻐하지 않았으며 오히려 죄악의 도시를 변호하였다.

그는 하나님께 의인들을 위하여 죄악의 도시 소돔을 용서해주길 간청하였다. 소돔을 위해서 치열하게 중재하는 그의 진지한 자세와 태도는 그가 세상에 염증을 느껴 도피한 순례자가 아님을 말해준다.

소돔은 실제로 성적으로 문란하고 나그네를 학대하는 폭력적인 죄악의 도성이었다. 그러나 아브라함은 여호와께서 '소돔과 고모라의 죄악이 심히 무겁다'고 하였을 때 절박한 마음으로 소돔에 사는 의인을 악인과 함께 멸하시면 안 된다고 탄원하며 중재기도를 드렸다. 그러나 그의 간청에도 불구하고 소돔은 열 명의 의인이 없어서 끝내 멸망당하였다. 그는 의인을 위하여 중보기도를 드렸지만 그의 아파하는 마음이 죄인을 향해서도 열려 있음을 볼 수 있다.

노아는 "내가 그들을 땅과 함께 멸하리라"는 하나님의 음성을 들었을 때 멸망할 세상을 위해 가슴 아파하며 중재하지 않았으며 묵묵히 방주를 만들었다. 그러나 아브라함은 소돔을 향해 가는 여호와 앞에 감히 가까이 나아가 설득하였다. 그리하여 그는 "주께서 의인을 악인과 함께 멸하려 하시나이까?"라고 하나님 앞에서 죄인을 변명하며 용서를 간청한 최초의 중보자이며 의로운 혁명가가 되었다.

여섯째 아브라함은 이방인을 돈으로 사서 함께 살았다.

이 이방인들은 '집에서 기르고 훈련된 자 삼백십팔 명' 속에 포함되어 있을 것이다. 성서가 그의 집에서 사는 이방인들을 언급할 때 노예나 종이라고 부르지 않고 '이방 사람에게서 사온 자'라고 호칭하는 것과 그가 끝까지 땅이 없는 사람으로 산 것을 유추해서 볼 때 그가 이방인들을 산 것은 노예로 부릴 목적이 아니었음을 알 수 있다. 그는 가족과 종족 이기주의를 벗어난 자로서 사해동포주의를 실천하며 인간의 존엄성 회복을 위해 인간을 해방시키고자 노예를 돈을 주고 사온 것이다. 이는 대속의 행위로 예수 그리스도가 인류 대속을 위해 피를 흘린 것을 상기시킨다.

그는 철저한 계급 사회에서 계급을 부정하였으며 계급을 넘어선 자였다. 그는 노예를 짐승으로 취급하는 세상에서 그들을 위해 속전을 치루고 그들의 존엄을 회복시키고 그들을 사슬에서 해방시킨 혁명가이며 그들과 함께 사막이 시작되는 브엘세바에서 순례자로 살았다.

일곱째 그럼에도 불구하고 아브라함은 혁명을 부정하고자 하는 자신의 반동에 직면하였다.

그는 아들을 빌미로 해서 서서히 변질되어 옛사람, 가족 절대주의, 혈연주의, 물질주의로 타락하고 부패해 가는 자신을 새롭게 혁명해야 하는 상황에 직면하였다.

그는 백 세에 얻은 아들을 너무 사랑한 나머지 아들 중심으로 가치를 판단하며 미래를 구상하는 혈연의 함정에 빠졌다. 성서는 '하나님께서 아브라함을 시험하기 위해서 아들 이삭을 번제로 드리라'고 했다고 기록하고 있지만 실제로 아브라함은 늦둥이 이삭의 행복과 학업, 출세와 성공에 눈이 멀기 시작하였다. 어린 이삭은 영특하여 아브라함의 기쁨과 희망이 되어 아브라함의 정신세계를 마구 휘저었다. 그는 주변세계를 아들 중심으로 재편하고 싶은 유혹에 빠졌고 아들에게 장애물이 될 수 있는 것들은 다 미리 제거하고 싶었다. 그는 부를 좀 더 축적하고 지위를 높여서 아들에게 멋지게 상속해 주고 싶었다. 그는 아들로 말미암아 자신이 과감히 버리고 떠나온 것들을 다시 얻으려고 하는 강력한 내면의 욕구에 직면하였다.

강한 것, 큰 것, 좋은 것, 많은 것을 추구하던 옛사람이 되살아나 새 사람, 새 민족에게 시비를 걸으며 비웃었다. 드디어 그는 하나님과 동행하는 순례자의 삶, 새 문화, 새로운 가치와 영적 세계에 싫증이 났다. 가도 가도 끝이 없는 길이 무의미하게 느껴졌다. 그는 서서히 하나님과의 관계가 단절되고 영적 어둠에 빠졌다. 그는 영적인 무기력 속에서 불안에 빠져 잠을 이루지 못하였다. 그는 어둠과 빛, 체제 유지와 체제 개혁, 옛 가족과 새 가족, 영웅과 순례자 사이에 끼어 부대끼며 헐떡거렸다. 떠나온 세계에 대한 향수로 그는 비틀거렸다.

그러나 그는 모든 부정과 뒤틀림의 시작이 아들에 대한 자기의 지나친 사랑임을 깨달았다. 그가 아들 우상에서 벗어나기로 결심하였을 때 그는 자신의 영적 각성을 촉구하는 하나님의 무거운 음성을 들었다. 그는 피눈물을 흘리며 이삭을 모리아산으로 데리고 가서 결박하는, 아버지 된 자로서는 감히 할 수 없는 '아케다사건(이삭 결박사건)'을 일으켰다.

성서의 보도에 의하면 그가 아들을 잡으려 할 때 하나님의 사자가 긴급 개입하여 이삭 대신 '뿔이 수풀에 걸린 양'을 잡아 번제로 드리게 되면서 그가 본토와 친척과 아비의 집으로 돌아가려는 자신의 반동에 제동을 걸게 되었다. 그는 '아케다사건'을 통하여 어두워진 영적 눈을 다시 뜨고 하나님의 보편적인 구원의 역사에 걸림돌이 되는 병든 부성애, 가족 이기주의를 극복하였다. 그는 '아케다사건'으로 참으로 '믿음의 조상'이 되었으며 순례와 영적 혁명을 통하여 하나님을 기업으로 삼는 '복의 근원'의 영원한 모형이 되었다.

아브라함 영원한 순례자! 혁명가!

우리가 아는 대로 아브라함은 순종의 사람이다. 그러나 그의 순종은 부패한 시대 개혁과 병든 사회를 혁명하라는 하나님의 부름에 순종이지 악하고 반생명적이고 권위적인 체제에, 기득권 세력에 순응하는 순종이 아니었다. 우상숭배와 기복주의, 물질주의와 물량주의를 좋은 것이 좋은 것이라고 생각하며 침묵하는 그런 순종이 아니었다. 그런 의미에서 아브라함은 반체제 저항가이며 혁명가이다. 그러나 그의 저항과 혁명에는 세계

역사에서 보는 처절한 피 비린내가 없으므로 우리는 그를 저항가나 혁명가라고 부르지 않는다. 그러나 그는 100년이라는 긴 시간의 삶을 하나님의 '인간 혁명'에 자신을 바쳤다. 하나님의 혁명에 자신을 바쳤지만 그가 혁명가의 오만과 독선에 빠지지 않은 것은 세상에 속하면서도 세상과 거리를 두고 순례자로 살았기 때문이다. 그는 순례자이며 혁명가였고 혁명가이며 순례자로서 '복의 근원'과 '믿음의 조상'이라는 영원한 호칭을 받았다. 그리고 아브라함으로 말미암아 사회 전반의 기존 사고와 인식들이 조금씩 바꾸어지는 놀라운 변화가 일어나기 시작하였다.

그는 토지 대신에 하나님을 부(富)로 인식하였다.

그는 인간을 찾아서 내려오는 하나님을 만났다.

그는 인간과 계약을 맺으시는 하나님을 믿었다.

그는 평화를 위해 용서하며 모욕을 감수하였다

그는 권력 대신에 하나님께 자신을 의탁하였다.

그는 인간의 영적 수준을 하나님 차원으로 끌어올렸다.

그는 하나님과 동행하는 축복을 누렸다.

그는 하나님의 계약을 보편 인류에게 증언하였다.

그는 심판의 하나님이 사랑의 하나님임을 보여주었다.

그는 기도가 하나님과의 대화임을 알려주었다.

그는 세상 속에서 순례자로 사는 지혜를 터득하였다.

그는 순종을 위해 자신의 의지와 계획을 포기하였다.

그는 혁명가가 혁명의 암초가 될 수 있음을 체험하였다.

그는 세상을 사랑하면서 세상을 초월한 순례와 혁명의 길을 걸었다.

그는 민족 우상주의가 지구의 평화를 깨는 장애물임을 알았다.

그는 국가 우상주의가 전쟁을 일으키는 악의 실체임을 간파하였다.

아! 아!

위대한 순례자이며 혁명가인 아브라함이 우리 안에 있는데 우리는 영적인 열등감에 빠져서 영성훈련과 혁명의 길잡이를 찾아 다른 집단과 사상과 철학과 종교를 기웃거리며 얼마나 많은 에너지와 시간과 감정을 낭비하였던가!

아! 아!

위대한 이상주의자이며 혁명가인 아브라함이 우리 안에 있는데 우리는 너무 보수적이며 구태의연하다는 자기 비하에 빠져 혁명의 안내자를 찾아 다른 집단과 사상과 이념을 어깨 너머로 추구하며 방황하며 진보와 보수로 나뉘어 얼마나 많은 에너지와 시간과 감정을 낭비하였던가!

아브라함이 여러 민족의
아버지가 되기 위해 무슨 일을 하였는가?

세상은 영웅, 정치 권력자들이 세력을 다투는 장이다.

영웅들은 전쟁이라는 물리적 폭력으로 주변국을 침략하여 사람을 죽이고 약탈하고 방화하며 철저하게 파괴하여 자기들만의 대제국을 형성하였다. 그들은 자신의 자신에 의한 자신을 위한 영원한 제국을 세우고자 하였다. 그러나 그들이 다른 사람들의 피 흘림으로 세운 제국은 영원하지 않았다. 한 시대에 군림하였던 진시황의 제국, 바빌로니아제국, 로마제국, 사라센제국, 대원제국, 대영제국은 지상에서 사라졌다.

현재도 제국의 왕처럼 행세하는 독재자와 대통령들이 적지 않다. 그들은 어떤 방법으로 권력을 쟁취하였든 간에 정상에 올라선 후에는 계속 집권하기 위해서 법을 개정하고 경찰과 군대를 동원해서 자기 제국을 만들어 간다. 그러나 성서는 그들을 연기와 이슬 같으며 한줌의 무게도 되지 않는다고 한다.

영웅들과 우상이 난무하는 때에 하나님께서 아브람을 '여러 민족의 아버지'로 만들겠다고 약속하였다. 그리고 그는 여러 세대를 통과하면서 하나님의 언약대로 여러 민족의 아버지가 되었다.

그는 현재 기독교, 유대교 그리고 회교에서 믿음의 조상으로 추앙받고 있다. 뿐만 아니라 여러 나라에서 민족의 조상으로 자리 매김하고 있다.

전쟁으로 제국을 세운 영웅들, 하나님의 신성한 대지를 피로 물들인 제국들은 다 사라졌지만 아브라함은 오늘도 살아서 우리에게 많은 울림을 주고 있다.

아브라함은 믿음의 조상, 여러 민족의 조상이 되기 위해서 무슨 일을 하였는가?

결론부터 말하자면 그는 아무 행위도 하지 않았다. 하나님께서 그와 함께하심으로 그가 믿음의 조상이 되고 그가 여러 민족의 시조가 된 것이다.

아브람이 99세 때 여호와께서 그에게 나타나서

"나는 전능한 하나님이라 너는 내 앞에서 행하여 완전하라 내가 내 언약을 나와 너 사이에 두어 너를 크게 번성하게 하리라"라고 말하였다. 그러자 아브람은 말없이 조용히 엎드렸다.

하나님께서 계속해서 말씀으로 약속하였다.

"보라 내 언약이 너와 함께 있으니 너는 여러 민족의 아버지가 될지라 이제 후로는 네 이름을 아브람이라 하지 아니하고 아브라함이라 하리니 이는 내가 너를 여러 민족의 아버지가 되게 함이니라"

"내가 너를 심히 번성하게 하리니 내가 네게서 민족들이 나게 하며 왕들이 네게로부터 나오리라"

한마디로 그가 위대한 '왕들의 조상이 된다'는 하나님의 예언, 신탁이었다.

그러나 그는 흥분하지 않았다. 호들갑을 떨지 않았다. 평상시와 다름없이 할 일을 행하였다. 그는 묵묵히 하나님께서 말씀하신 대로 이스마엘을 포함하여 집에서 난 자와 돈으로 이방에서 사온 모든 남자들에게 할례를 베풀었다.

그리고 1년 후에 마므레의 상수리나무들이 있는 곳에서 나그네 세 명을 영접하였고 그들로부터 1년 후에 이삭의 출생에 대한 예언을 들었다. 그는 천사의 말대로 소돔과 고모라가 멸망하는 것을 목격한 뒤 네게브 땅 그랄에서 아비멜렉에게 아내를 탈취당하는 수난을 겪었다. 1년 후, 하나님의 약속대로 이삭이 출생하는 기적의 기쁨을 맛보았다. 그러나 하갈에게서 태어난 이스마엘을 브엘세바 광야로 내보내는 고통을 겪어야 했으며 이삭을 번제물로 바쳐야 하는 고뇌에 직면하였다.

'여러 민족의 아버지'가 된다는 예언에도 불구하고 아브라함은 자신의 자신에 의한 자신을 위한 마스터 플랜을 짜지 않았다. 그는 갈대아 우르에서 하란으로 하란에서 가나안으로 이동하며 살아 온 그대로 자신의 삶을 하나님의 손에 맡겼을 뿐이다. 자신의 의지와 계획, 집념과 열정으로 왕이 되고자하는 일체의 노력과 행위를 하지 않았다.

대부분의 사람들이 '왕의 조상이 된다'는 신탁을 받으면 왕의 가문을 만들기 위한 특별한 행위를 시작한다.

첫째는 자기가 신의 계시를 받은 위대한 존재, 특별한 사람임을 세상에 알린다. 자기가 신탁을 받은 존재임을 종교 지도자, 지지자, 책사들을 통하여 세상에 은밀히 또는 공공연하게 선포한다. 그리고 자신을 보좌하고 지지해줄 지식인을 세워서 주변에 포석한다.

둘째는 남의 자식을 데려다 군대를 만든다. 그리고 세력을 키워서 전쟁을 벌인다. 이웃 나라를 침범하여 자기 영역을 확보하며 차츰 지경을 넓혀간다.

셋째는 군대를 유지하기 위해서 전쟁으로 재물을 강탈하고 사람들을 잡아다 노예로 부린다. 자기 세력 하에 있는 사람들의 안전을 보장해주며 세금을 걷거나 물건을 매점매석하여 폭리를 남기거나 미래를 약속하며 부자들로부터 돈을 희사 받는다. 한마디로 왕국의 세울 기초 자금을 모으는 것이다.

넷째는 세력을 과시하며 위엄을 부리기 위하여 그에 걸맞는 대 건축 역사를 벌인다. 사람들이 함부로 대할 수 없도록 소위 말하는 왕궁을 건축하는 것이다.

다섯째 여러 부인과 첩을 두어서 다산(多産)으로 왕의 가문을 형성한다. 쾌락과 부귀영화를 왕의 특권으로 무한히 향유하며 정치적인 결혼으로 왕가의 권위와 정통성을 형성하며 권력의 성벽을 높이 쌓는다.

실로 왕이나 권력자가 되고자 하는 사람은 패권을 얻기 위하여 자신을 옹위할 인적 자원을 모으고 물질을 축적하며 강한 군대를 편성한다.

그러나 아브라함은 '여러 민족의 아버지', '왕의 조상'이 되기 위하여 자기의 지식과 모략으로 마스터 플랜을 만들지 않았다. 그는 갈대아 우르를 떠날 때 이미 세상의 권력과 물질과 명예의 폭력성과 독성을 알고 있었다.

아브라함은 '여러 민족의 아버지'가 되기 위하여 여느 세상 사람처럼 발 빠르게 영악하게 행동하지 않았다. 그의 삶은 지극히 단순하고 평범하였다. 그러나 비범하였다.

첫째 그는 자기 삶을 간섭하며 인도하는 하나님의 주권을 인정하였다.
그는 자기의 주인으로서 자기가 살고 싶은 대로 삶을 살 수 있는 권리가 있으나 자기를 지으신 하나님의 주권에 자기의 권리를 양보하였다. 천지의 대 주재이신 하나님의 계획과 뜻을 자기 계획과 뜻보다 우선적으로 생각하였다.

둘째 그는 자기를 우상화하지 않았다.
그는 하나님의 신탁을 핑계 대고 자기 우상화나, 자기 절대화에 빠지지 않고 끝까지 겸손하였다. 그는 하나님의 은총을 미끼로 교만하거나 군림하지 않고 끝까지 하나님의 도구로 쓰임 받는 자의 자리에 서있었다.

셋째 그는 의식주 모든 것이 불편한 광야에 거주하였다. 그는 화려한 도시, 인간의 문명과 정치에 연연하지 않고 하나님의 도움 없이 살 수 없는 광야 브엘세바에서 자기를 부정하며 하나님의 은혜로 살았다.

넷째 그는 어디서나 단을 쌓았다. 그는 하나님을 참으로 경외하며 삶의 중심에 두었다. 그는 하나님께 감사하며 사람인 왕이 신으로 군림하는 우상의 세상에서 자신이 하나님을 믿는 사람임을 선포하였다.

그럼에도 불구하고 그는 여러 민족의 아버지가 되었다. 그 당시 동맹을 맺으며 전쟁을 벌였던 수많은 왕들은 역사의 무대에서 완전히 사라졌으나 아브라함은 '복의 근원'이 되었으며 오늘날 신앙의 조상으로 우리 곁에 서있다.

화무십일홍(花無十日紅)이다. 오래 피는 꽃이 없듯이 권력이 영원하지 않다는 뜻이다. 권력은 잡으면 잡을수록 소금물을 들이키는 것처럼 목마르게 되어 사람을 권력 중독증 환자로 만든다. 권력 우상에 빠진 자는 자기뿐만 아니라 그 시대와 사람들을 불행과 고통으로 몰아간다. 영웅들은 자신이 하나님인 것 같은 착각에 빠져 세상 사람들을 자신의 시녀와 노예 또는 반역의 죄인으로 만든다.

그래서 주님은 공생애에 들어서기 전에 자신 안에 있는 권력에의 욕구를 말씀으로 청소하셨다. 주님은 천하만국과 그 영광을 보여주며 "내게 엎드려 경배하면 이 모든 것을 주리라" 하는 사탄에게 '물러가라' 하고 "주 너의 하나님께 경배하고 다만 그를 섬기라"고 하였다.

권력이 자기 유지를 위하여 하나님의 창조 질서와 섭리를 무시하고 권력의 질서, 힘의 질서, 물질의 질서를 본능적으로 추구하며 세상을 오염시키기 때문이요, 권력이 구원과 평화, 치유와 회복보다는 자기 보전을 위하여 전쟁과 음모, 폭력과 권모술수를 즐겨하기 때문이다.

아브라함은 비권력(非權力), 무권력(無權力)의 사람이었다. 그러나 그는 자기를 통해서 하나님께서 이루고자 하는 그분의 나라에 전적으로 자신을 던졌다. 그리고 평화의 사람, 용서의 사람, 순명과 인내의 사람으로 백 년 동안 나그네로 살면서 인간의 고뇌와 치욕과 고통을 다 겪었다. 그리고 긴 역사 속에서 '여러 민족의 아버지'가 되었으며 '믿음의 조상'으로서 '복의 근원'이 되었다.

그의 그 됨은 그의 노력이나 집념으로 된 것이 아니다.

온전히 하나님의 은혜였다.

그렇다고 거저 된 것은 아니다.

그에게는 하나님의 은혜에 감사하며 사모하며 순종하는 하나님에 대한 크나큰 신뢰와 사랑이 있었다. 가혹한 인내와 지난한 기다림과 끝없는 기도가 있었다.

포스트코로나 시대, 하나님 없는 문명과 하나님 없는 정치,
하나님 없는 시장과 하나님 없는 언론과 하나님 없는 복지 속에서
어떻게 아브라함처럼 살 것인가?

21세기에도 종으로 살 것인가?

하나님 앞에서 인간은 평등하며 개개인의 인권은 존엄하다. 이는 생명의 주인이신 창조주 하나님의 뜻으로 나사렛 예수 그리스도의 생애를 통해서 다시 한 번 온 세상에 울려 퍼졌다.

일찍이 예수 그리스도의 인간에 대한 깊은 사랑과 겸허한 섬김에 감동을 받아 하나님의 부름에 사로잡힌 나는 십자가 흉내를 내며 살기로 작정하였고 그 마음을 지금도 간직하고 있다. 나의 어린 마음을 사로잡은 예수는 자기의 자유, 권리나 평등한 예우를 주장하지 않고 오히려 자기를 비워 종의 형체를 가지고 사람들과 같이 되었고 사람의 모양으로 나타나 자기를 낮추시고 죽기까지 복종하였으며 십자가에 죽으셨다. 그는 헐벗고 굶주리고 병들고 떠돌이 되고 옥에 갇힌 자와 자신을 동일시 하셨다. 그는 낮아짐으로 모두를 높이고 종이 됨으로 모두를 평등하게 예우하셨다. 그의 고귀하고 비천한 삶은 문자 그대로 나에게 대 충격이었으며 길이요 진리요 생명이었다.

종으로 오신 예수 그리스도를 만난 것이 내 인생의 최고 최대 축복이다. 예수를 만나서 하늘 기쁨을 맛보며 예수 때문에 인생은 살 만한 것이고 가치 있고 아름다운 것이다. 그를 배우며 그를 따라 먹고 마시며 종의 길을 걸으며 살아왔다. 그러나 그를 따라 가는 길 안과 밖에는 수없이 많은 장애물이 있으며 마음대로 걸어지는 쉬운 길이 아니다. 무엇보다 자유와 만민 평등과 인권이 최고의 가치로 추구되는 21세기에 봉건사회의 잔재물인 종(從)의 의식으로 산다는 것은 과학문명과 인권의식을 거스르는 퇴행적인 것으로 일고의 가치도 없는 것이다. 민주주의, 평등사회에서 종의 의식을 가지는 것은 비정상적이며 수상하게 여겨지기도 한다.

모던사상에 물든 종, 자유와 인권, 평등 정신에 물든 종(從)은 수시로 주인(主人)을 치받으며 비판하기 일쑤이다. 어떤 종들은 세상의 불의와 악을 외면하며 침묵하시는 주인이란 존재를 의심하고 죽었다고, 우상이라고 규명하고 떠났다. 어떤 종들은 주인이 마르크스와 레닌에게 패배했다고 믿으며 그들의 혁명을 가르쳤다. 어떤 종들은 주인보다 유능하고 위대한 정치인을 신뢰하여 지지하는 것이 낫다고 믿었다. 어떤 종들은 자신을 신의 자리로 올려 신의 반열에서 신과 종의 관계를 새로이 설파하였다.

종의 의식과 믿음도 시대를 따라서 변하였다. 그러나 나는 변화를 따라가지 못했다. 고전적인 종의 개념, 예수 그리스도가 보여준 종의 개념에 머물렀다. 무능하고 무식한 나에게 다른 대안이 없었다.

지금도 종으로 살 것인가? 주체성을 가진 자유인으로 살 것인가에 대한 의문과 유혹이 끝없이 몰려온다.

누구의 뜻을 따를 것인가?는 종과 주인으로 일하는 자를 가름하는 중요한 잣대이다.

자유인은 자신의 뜻을 따른다. 그러나 종은 자기의 뜻이 아닌 주인의 뜻을 따른다. 평상시에는 종과 자유인의 구분이 어렵다. 특별히 자유인의 자아의 뜻과 종의 뜻이 같을 때는 구분이 어렵다. 그러나 자유인 자아의 뜻과 종의 뜻이 일치하지 않을 때는 종과 자유인이 자연스럽게 구분된다. 자유인은 에고대로 행하며 자기의 정체를 드러내게 되기 때문이다.

인도에서 인도의 문화와 종교의 완고함에 짓눌려 있을 때 한국 경제의 파산으로 IMF 구제 금융을 받아야 되는 사건이 일어났다. 나는 한국 경제 평계를 대고 한국으로 철수할 생각을 하면서 하나님께 아뢰었다. 그때 하나님께서 나의 간구에 응답하시며 이렇게 말씀해 주셨다.

"네가 네 뜻대로 왔으면 네 뜻대로 결정해서 돌아가라. 교회 뜻대로 왔으면 교회에 물어라. 나의 뜻대로 왔으면 내 뜻을 따라라. 내가 너와 동행한다."

나는 그 자리에서 "저는 당신의 뜻대로 왔습니다. 당신의 뜻에 따르겠습니다."라고 무릎을 꿇었다.

누구의 것으로 나누며 섬길 것인가 또한 종과 주인으로 일하는 자를 결정짓는 중요한 잣대이다.

종은 주인이 공급해주시는 것으로 일하고 자유인은 자기 스스로 공급한다. 대부분의 선교사들이 돈에 구애받지 않고 자유롭게 일하길 바라며 자기 힘으로 공급할 방법을 찾는다. 그리고 자신도 모르게 하나님의 뜻이 아닌 자기의 뜻을 추구하는 실수를 범한다.

참으로 다행스럽게 나에게는 돈을 만들어낼 능력이 없었다. 소속된 단체도 없었고 강하게 결속된 교회도, 노회도 없었다. 나를 위해서 기도하거나 지원해줄 자랑스러운 신앙의 3대, 4대 가문도 조상도 없었다. 나는 생존과 활동에 필요한 모든 비용을 편하게, 자연스럽게 부탁할 만한 대상이나 교회, 단체가 하나도 없었으므로 모든 것을 하나님께 의존하였다. 그러므로 친인척과 선후배와 동료들, 교회의 지원을 대대적으로 받는 사람들을 보면 한없이 부러웠다. 농촌 달리트들의 척박한 삶의 현장은 후원금을 대대적으로 필요로 하였다. 그러나 감당할 길이 없어서 바보처럼 엎드려 울었다. 그때 주인이신 하나님의 응답은 '달리트 형제들을 생명을 맞바꿀 자세로 사랑하라.'와 "내 이름으로 무엇이든지 내게 구하면 내가 행하리라"는 말씀이었다. 하나님의 세미한 음성은 내 안에 있는 모든 불평과 불안, 열등감과 무능감과 쓸모없는 존재라는 의식을 청소해 주셨다. 그리고 20여 년의 긴 세월 동안 친히 공급해주셔서 종으로 살 수 있도록 축복해주셨다. 그러나 오래 전 비자 문제로 인도에서 나오게 되었을 때 어린이집과 공부방, 고아원 등의 운영이 걱정되어서 "하나님, 고아원, 공부방, 어린이 집 등을 어떻게 운영해요? 어떻게 공급해요?"라고 아뢰었다. 그때 하나님께서 '그게 누구의 것이냐? 네 것이냐? 내 것이냐'고 반문하셨다. "하나님의 것입니다" 라고 응답하자 하나님께서 "나의 것은 내가 책임을 진다."고 하셨다. 그리고 긴 세월 동안 내가 인도에 부재하고 있음에도 불구하고 그 모든 것들이 흥왕하고 번성케 하셨다.

종은 주인의 공급을 받는다. 세상에 어떤 종이 주인의 공급을 받지 않고 자기 손으로 벌어서 일하는가 말이다. 세상에 어떤 주인이 종에게 공급하지 않고 일만 시키겠는가 말이다.

누가 영광을 받는 것인가? 누구에게 영광을 돌릴 것인가?는 종과 자유인의 에고로 일하는 자를 결정짓는 중요한 잣대이다.

자유인은 자기의 뜻과 계획으로, 자기의 재능과 노력으로 성공을 거두었기 때문에 스스로 영광을 받는다. 그러나 종은 주인의 뜻을 따라 주인의 공급과 도움으로 풍성한 결실을 거두었기 때문에 모든 영광을 주인에게 돌린다. 참으로 신실한 종은 "우리는 무익한 종이라 우리가 하여야 할 일을 한 것뿐입니다."라고 가슴으로 고백한다. 이는 피조물의 한계를 겸손히 시인하며 하나님만이 영원이 영광을 받으시기에 합당한 존재라는 뼈아픈 신앙고백이다.

그러나 자유와 평등과 인권 시대의 종들은 영광을 주님께만 돌리지 않는다. 자신에게, 자기 집단에게, 자기가 추앙하는 신학과 정치인에게 영광을 돌리기도 한다. 뿐만 아니라 때로는 인간의 문제를 해결한다며 사상과 이념, 그럴듯한 이론과 해석으로 변혁을 주도하며 인간사회를 갈가리 찢어 놓은 소위 위인들에게 영광을 돌리기도 한다. 이는 종으로서 일탈이며 우리의 기도와 간구에 신속하게 응답해주지 않는 주인에 대한 불편한 심기의 표출이다.

그로써 시험에 빠진 사람들 사이에 갈등이 조장되고 분열과 파당이 일어나 집단에 속해 있는 모두가 함께 고통의 가시밭길 속에 빠진다.

그러나 주인을 아는 종은 범사에 주인에게 영광 돌리며 주인의 영광에 겸허히 동참한다. 그것이 가장 아름다우며 선하며 함께 평화롭게 살 수 있는 지름길이라는 사실을 알기 때문이다.

21세기!
과학의 이름으로 하나님이 부인되고 인간이 인간에 가까운 로봇을 만드는 세상, 인간이 만든 기계로 우주의 신비가 탐사되는 세상, 과학과 물질이 신이 되어버린 세상에서 하나님의 종(從)으로 산다는 것이 무슨 의미가 있겠는가?

사회 복지와 우수한 의료체계로 먹고 살 걱정이 없고 병원비 걱정이 없는 세상에서 하나님의 종(從)이 무슨 필요가 있는가?

자기 뜻, 자기 방법, 자기 노력으로 자기가 일하여 자신의 성공의 열매를 따먹는, 자신이 직접 영광을 누리는 것이 지극히 당연한 세상에서 종으로서 주인의 뜻, 주인의 방법과 공급으로 일하며 주인에게 영광을 돌린다는 것이 가당키나 한가?

이런 모든 질문들에 대하여 논리적으로 과학적으로 답을 하거나 못하거나 나는 지금까지 예수 그리스도 아닌 다른 존재에게서 삶의 이유와 목적, 희망과 기쁨, 용서와 화해, 구원과 해방의 도를 발견하지 못하였다.

어떤 과학도 나에게 길이 아니다.

어떤 정치도 나에게 희망이 아니다.

어떤 복지도 나에게 천국이 아니다.

어떤 사상과 이념도 나에게 구원이 아니다.

종의 복음이 나의 기쁨이며 희망이다. 80억 인류와 모든 피조물의 기쁨이며 희망이다.

작은 자들의 삶에 치열한 사랑과 관심을 쏟는 종, 이웃들의 자유, 평등, 인권에 대해서는 철저하게 정의를 부르짖지만 자신의 인권에는 침묵과 고난을 감수한 종의 복음이 나를 사로잡았고 지금도 나를 인도하고 있다.

자유와 평등과 인권의 시대에 종으로 산다는 것이 때로는 구석기 시대를 사는 것 같은 느낌을 주기도 하고 권리 주장이 대세인 시대에 자기를 내려놓고 사는 것이 한없이 어리석어 보이지만 나는 바보처럼 종(從)으로 사는 축복을 끝까지 겸허히 살고 싶다.

종의 삶에 필요한 침묵과 인내, 무한 신뢰와 감사, 순종과 기도마저도 주님께서 공급해 주실 것이니 이보다 더 자유롭고 평화로우며 복된 삶이 어디에 있겠는가!

예수 시대나 지금 시대나!

한반도뿐만 아니라 세계가 부글부글 끓어 넘친다.

러시아와 우크라이나 전쟁, 코로나의 재 확산, 펠로시의 대만 방문과 중국의 대립각, 펠로시의 한국 방문 여파, 새 정권의 순탄치 못한 행보와 북한과의 대립각, 인플레이션과 실업의 만연 그리고 변하지 않는 정치인들의 구태와 진보와 보수 도식에 갇혀버린 국민들의 자기 이념 절대화, 역시 같은 함정에 빠져있는 언론의 보도들이 숨넘어갈 듯하다. 이와 반대로 다누리호가 달로 향하는 궤도에 성공적으로 진입하여 달로 가는 1차 관문을 통과하였다는 사실에 온 국민들이 열광하고 있다. 대한민국이 우주경제시대의 선진국 반열에 우뚝 섰다는 것이다.

이런 시대를 크리스천으로 어떻게 바라보며 어떻게 살 것인가가 나의 화두이고 내 삶의 과제이다. 한국 크리스천으로 이 시대에서 하나님 나라를 바라보며 살아내야 하는 사명이 나에게 있다. 서로의 다양성을 인정하며 서로 교류하며 서로가 자유로우며 서로 평화롭고 살맛이 나는 세상, 함께 생육하고 번성하며 하나님 보시기에 좋은 세상을 이루어야할, 바라보아야 할 꿈과 희망이 나의 소명이다.

예수께서 살았던 로마제국의 지배하에 있는 1세기의 팔레스틴도 이렇게 희망과 절망이 부글부글 끓어 넘쳤다. 당시 유대에는 교권을 장악한 예루살렘 중심의 사두개인들, 회당을 중심으로 활동하며 이념과 신학을 주도하는 바리새인들, 반로마와 반헤롯을 주장하는 진보주의 열혈당원들, 친로마, 친헤롯을 지지하는 매국노 헤롯당과 관료들 그리고 의와 거룩한 삶을 위하여 세속으로부터 떠난 금욕주의, 엣세네파가 있었다.

예수님은 시대의 광기 속에서 그들이 내세우는 신학, 사상, 이념과 다른 '하나님 나라'를 선포하였다. 예수의 선포와 치유는 그들의 조직과 존재의 기반을 뿌리 채 흔드는 새 하늘과 새 땅의 역사였다. 각 집단들은 예수의 하나님 나라 선포에 예민하였다. 특별히 유대교를 지탱하고 있는 양대 세력인 사두개인과 바리새인들은 예수 그리스도의 메시지에 큰 충격을 받았다. 그들은 신학적으로 함께 연대할 수 없는 자들이었으나 자신들의 기득권을 흔드는 위험한 사람, 위험한 새 포도주 예수 그리스도 제거를 위해서 하나가 되었다. 그들은 그에게 사람들을 보내 미끼를 던졌다. 그에게 하나님의 아들로서 기적을, 아들인 증거를, 아들다운 위대한 구원의 로드맵을 제시할 것을 요구하였다.

> 그때 주님께서 "너희가 저녁에 하늘이 붉으면 날이 좋겠다 하고 아침에 하늘이 붉고 흐리면 오늘은 날씨가 궂겠다 하나니 너희가 날씨는 분별할 줄 알면서 시대의 표적은 분별할 수 없느냐 악하고 음란한 세대가 표적을 구하나 요나의 표적 밖에는 보여 줄 표적이 없느니라 하시고 그들을 떠나 갔다"(마태복음 16 : 2 - 4)

예수님은 로마제국의 통치로 고난당하는 동족 유대인들을 자기들이 소속된 집단의 교권 수호와 조직을 위한 친위대, 지원자, 지지자로 전락시키고 있는 종교 기득권 세력에게 단호하게 요나의 기적밖에 보일 것이 없다고 선포하였다. 요나가 고기 뱃속에서 3일을 지낸 것 같이 나도 너희들에게 죽임을 당하여 3일간 무덤에 있을 것이다. 그리고 요나가 고기 뱃속에서 나와서 니느웨 백성을 구한 것 같이 나도 부활하여 천하 만백성을 구원할 것이다. 나는 너희들이 요구하는 메시아로서 로드맵이 없다. 조직과 참모와 행동대원도 없다. 오직 내가 너희들에게 보여줄 것은 나 스스로를 제물삼아 사랑으로 사람을, 세상을 구원하는 것이다. 너희가 사유화하고 있는 교권과 신학, 이념의 세뇌로 이어지는 땅의 종교를 위한 기적은 없다. 기적은 자신을 희생하여 이웃을 구원하는 것이고 그것이 '하나님 나라'의 핵심이다.

예수의 시대보다 훨씬 더 인간의 존엄과 권리가 존중되고 문명의 이기가 발전하고 진보한 21세기는 신을 인간이 만든 값싼 우상으로 폐기처분하고 인류의 집단 지성으로 새로운 세상, 평화로운 세상, 함께 번영하는 세상을 이룰 것이라고 전망하였다. 집단 지성의 출현과 기여에도 불구하고 인류의 공동체 의식은 퇴보하고 인간은 부와 권력과 쾌락을 마음껏 추구하는 약육강식의 인종으로 전락하였다. 그럼에도 불구하고 모든 나라와 민족들 속에 위대한 시대와 위대한 국가를 만들겠다고 하는 크고 작은 영웅들이 나타나 세상은 그들의 선동으로 말미암아 끝없는 경쟁과 소비, 속도와 향락을 탐닉하며 독재와 분열을 향하여 간다. 그러나 그 누구도 그 속도와 방향에 브레이크를 걸지 못한다. 브레이크를 밟는다는 것은 자기희생, 자기 죽음, 자기부정(自己否定) 없이는 불가능하기 때문이다.

누가 감히 이런 시대의 흐름에 저항하며

예수 그리스도처럼 십자가를 질 수 있을 것인가?

누가 감히 신 부재의 사회에서 신의 이름으로 예언하며

회개를 외칠 수 있을 것인가?

누가 감히 신 부재의 세상에서 신의 섭리를 믿으며

그의 가르침에 순종할 것인가?

누가 감히 하나님 나라를 믿으며

자신의 행복과 출세를 포기할 수 있을 것인가?

누가 감히 시대의 눈을 거부하고

예수 그리스도의 눈으로 세상을 볼 수 있을 것인가?

누가 감히 시대의 상식을 넘어서

예수 그리스도처럼 하나님 나라를 선포할 것인가?

육으로 사는 현대인들에게는 예수 그리스도처럼 삶 전체를 걸고, 목숨을 걸고 구조적인 어둠의 세력과 싸울 수 있는 영적 안목과 통찰력이, 가치관과 판단력이 불가능하다. 하나님 나라의 가치관으로 세상과 시대를 이긴 사람들이 예수 시대나 지금이나 별반 다르지 않을 것이다. 그러나 이 영적 암흑시대에도 예수님처럼 자기를 나누며 비우며 섬기는 작은 사람들이 있다. 겸허한 사람들이 있다. 보잘 것 없는 보리떡과 물고기를 바치는 자들이 있다. 가루 서 말을 부풀리고자 자기를 내려놓는 누룩들이 있다. 그들은 교권이나 신학, 예언과 정의를 모르지만 자신을 제물 삼아서 이웃을 사랑하는 사람들이다. 권리를 주장하지 않고 바보처럼 이용당하면서 '하나님 나라'를 사는 자들이다.

오랜 세월에 걸쳐서 가난한 사람들, 불행한 사람들, 아무것도 아닌 사람들이 기도와 눈물, 자기의 작은 것으로 이웃의 불행과 고난에 동참하는 것을 자주 보았다. 그래서 주님께서 가난하고 약하고 마음이 여리고 눈물이 많은 사람들이 복이 있다고 하신 것이다. 겨자씨 같은 그들이 진정으로 이 시대의 희망이며 하나님 나라를 상속받은 자들이다.

권력을 장악한 사두개인, 신학과 목회를 장악한 바리새인, 거룩한 명성을 누리는 엣세네파의 금욕주의자들이 예수 하나님 나라의 씨앗이 아니었듯이 오늘날 예수를 팔아서 권력을 얻은 자들, 예수 이름으로 명예를 얻은 자들, 부자가 된 자들, 금욕과 영적 지혜로 영광과 인기를 얻은 자들, 신유의 은사와 예언으로 명성을 얻고 부자가 된 자들이 하나님 나라의 상속자가 되기 어렵다.

예수님께서 하나님 뜻대로 살지 않고 주여! 주여! 하는 자가 천국에 들어가지 못하며 주의 이름으로 선지자 노릇한 자, 귀신을 쫓아 낸 자, 권능을 행한 자들 또한 천국에 들어오지 못한다고 하셨으니 땅에서 크다 일컬음을 받고 위대하다고 존경을 받음이 신앙의 바로미터가 결코 아닌 것이다.

눈에 뜨이지 않으나 귀에 들리지 않으나 하나님의 뜻을 받들어 사는 사람들, 시대를 구원하는 사람들, 자신을 희생하여 이웃을 구원하는 사람들이 하나님 나라의 희망이다.

하나님을 중심에 모신 마음 가난한 그들이
이 시대를 물질 만능에서 구원할 것이다.

하나님을 중심에 모신 애통하는 자들이
이 시대를 심판에서 구원할 것이다.
하나님을 중심에 모신 온유한 자들이
이 시대를 분노와 격동에서 구원할 것이다.
하나님을 중심에 모신 의에 주리고 목마른 자들이
이 시대를 죄악에서 구원할 것이다.
하나님을 중심에 모신 자비로운 사람들이
이 시대를 증오에서 구원할 것이다.
하나님을 중심에 모신 마음 깨끗한 사람들이
이 시대를 우상에서 구원할 것이다.
하나님을 중심에 모신 화평케 하는 사람들이
이 시대를 전쟁에서 구원할 것이다.
하나님을 중심에 모신 의로운 박해를 받은 자들이
이 시대를 죽음에서 구원할 것이다.

이해타산 없이 이웃을 사랑하는 사람들, 주머니를 여는 사람들, 손해를 보며 기뻐하는 사람들, 조건 없이 용서하는 사람들, 참고 기다리는 사람들, 분노와 증오로부터 해방된 사람들로 말미암아 어둡고 소란한 이 시대가 잠잠해지고 전쟁이 멈출 것이다. 기득권을 위한 진보, 기득권을 위한 보수가 사라지고 생명을 위하여 사랑을 위하여 하나님의 영광을 위하여 분열된 교회와 세상이 새로워지길 간절히 바란다.